U0136158

當代歷史學家回憶錄
2

無奈的記憶

——李正中回憶錄

李正中 著

蘭臺出版社

不矜不伐看戲

看為

正中同志

書贈

周谷城于北京

作者简介

著名學者中國古瓷與歷史學家、教育家。

祖籍山東省諸城市，民國十九年（1930）出生於吉林省長春市。

北平中國大學史學系肄業，畢業於華北大學（今中國人民大學）。

歷任：天津教師進修學院教務處長兼歷史系主任
　　　（今天津師範大學）。
　　　天津大學冶金分校教務處長兼圖書館長、教授。
　　　天津社會科學院中國文化研究中心主任、研究員。

現任：天津理工大學經濟與文化研究所所長、特聘教授。
　　　天津文史研究館館員。
　　　天津市漢語言文字培訓測試中心專家學術委員會主任。
　　　香港世界華文文學家協會顧問。
　　　（天津企業文化研究會供稿）

小院風荷泛化室幽亭龍井評茶

腸佳多禪室新添應休間年玉譜

誰長素雨示計古峰恐廛眼把畫

幾年鄉林木邊玉緣新綠庸歸

擂磨譜壯幸

庚辰初夏于京華之光之詞社其心餘墨

録此絕句以報之華水

— 目錄 —

序言一

是一部「信史」也是一部「心史」

　　《無奈的記憶——李正中先生回憶錄》基本完成，我有幸作為這部書的第一位讀者，是很有些感想的。不過，對於李正中先生命我為此書作序，我卻深感惶恐，因為我以為以我的年齡和資歷，我是沒有資格為這部回憶錄寫序的。但堅辭不獲，無法拒絕一位年過八旬的前輩，於是寫下這些文字，聊作序言罷。

　　我與李先生相識于上個世紀八十年代中期，那時我剛剛大學畢業，分配到天津大學冶金分校文史教研室工作——那時候，大學生畢業還是國家分配，而非自謀職業——而李先生則是該校教務處長兼教研室的主任。來校後我才得知，原來李先生與我就學的天津師範大學校長是老相識、老同事，當學校給了文史教研室一個進人名額後，李先生找到那位校長說：「我沒有別的要求，只希望給我一個在學術方面有潛力的學生。」這在當時也算是走了「後門兒」吧。而我呢，本來父親堅決要我畢業後去他所在的單位——公安局工作，而且也通過局裏要到了一個分配名額，但我向主持分配的中文系有關領導明確表示，我堅決去學校工作，不想去公安局。而在當時，我的這種舉動是會被視為「很傻」的。於是，那個去公安局的名額讓給了別人，我則被分配到天津大學冶金分校。這就是和李先生結緣的背景。

　　顯然，我是被學校視為「在學術方面有潛力的學生」之一的。這所有的根源就在於我在大學二年級的時候，買

到了一套錢鍾書先生的《管錐編》，於是不分青紅皂白地讀了起來，可以說，是這四本書陪伴我度過大學的後三年時間。這套書我不知道翻了多少遍，思想乃至文風不知不覺地受到錢鍾書的影響。大四的時候，作畢業論文，我的論文最後獲得了師大首屆學生科研創新活動文科唯一的一名一等獎，其實，論文不過引用了錢鍾書先生的若干觀點，在當時顯得有些新鮮罷了。正是錢鍾書先生的著作，讓我堅定了這一輩子走學術道路的決心，所以畢業分配時我第一次違背了父命，自己選擇了未來的人生道路。有關這所「天津大學冶金分校」，李先生在回憶錄中已有不少介紹，當時我的想法也很簡單：不管怎麼說，這畢竟是一所大學，在當時能分配到大學工作實屬不易，它距離我嚮往的學術之路畢竟會近一些。

帶一些盲目的樂觀和很幼稚的想法，我來到這所學校報到。這之後的七八年時間裏，我和李先生相處甚為密切、融洽，直到他「被迫離校」。李先生給我深刻的印象和影響有這樣兩點：一是他彬彬有禮，待人和藹可親，為人正直，體現出師德、師風，為人師表的風度，這一點直到我看了這部回憶錄，才得知是源自他從小的家庭教育；二是他熱愛教育工作，用他自己的話說，作教師「終生不悔」，他對學術問題的研究和分析具有極好的表述才華，往往能口若懸河地說上兩個多小時，邏輯嚴密且風趣，令聽者忘掉時間。記得當時教研室有學術活動時，只要李先生一開口，大家都會凝神靜聽。正像李先生也常說的，他是一個天生的教師，是為教書而生。為了教書，他必須看書，所以手不釋卷，身不離書。他把教書、看書、寫書，與自己的生命融為一體。我對學術的喜好，使我尤其願意

與李先生交談，一點也不誇張，大有「聽君一席話，勝讀十年書」的感覺。特別是他對晚輩的提攜和愛護是有目共睹的。我的第一部作品《佛在心中坐》就是先生向主編推薦的結果。

以後，李先生離開了學校到天津社科院搞研究工作，我則在他離開後不久，被安排到學校圖書館工作，也離開了自己喜歡的教學崗位，或許是因為在有些領導眼裏，我屬於「李正中的人」吧。後來，正如《回憶錄》裏談到的，我調入天津社會科學院工作，也得力於李先生的大力推薦，這一點我終生不能忘記。在天津社會科學院又工作了十餘年（1994-2006），其中前半階段，和李先生共事、接觸仍然很多，我從他那裏獲益良多，自不待言。因為這些緣故，李先生常對我說：我可能是對他最為瞭解的人，所以完全有资格寫這篇序言。我看了這部書稿的大部分文字，應該說，其中說到的很多事、很多人我確實是知道的，有些事甚至是親歷者之一。但也有相當多的事情，我並不清楚，我其實更喜歡看這一部分，為之情動。

我覺得，這部回憶錄最大的價值在於，它以這位八十歲老人的生活經歷為線索，向我們展示了這段令人難忘的歷史的多個側面，人與歷史是交織在一起的，個人經歷和國家、民族的命運也是聯繫在一起的。從這個意義上說，這是一部「信史」，也是一部「心史」。往大處說，從這部書中，可以看到李先生憂國憂民的情懷，以及對人生的某些深邃思索；往小處說，從這部書中，也可以得見李先生家庭之間、同事之間、朋友之間的方方面面，往往真情流露，令人感動。

人的一生每日每時都會發生某些事情，都在與別人這樣或那樣的交往，甚至在與自己周旋，能憶記的事，能憶念的人，不知會有多少！自然，回憶錄不可能面面俱到，像流水賬一般將所有事情搬弄出來，那樣的回憶錄恐怕是很恐怖的，或者說，根本是不可能的事。我想這部回憶錄應該也不例外，我理解，李先生之所以稱之為「無奈的記憶」，在於很多事情他本不想記，不想說，但又不得不記，不得不說，因為某些記憶已經成為他生命不可分割的一部分，這其中的苦衷是令人歎息的。這本回憶錄向我們披露的，既有他一生中若干美好的時刻，更有他一生中很多遭難的碎片，前者也多帶有苦澀，比如第一篇《忘卻的初戀》；後者則更多心酸，卻又是想忘卻而忘不了，所以，兩者皆是「無奈」。其實，有些事情，記住為好；有些事情，則忘卻為佳。當然，記憶力有時並不按我們的願望行事，這就是人生的悲哀所在吧。

　　本書值得推薦的是有些曾被扭曲的歷史，在回憶錄中得到了澄清，恢復了本來面目。也可以說，這是史學家心靈的寫實。而一部作品，是好是壞，是成功抑或失敗，還是任歷史和後人去評說吧。我想，李先生既將他這些無奈的記憶留給了這個世間，已經足夠了。

　　是為序。

張培鋒

辛亥革命100周年紀念日於津門聆鍾室

註：張培鋒，現任南開大學文學院教授、博士生導師

序言二

一代學者心靈的呼喚

　　《無奈的記憶——李正中回憶錄》整理完畢，先生要我寫一篇序。我心中甚是惶恐，無論是就學識、資歷、地位還是身份而言，與先生相較，都有着天壤之懸。蠅附驥尾而致千里尚且不敢奢望，更何況忝列篇首又作月旦雌黄，於是再三推辭。但是先生不棄，一再鼓勵說：「忠於自己的情感，寫出自己的感受就好。」他開導勸慰稱，我寫序有兩個優勢：一是我是二十餘萬字回憶錄的整理者。在記錄口述中瞭解的有關他的事情幾乎是最多的。二是作為最年輕的晚輩，我能寫出與別人不同的評價與感悟。先生的諄諄教導，讓我多了幾分下筆的信心。

　　其實，我跟先生相識結緣并忝列于弟子行列的時間並不算長。很偶然的一個機緣，由我一直以來的十分欽佩的張培鋒老師引薦，得以拜訪先生，並作為助教協助先生做一些工作，其中主要的是負責整理回憶錄。自此開始了兩個「八零后」之間長達半年之久的對話。先生長壽，今年八十一歲。小子愚晚，生於公元一九八二年。其實，談不上對話，更多的是我如坐春風，聆聽智慧長者的教誨。

　　先生一生經歷坎坷，這些苦難將先生玉成一條寬闊深遠的河。這條河上游洶湧激蕩，中游曲折喑啞，下游深沉和緩。先生童年，正值日寇覬覦并悍然入侵我中華之時。又長於抗日烽火與內戰硝煙之中。然而時代的苦難並未黯淡先生的一腔壯志豪情，而是如其敬仰者魯迅等前輩一樣，寧舍醫學、理工之最初專業而從文，并一生肆力

于人文事業。先生初讀于北平中國大學，畢業于華北大學（今中國人民大學）歷史系，又續修于天津達仁學院。后二十余歲即任耀華中學教務主任，并提出至今尚有影響的「五段教學法」。正是大有作為之時，卻不幸遭遇「肅清反革命運動」以及史無前例的「文化大革命」。先生因「一句話被打成反革命」，在三十而立四十不惑的人生黃金歲月，卻與當時眾多有良知的知識分子一樣，整日挨批鬥，寫檢討，遭毒打，遠離教育崗位，下放田野勞動，活在戰戰兢兢與唯唯諾諾的屈辱中。國家發展耽誤太久，民族進步停滯太久，先生事業荒廢太久。及改革開放，先生雖是滿身心的傷痛，卻積極參與到新時代的建設中。為挽回前十餘年擱淺的青春，先生亦如季羨林等一輩人，黎明即起，白晝不休，子時不眠。苦難之後，人生事業呈現出深厚博大之象。先生先於天津大學冶金分校工作，又聘至天津社會科學院任中國文化研究所主任、研究員，十年後任天津理工大學經濟與文化研究所所長、特聘教授。期間《中國近代史簡明教程》、《中國紫砂壺》、《中國古瓷銘文》、《中國古瓷匯考》、《中國青花瓷》、《中國唐三彩》、《中國近代史資料研究與介紹》、《中國傳統美德與跨世紀青年》、《近代天津名人故居》、《近代天津知名工商業》、《幹部道德教程》等二十餘部煌煌著作相繼問世。并不辭勞苦，又遠赴日本、香港、韓國等地講學，近期又收到台灣有關大學的邀請進行中華文化的交流與傳承。年過八旬，又整理出版《不敢逾矩文集》、《中國寶卷精粹》等。先生著作等身，數百萬字，正如著名學者、明史學家南炳文所讚譽：「學界巨擘，杏壇名師。德高行景，世人楷則。」

諸多遭遇，歲月流深，先生之心態早已趨向平和。不過，先生尚存遺憾，仍有「無奈」，這也是寫作此書的深層動機。

　　我曾請教先生對「文學是人學」的看法，答曰：文學經典最可貴在于有情人寫有情事給有情人看。這本回憶錄即堪為「一往情深」。其敘寫父母之恩情，殷殷可鑒，如《我的父親喝茶使用殘舊紫砂壺》、《我的母親》、《母親留給我的財富》諸篇。記得當時聽先生講述，置身感動之中，又聯想及我的父母，不禁難以敲擊鍵盤。其回憶妻子兒女之親情，言語切切，如《我的妻子信仰佛教》、《我不會唱歌卻喜歡歌曲》諸篇。那日記錄時的情形猶在眼前：先生口授，我只顧低頭敲字，文章結尾時先生沒有像以往那樣說「就到這兒了」，而是沉默，及我抬頭，只見先生雙眼通紅，滿臉淚水。其載師友之情誼，忠信篤誠，如《憶一代學術大師、歷史學家周谷城》、《紀念我的學長李世瑜先生》、《我的學長、明史學家南炳文先生》諸篇。其記師徒之交情，關愛殷切，如《我的忘年交——張培鋒教授》、《在山東工作的學生——李萍》諸篇。韓國朴書永女士（韓國前總統朴正熙次女，長女朴槿惠為韓國大國家黨主席）曾稱先生是重情之人。誠然。

　　中國古人向來有筆記雜錄的傳統。雖不及正史，但是自隋唐以來，史家已開始採錄時人筆記雜錄以補史闕。鄭思肖《心史》、元遺山《壬辰雜編》乃至今人巴金《懺悔錄》、季羨林《牛棚雜憶》、楊絳《幹校六記》等著作均有補史之功。先生的回憶錄雜記往昔，陳述故人，亦是如此。其可貴之處在於，先生一生親身經歷日軍亂華、四年解放、文革歷屆運動、改革開放諸歷史時期，皆

以平實客觀語言如實記載其所聞見與遭遇。他回憶小學時日本奴化之教育及國人之反抗，記錄蘇聯紅軍在東北之暴行，追思長春圍困時期餓死的親人、百姓，敘述當年逃難的艱辛……這些皆為正史所不載。對於年輕人，聽長者提及二十年前的「文化大革命」，大有一種「白頭如夢說前朝」之感。忘記歷史就是背叛！念及斯，先生莫不痛心疾首。他說，當年文革的受害者至今日多八、九十歲高齡，存世者已寥寥，而能執筆回憶者更是少之又少，但是必須有人來寫當年的歷史。也正是出於這種責任心與社會擔當，先生不辭年高，忍着當年的疼痛與屈辱，狠心揭開傷疤，向後輩披露當年的歲月。他以個人為視角，幾乎記載了建國后至改革開放期間的歷次運動，真實詳盡。述者慘痛，聞者驚心。從某種意義來說，先生此書是一部真實小史，也是一篇語重心長的宣言。其用心之處在於呼吁更多的親歷者來敘載那段必須正視的歷史，為了我們的民族、我們的國家，還有我們的后代子孫。先生一生最大的心願就是繼承文學泰斗巴金的遺願，希望有一天能夠建立「文革紀念館」。曾不無悲愴地忠告眾弟子：「屆時建館勿忘告乃師。」

先生向來自稱是「學歷史的」，他對國家、歷史及社會、民族乃至人生、人性向來多有關注，并有着較常人更為宏闊的觀照與認識。他在載人紀事時，往往聯繫社會歷史作更深層次的思考。小子有幸，口傳筆錄中得以親聆。「文化大革命」是先生一輩人心中永遠的痛，也是民族切膚之傷，國家之大不幸。先生一直在反思那不堪的十年。他曾例舉陳寅恪早年弟子劉節等寧可以身代師受辱，而文革中學生卻對老師無情毒打的事，并一言指出其根由：

「制度使然」。對於文革后「只見受害人，不見懺悔者」的現象，先生警覺說：「一個民族不能從災難中總結并吸取教訓的民族，是一個沒有前途的民族。」現在的中國，在經濟發展與國力增強的同時，社會公平日漸缺失，貪污腐敗滔滔皆是，階層固化，「官二代」肆無忌憚，貧富分化趨於兩極，於是社會上湧現出「懷念文革」的思潮，暗流湧動，甚至叫囂進行第二次文化大革命。先生深切擔憂，分析說：今日懷念「文革」的人有兩種：一是當年的打砸搶的得勢者。二是不瞭解十年浩劫的年輕人。這種現象的出現一是由於對當前社會現實的不滿，更是由於對文化大革命的不瞭解。若不徹底反思文革，文革的悲劇一定還會重演。只可惜，這種警告雖已有巴金、季羨林、吳敬璉、余英時等人提出，但是呼聲甚微，早已淹沒在社會浮躁的大潮中。先生職為教師，教授弟子，一重知識，更重做人，強調以德為先。儘管在文革中一再被其曾經幫助過的學生毒打，甚至幾乎丟掉性命，但是先生後來卻沒有報復或詛咒，反而當其身處艱難之境時，再次給予幫助。我曾問及當年迫害毒打老師的人認識否，尚在否。先生回答，都認識，幾乎均在世。我自己對此非常憤怒與不解：一日為師終生為父，那些人出手去傷害自己的長輩，如何這般心安理得？先生卻寬慰：得饒人處且饒人。人性惡化至于此，其根源在于制度。先生對世事看得很清，我跟其他學生一樣，很想請教洞明的秘訣。先生數語點化：「善於認識自己的不足，勤於看到他人的優長。」先生本為睿智之人，諸如上述明理之語，時見行文，且不贅述。

前日之因，今日之果。先生立足杏壇，一生勤勤懇懇，教書育人，提攜後輩，現在「子弟皆俊秀，碩果累

累」，可謂桃李滿天下，精英輩出，或為各領域知名專家、學者，或為政府要員，均大有作為于社會。恕我不一一署名。小子何幸，亦忝列門牆。眾生對於先生固仰之彌高，鑽之彌堅，然皆奮發努力，亦可告慰師心。于當今時代，能有這樣的教育工作者，有這樣的師長，實屬我等後輩之驕傲。

先生家門口有一副手書對聯，刻諸木板，其曰：「情真事真理真，立德立業立言」，庶幾夫子自道也，亦可為《無奈的記憶》之概評。

斯為序。

羅海燕

辛卯年菊月於南開大學

註：羅海燕，南開大學文學院博士。

現任：天津社會科學院助理研究員

忘卻的初戀

（左）朴當永女士（中）作者（右）朴理事長的秘書

在我的生活中，記得好像是沒有戀愛的過程。我的婚姻是由雙方父母做主的。解放戰爭時期，匆匆忙忙地結了婚。婚後，用現在的話來說，算是恩愛吧。妻子呢，是我在大學的同學。時值抗日戰爭剛剛結束，因為提前結婚，我們過早的有了孩子。妻子大學沒有畢業，就開始工作，成為相夫教子的家庭婦女。我的生活似乎一切都很平靜，平平凡凡。

對初戀的記憶重新被勾起，是一個偶然的機緣，這也是我萬萬沒有想到的。1998年，我被韓國民族中興文化研究所邀請，去韓國進行學術交流和講學。在這期間，我結識了韓國研究所的所長鄭在景先生及其上級理事長。這位理事長是前韓國總統朴正熙的二女兒，叫朴書永（朴正熙的長女是理事長的姐姐朴槿惠，為韓國大國家黨主席）。（「理事長的姐姐朴楓惠，韓國大國家黨主席」是一位非常優秀的女士，生於1952年在法國留學，1952年母親遇害逝世回國，隨父親入住總統府，陪伴朴正熙出席一些重要活動，曾提出「為把大韓民國達成人人能實現夢想的國而奉獻一切」至今未婚，受到人們的敬仰）

所長向我介紹說，理事長過去從來沒有邀請過大陸的專家學者。這次聽說我到韓國來講學很受歡迎，所以她非常希望和

我見一面，問我是否同意。我當然表示願意和理事長相見。當天下午，他便告訴我：「明天晚上您如果方便的話，理事長想宴請您，不知道您喜歡喫中餐還是喫西餐？」我當時就想，要喫中餐何必到韓國來，而我又不喜歡西餐，所以告他想喫韓國料理。第二天晚上，我應邀參加朴書永女士的這次晚宴。參加這次的晚宴，還有她的一位女秘書，另外還有一位專家。這個專家精通漢語，所以讓她做翻譯。

朴女士是一位彬彬有禮、有文化內涵、很賢淑的女士。席間，一個偶然的機會，她問道：「教授的夫人在方便的時候，是否能和您一起到韓國來？」因為我的老伴多年有病，我只好告訴她：「我妻子身體不好，很遺憾不能來韓國看望您。」她這時很突然地問了我一個問題：「你們是從年輕時就戀愛的嗎？」我不知她為何問這種問題，所以很坦率告訴她：「我們沒有經過戀愛，祇是雙方父母之命。」她接着又問：「您年輕時沒跟別的女孩子戀愛交往過嗎？」我當時真是覺得很尷尬，不知怎麼回答才好。看得出來，她是很真摯的想要瞭解我的情況。我呢，也沒有任何思想準備，很自然的告訴她：「年輕時有個很要好的女同學，我真不知道這算不算戀愛。」我當時笑着，感覺不太好意思地說了這麼一句。看着理事長意猶未盡的樣子，我知道她想瞭解更多的情況，就乾脆打開話匣子，將

多年前的往事一一道來。說實話，有些事我也已淡忘多年，自以為早已沒有任何記憶，但奇怪的是，一旦回憶起來，又如此清晰，歷歷在目……

於是我告訴她：這個女同學是上小學時的同班

攝於韓國民族中興思想研究所（左）所長鄭在景教授

同桌。當時她父親是日本留學歸來的公務員。小學的時候，她的功課在班上可以說是名列前茅，又是同桌，所以我跟她關係很好。但正因為他父親是名公務員，小學畢業時，她父親工作調動，她要跟着到外地。小學生活容易忘記，幾乎也沒留下什

（朴理事長將有關朴槿惠的著作贈送給李正中教授）

麼痕跡。但是很巧，我們後來又見面了。那是抗日戰爭勝利時，我已經是高三的學生了。我常到同學孟慶年家玩，慶年的女朋友姓詹，我後來稱她嫂子。一天，她帶來一個女同學。當時她們都是長春市第一女子中學校的同學，而我和我的同學孟慶年就讀長春市男子中學校。

我萬萬沒有想到，她帶來的女同學正是我當年的小學同桌。她叫姜玉君。她見到我也是非常驚訝。這種相逢令人意外，內心的喜悅無法用語言來表述。我們相互問詢別離後的生活和學習情況，之後我們不斷寫信交流。當然，那時的信不是情書，祇是說一些學習上遇到的問題等。但給我印象最深的是，她使用的是日本的非常精美的信紙與信封。跟我們平日用的很不一樣，甚至可以說是天淵之別。再後來呢，我過生日，那年代，同學間不像現在的學生，彼此間經常宴請啊、送禮品啊，我們那時過生日，彼此一般都不知道。不知她是從哪裡得知我的生日的，在我生日的前一天，她送了我一個生日禮物，是一匹小馬。馬脖子上有一個金屬鏈，上面有一支筆。因為我是屬馬的，生於民國十九年，西曆1930年，農曆十月二十二日。我當時非常喜歡，一直保留着。但是在解放戰爭時期丟失了。那些交往記憶也隨着時光的不斷消失，慢慢淡化了。當然，當年她過生日時，我也回送禮物。她英語很好，所以我把家中存放的英漢袖珍小詞典送給了她，這就是我們交換的生日禮品。

再後來，隨着國共兩黨戰爭的持續，當時她與她的家庭逃出了被圍困的長春市，我也和我的父母離開了長春市，到了關內的天津。戰爭結束以後，我很少回長春了，偶爾回去，就去詢問當時的同學，是否有人知道姜玉君的下落，但所有的人，都不知道她的去向。我們猜測說，也許她在戰爭中遇到了不幸？也許她已到了異國他鄉？總而言之，她在我的記憶裡，慢慢地消失……我不知這算不算初戀。

當我講完這些往事後，沒想到朴女士竟動容的說：「你這就是初戀啊。你說你把她忘記了，其實你在內心深處根本就沒忘記，否則你不會把這些情節講得那麼細緻。這就說明你在內心深處沒有忘記你的初戀。你是一個很重情感的男人，現在的男人像你這樣的很少見了。」理事長的善良，為人真摯，使我感動。

通過這次韓國訪問而回憶起這段往事，確實在我內心激起陣陣漣漪。其實還有很多我與姜玉君交往的記憶，那一天我也沒有說。我完全同意朴女士的話，確實有很多事在我內心深處難以抹掉，甚至夢醒枕邊的淚痕……

還有記得我上小學時，父親工作繁忙，他忘了給我上學報名。後來父親通過關係，讓我入了學，所以我是在已經開學了好幾天後才去報到的，那是長春當年最優秀的「大經路小學」。用現在的話講，硬件設施很好。在那個年代，七十多年前，這所小學冬季就供暖氣。我不知道父親是通過什麼關係讓我進去的。因為去晚了，好多事不知道。我當時穿着呢子小大衣，戴着真皮皮帽。東北的春季還很冷。所以上課前我戴着帽子，預備鈴響了，我還戴着。這時，突然過來一女同學一手把我帽子給摘下來，往書桌上一拍，說：「上

作者與朴永書理事長在其母親
陸英修朴正熙總統夫人塑像前
合影留念(1998年7月)

課了，你還戴帽子，不懂禮貌！」我一看周圍的同學真都沒戴。但是，被一女生摘掉帽子，還當着這麼多人。我很生氣，要不是在教室，我就會和她吵起來。原來她是班長，她就是姜玉君，我的同桌。之後我們反而成爲了好朋友。這是我們第一次認識的過程。後來我們再次相逢，我們經常在一起暢想未來。我們常到我高中同班同學孟慶年家聚會。當時因爲年輕，我們跟他的妻子和姜玉君及其他幾個男同學經常在一起。我五音不全，但是我很喜歡音樂。他們都會音樂，尤其是孟慶年彈唱都很好。解放後，他的妻子在中學任音樂教師。於是我們常湊在一起演奏，用音樂來表達心情。

有一件事，至今難忘，有一首歌，永遠銘記。現在還可回憶起那首歌詞。這首歌就是姜玉君填詞，孟慶年譜曲，然後大家一起唱。後來這首歌各校傳唱，但大家都不知道是我們作的。用現在的話，那應是流行的校園歌曲了，我現在還可唱出：

紅燭將殘，瓶酒已乾。相對無言，無言。
擦乾了腮邊的淚，脫掉了繡花衫。
溫室不是我們的家，要那漫天的風沙。
紅燭將殘，瓶酒已乾。相對無言，無言。
擦乾了腮邊的淚，脫掉了繡花衫。
溫室不是我們的家，要那漫天的拼殺。

這是勝利後，在高三讀書時，其中一個同學叫王玉，因爲他要到江北即哈爾濱解放區。當時，我們這些年輕人都信仰國父孫中山，因爲他推翻了清王朝。王玉同學喜歡繪畫，所以我讓他畫一幅孫中山先生像作爲離別的紀念。結果，他畫了一幅馬克思的像送我。可見他當時就對馬克思主義有些理解和信仰。臨走時，我們一起含着淚創作並演唱這首歌曲。解放後，他改名王石，復員後，好像在長春市的一個製藥廠擔任書記。文革期間，我去長春，想去見他，但沒有見到，到廠子裡

看到到處都是大字報：「打倒王石走資派！」這使我震驚，在同學們中他是最早信仰馬克思主義的，而且主動投奔江北解放區的。為什麼還要打倒他？這使人困惑。之後，也再沒見到過面。

後來在解放戰爭長春圍困時期，在長春大同公園我與姜玉君分別。當時，暮秋晚霞，落葉紛飛，荷花將殘，我借用惜別的一首歌曲，為她寫一首歌詞。心想不要像送別王玉那樣太悲傷，也許是學小資情調吧。當時是晚秋，歌詞為：

荷花枯焦在水上漂流，黃昏時候，舊地重遊。
想起當年別離我的同窗友。
我的同窗，我怎麼捨得讓你走。
如今留下孤單單的一個我，
我的同窗，我怎麼捨得讓你走。

這時她改了兩個字。把「同窗」改為「姑娘」。她知道我是為她而作。歌詞成為「我的姑娘，我怎麼能捨得讓　　你走。」改詞時她是笑的，臨走時她哭了。在當時的年代，我們之前從未拉過手，但是這次她卻勇敢和我擁抱在一起。從此成為我們終生的永別！

隨着時間的流逝，我確實把這些往事忘卻了。不知是什麼原因，我不願意去想。但我卻經常想到我們的前賢墨子的名著《兼愛》和《非攻》，這是先人對於戰爭和人性的看法。同時對於印度的聖雄甘地，他那主張和平、反對暴力的思想，那種堅忍不拔的精神，我在心靈深處是非常欽佩的。我也喜歡共和國主席胡錦濤提出的構建和諧社會及實現世界和諧，這是劃時代具有里程碑作用的偉大號召。

不知爲什麼，我想到了少年時期讀冰心女士的詩：「人類啊，相愛罷，我們都是長行的旅客，向着同一的歸宿……」

作者與妻子後排站立者：

左一兒婦孫海英　　　右一姑爺李均
左二兒子李助平　　　右二女兒李海燕
左三孫女李佳（定居美國）　右三外孫女李建秋（定居英國）

作者李正中和妻子趙秀英及長子李立平、女兒李海燕、次子李助平陪伴母親全家福合影（1965年）

我的母親

　　我母親走的時候，將近百歲，可以說是百歲老人。她沒有讀過書，但她是一位我永遠不可忘記的賢惠、賢良、慈祥的母親。在我的記憶當中，她從沒有與父親爭吵過，非常賢惠。不像現在的家庭，夫妻爭吵是家常便飯。這可能與她的家庭環境有關吧。

　　據我所知，我的外祖父出生在一個書香門第，但到我外祖父這一輩時家境敗落。我只知道，外祖父對於修繕和建築比較有研究。正因為對建築有研究，當時的很多富有家庭要搞修建住房，都會請我外祖父去主持。我的外祖母娘家好像是一個有功名的家庭，據說有一次為房屋擴建而請我外祖父設計。這樣呢，就受到我外祖母家庭的看好，於是把女兒許配給他。由於軍閥混戰，到我外祖父時期，生活已經破落。母親就是成長在這樣的家庭。我外祖母，生了四個女兒和兩個男孩。我母親是長女。她是在嚴格的家教中成長起來的。她又是大姐，故處處嚴格要求自己，為弟妹做榜樣。外祖母對子女很嚴厲。舉一個例子，據母親說，孩子們喫飯時不僅不允許挑食物，並且有規矩，不可隨意講話。她說她的妹妹即我的二姨，有次喫飯，在大人談話時插嘴。喫飯前姥姥身後就放有一個掃炕的笤帚疙瘩。當我二姨插話時，姥姥拿出笤帚疙瘩就猛打她的頭。大家都怔住了。後來二姨卻忘了，又會插話，於是又挨打。母親說她從未因這個挨過打。或許是從小的這種嚴格的家教環境，培養了我母親賢淑的性情。但是，母親對我們很好，從來不打不罵。即使犯錯了，也會好好講。因此呢，我從小就很依戀母親。小時候住長春，有一件事很難忘，當我四五歲時，即上小學前，我跟母親睡在一個炕上。我是上小學以後才有單獨房間的。我偶爾半夜醒來睡不着，就跟我母親說：「娘，我還睡不着。」母親說：「睡不着，你數數。」我照做，卻仍睡不着。我就跟她說：「娘，我睡不着。」母親就讓我鑽進她的被窩。挨着母親溫暖的身體，加上母親輕輕地拍着。這時東北生爐

火，屋裡炙得通紅，很暖和，我感到很幸福，慢慢地睡着了。之後，我在睡不着時，就會跟媽媽睡在一起，直到上學。到今天，我每每失眠，便會想起母親，想起母親懷中的溫暖。從小學到今天，我年逾八十，再也體會不到那幸福的時刻了。

母親七十多歲的時候，我的哥哥由於各種原因，衹能在單位工作，每週週六回來，週一就得走。他的孩子就由母親帶。嫂子是醫生，須上班支持這個家庭，母親就跟他們住在一起。她知道我喜歡她親手做的東北大醬。每次做好後，我去看她，她就用壇裝好讓我帶走。每次見到這，我便想到白髮蒼蒼、小腳、慈祥的母親在忙活的情景。我不是在喫醬，這就跟小時吮吸母親的奶水一樣。這是什麼都無法替代的！

母親很尊重父親，從不爭吵。她尊重到什麼程度呢？父親是個在事業上很有成就的人。父親原本是在山東。我的太祖父，據說很有學問。但是，他沒有什麼功名，只考上了一個秀才。他的一個同窗有了功名並擔任吳淞口道台。上海當時是一個鎮，歸吳淞道管轄。他請太祖父去做師爺。當時我們家很富有，不僅有上百畝土地，而且還有一個油坊。太祖有土地和商業，不能離開。但盛情難卻，所以就走馬上任，去做吳淞道台師爺。其事業則由兒子經營。我祖父是長子。太祖父有四個兒子。二兒子去世，衹有三、四兒子等經營。他們是闊少，不懂經營，結果經常受到欺騙。舉個例子，收黃豆時期，油坊要進原料，倉庫須要儲滿黃豆。當時用大車載運，進門時發牌，讓其送到指定倉庫，然後根據牌領錢。十幾輛大車排着隊，可是有的車進門後並沒進倉，而是再去庫裡領錢，甚至領好幾次。一車豆子多次付錢，這樣下去肯定敗落。等太祖回來，家中已經破落。地也被賣了。他回來了，所謂一介文官，啥也沒帶回來，衹有一個乾隆年制的官窯大盤，是道台送他的紀念品。這個大盤後來傳給了我的父親。我的父親又交給了我。到我這一代，由於解放戰爭時期流亡的生活，已經破碎了。太祖喜歡文物，那時文物並不很值錢，所以之前每個房間都放有瓶瓶罐罐，房間都是紅木鑲嵌的傢具。

家境已經徹底敗落。父親年輕時，被介紹給一個在長春法院做推事的朋友。所以他闖關東了，到法院求事做。推事因他不懂法律，就讓他經商。正好有個機會：一個服裝店鋪的老闆要回老家，打算把店鋪出讓。經推事從中介紹，我父親便把這家店買了下來。店名叫義順泰。最初是經營中式服裝。後來長春被改爲新京，成爲僞滿洲首都，許多人開始穿西服。父親發現洋服店很少，便改爲賣洋服。他有制服加工廠、門市店。許多外地城鎮服裝店來這批發、訂購，成交量很大。於是很快發家，就在義順泰基礎上，又開一家，叫興記服裝店，因爲父親名叫李泰興。在這時他跟母親認識了。

　　父親的習慣很儉省。有件事，母親記憶很深。初婚回娘家，父親要帶禮品去。母親也想借着這次機會帶些禮物以抬門面。外祖父因大女兒嫁了有錢的老闆，也做了充分準備來迎接。兩人坐馬車去，在路上必然要到糕點店。當時糕點有兩種：一種包好的，木盒裝，叫果匣子，匣子外貼標籤。這一類的事先已捆好，較便宜。而另一種是現買現裝的，比裝好的糕點要貴。貴的要賣到加倍。父親讓買那種現成的，說是這樣又省事又省時間。買了十幾盒，到了外祖父家後，母親就分送給鄰居、朋友，受到了歡迎。後來，母親自己回娘家。去了以後，外祖母說，你可太讓我丟面子了，你們買的現成的糕點匣子，每一個裡面只裝一個麵包。大家本以爲大經理帶來的肯定是好的，卻發現祇有一個「大黑列巴」。當時受俄國影響，麵包就叫「黑列巴」。這時，母親才明白，父親當時跟說她是爲省時間，其實是爲省錢。這讓她很難堪。自此以後，她再回娘家，便不再聽父親的，而是自己買。這個故事母親經常跟我們講。

　　父親很嚴格，但從不打孩子。我們卻對他很拘束。上小學時，他領着我從家走到大經路小學。一路要過好幾條街道，家中有自用馬車，但不會用馬車接送。放學了，我便自己走。這樣一直到中學，直到離開長春。我也因此鍛煉了自己。

　　還有一件事，就是當時父親已經有了兩個服裝店，位於

大馬路上。那相當於天津的金街，是條商業街，南北大路，兩邊都是商家。他還經營一家大百貨公司叫華興商店，每到節日人山人海。當時店裡的會計是母親娘家表妹的丈夫，是我表姨夫。他人很可靠，總親自收費找錢。有一次，是春節期間，來來往往的人多，錢也多。店員或交錢，或交單子，錢就在抽屜裡。這期間我也常去那裡，一次姨夫說他去廁所，讓我頂一會兒。我便收錢收票。等他回來，直到結束後，我才回家。等店裡晚上結賬後，父親回來了。父親跟我說晚上結賬時少了很多錢，這是以前從未有過的。大家說跟往常一樣，祇是這期間少東家值了一會兒班。父親說不會少的，不會出現在他身上的，就讓大家再找。又到會計桌那，把抽屜全部拉開來，發現抽屜後邊全是錢。因為錢多，擠在了後邊。等點出來，分文不差。父親跟母親說：「我相信自己的兒子。」

所以，父母的教育我是不會忘記的。父親說人活在世間，跟做買賣一樣，以信為本。我們呢，是「維」字輩。我哥叫李維忠，我叫李維信。抗日勝利後，長春的學校改為秋季始業。優秀學生可以跳級。我只讀了兩年高中。原來讀高一，是長春市第一中學的學生，讀完高一以後，就考插班，考長春市吉林省立高級中學，簡稱省高中。這個時期呢，長春歸吉林省管。這所學校很有名。我為了跳班去考高三，因此改名為李正中。這「正中」是父親給起的字，父親說：「人有名也應該有字。你考高三，就用李正中吧。『中』就是『正』，不正則偏。永遠不要忘記堂堂正正做人。」所以我比同年級同學高一年。等他們讀高三，我已是大學一年級了。這是我改名的原因。

以前是買別人的房子住，家裡條件好了，父親在長春周邊東站地區買地要自己設計建築房子。這個建築是西式平房，有父母臥室，還套有內間。母親是一位虔誠的佛教徒，內間就成了母親供奉神佛、念經和珍藏經卷的聖地。平日是不允許我們進入的。此外房間還有客廳、書房，有餐廳，有我與哥哥單獨住的房間，有衛生間、有廚房，且有套間，是給傭人住的。我家長期有傭人。廚房有後門，傭人買菜後從後門進。有前院，

有後院。前院栽有果樹。後院兩間房子存煤和柴。前院大門樓兩邊有廂房，相當於傳達室，但從沒有人住過。下有一地下室，用石頭砌成。戰爭期間是爲了躲避空襲之用。我談這個，是因爲修建時父親親自監督，每次回去渾身是土，很疲憊。投入也很大，有時就很容易發脾氣，還抱怨飯菜。這時母親什麼也不講。但背後跟我說：「你爹是太累了，你是不是勸勸你爹不要太累了？」那時水果很貴，我們一般會喫蘿蔔。我們家一年四季保存有青蘿蔔。這一是因爲蘿蔔便宜，一是因爲我母親有胃病，中醫讓喫青蘿蔔。所以，我們飯後都會喝茶，喫青蘿蔔。就在晚飯後讀書前喫蘿蔔時，我跟父親講：「不要過累了，您要注意身體。你一累情緒不好，我就害怕。」父親就笑了，說：「你還能這麼關心我，我以後不會了。」之後父親再回來，脾氣好多了。通過這件事，可看出母親對父親的關心和愛護。我常想，我有這樣的一個母親是我終生的幸福。

關於母親的事太多太多。父親不讓我們過生日宴會，所以我的生日我自己也總是忘記。但母親總記着。到我五六十歲時，也都是母親記的。她煮兩個雞蛋，讓我喫。喫前把雞蛋放桌面上滾一滾。她說：「這就是讓我的兒子交好運。」

母親走後，妻子也走了，兒子又在海外。我經常會把生日忘了。我是再也喫不到母親煮的雞蛋了。

母親留給我的財富

　　母親留給我的財富，不是金銀珠寶，不是房屋地產，而是一筆無法用物質衡量的對我一生都起着決定影響的精神財富。

　　在我自小的印象中，母親的娘家即我的外祖父家，是一個和善、溫馨、嚴肅卻不豪華，也不是特別富有的一般的經濟生活水平的家庭。據說，外祖父年輕的時候是一個搞房屋建築設計和施工的師傅。他本人對於土木活兒，不僅會設計而且能自己操作。母親說他是手藝人。我外祖母的娘家，則條件比較好。外祖母的娘家當年要擴大住宅，就是請我外祖父來設計和施工。也正因這樣的一個機緣，我外祖母的父親，才把自己的女兒嫁給了我外祖父。正因為我外祖母的娘家條件好，所以自從我外祖父和我外祖母結婚後，家中一切都聽我外祖母的。外祖母對於自己的子女要求非常嚴格。我母親是長女，下邊還有兩個弟弟，四個妹妹，也就是說外祖母生了兩男四女。她對每一個子女的要求不是嚴格簡直可謂嚴厲。例如在喫飯或大人談話交流的時候，絕不允許許子女插話，更不允許兄弟姐妹之

間談話。她說這是孔聖人的話即「食不言寢不語」。母親曾說過，一家人喫飯時，外祖母身後放着一把掃炕用的笤帚，誰要插話或講話，她就會直接用笤帚疙瘩打說話人的頭。正在喫飯的被打者這時可以說是被打得暈頭轉向，而其他人也被驚呆。這時外祖母只說一句話：「喫飯還堵不住你的嘴！」母親是老大，需要做表率。她處處小心，並沒有挨過母親的打，挨打最多的是她的大妹妹，即我的二姨。二姨喫飯最愛講話。正因如此，我家喫飯的時候，母親也是要求我和哥哥、妹妹三個人在飯桌上不准插話和談話。直到我們都長大成人，她還堅持這種習慣。這種習慣都影響到了我妻子的身上。有時孩子們和我喫飯，他們會利用這個機會問我一些問題。我很高興，也很樂意回答。但是妻子不希望孩子們喫飯時提問國家大事和政治問題。這時，不管我和孩子交流得興高采烈是否，她都嚴厲制止。她甚至會說：「你們忘記了你爸爸挨批鬥的時候？你們要永遠記住先人提出來的『莫談國事』。」當然，妻子一談到這個的時候，我們每個人都鴉雀無聲，無話可講了。確實是這樣。

　　如果說用我們國家評判人的標準劃分階級的話，妻子娘家可以說是不一般的資產階級。因爲妻子的娘家，當時是長春市的首富。長春被圍困的時候，當時不僅是鐵路不通，更是不存在空運。可是她和我的母親卻在不認識，也與空軍無任何關係的情況下，破天荒坐飛機離開了長春而到關內來。爲什麼？很簡單，她們用金條買通了駕駛員。問題就這樣解決了。

　　這件事說明了兩個問題。第一，國民黨軍隊非常腐敗。他有八百萬美式裝備的軍隊，卻被一百萬小米加步槍的解放軍奪去了政權，這是毫不爲奇的事，也是必然的結果。第二，我妻子家確實富有。按階級劃分，她家雖然不是地主家庭，但在當時按富人和窮人來劃分，她必然是所謂階級專政的對象。但與我恰恰相反，她在歷次的運動中都不曾作爲打擊的對象，甚至一度還是「活學活用毛澤東思想積極分子」，這真是天大的諷刺。

說實話，她所作的一切都不是虛偽的，也不是假的，她是真實的。理由很簡單，她就是一個真實和老實的人。她對任何事情由於有自知之明，都不表態。據說在文化大革命期間，我住了牛棚，紅衛兵找她，讓她揭發我。她就告他們說：他這個人自信心太強。包括在家庭子女面前，凡事由他來決定，他說了算，我樂得省心。我只管家中的穿衣、喫飯，因為我們的家庭不談工作，更不談國事，所以我什麼也不知道。同事們也公認她的說法。可以說，一直到以後，所有的造反派找她談話，都是一問三不知。對她當然也是無可奈何。曾有這樣一個笑話：紅衛兵曾問她：「你什麼都不知道，那麼你知不知道中華人民共和國哪年建立的？」她說：「這個我知道，是一九四九年十月一日。」可見，聖人的這句「食不言寢不語」，經過兩千餘年，仍在起着作用。妻子躲過了一劫。這也看出母親的傳統教育對我家生活的影響是很深遠的。

母親在娘家的時期，由於外祖母的嚴格要求，她還會刺繡，並且還會給弟弟、妹妹親手買布、做衣服。母親有一手好活兒。她是百歲老人，我家曾四世同堂。我的孫女現在美國。她小的時候，我們的生活條件雖然已經比較好了，但是她三四歲時穿的棉背心和小棉鞋都是母親親手縫做的。她認為親手做的比買來的放心。說也奇怪，當時家裡條件雖好了，可是重孫女並不喜歡從商店買來的衣服和鞋，從小就喜歡太奶奶給她做的衣服和鞋子。不要忘了，當年母親已經是七旬以上的老人了。所以，母親的這種身教言傳，這種精神深深影響了我和我的家庭子女。

值得再提的就是，母親是一位虔誠的佛教徒。她早年的名字我們不知道，但後來她名叫「賈尚志」。據說「尚志」二字，就是她信奉佛教後，她的師傅給她起的名字。我跟我妻子之所以能結合，是因為我父親跟我岳父是商界朋友，更重要的是，我的岳母同母親一樣，也是一位虔誠的佛教徒。岳母家佛堂比我家的要大得多，很有規模。她家供奉的佛像都是真金的，並且供桌上還有純銀打製的佛塔。一般人是不能入她家

佛堂的，進入以後，你會自然產生一種敬畏的感覺。母親和岳母，她們都是道友，所以我和妻子的這門婚姻，是一種必然結果。兩位老人都是慈善家。凡是有僧道尼姑或者求援助的人，我的母親一定給他們一個圓滿的回答。特別是，化緣者不論帶來何種經書，母親必然會恭敬地留下，並付給他們銀元。然後就把這些經卷供奉起來。由於母親對經卷不加甄別和分類，所以各種經卷，其中包括民間的會道門的經書也在所藏之中。也許由於母親是一個虔誠宗教徒的原因，所以自小她就培養我們要有一種善良的心態，不求回報的付出心態。

記得有這樣一件事，父親的生意發展興隆，家有兩座服裝商店：一個叫「義順泰服裝商店」，一個叫「興記服裝商店」，在當時長春市這兩個可以說是最大的一類服裝店了。並且他不僅有兩個門市部，而且有自己的加工工廠。當時長春周圍的縣市，比如九臺縣等一些縣城的服裝店都要到長春市來批發服裝。這些周邊的縣市都到我父親的商店來批發購買。我父親叫李泰興，所以這兩個商號的名稱一個是泰字，一個是興字。此外還有一個百貨商場叫華興商場。正因如此，在長春工

（古月齋藏經）

作的老鄉，因爲他們身在外地不經常回家，所以他們的家屬經常會帶着孩子在我父親商店喫飯的時候來喫飯，用現代的話就是蹭飯。他們來喫飯都是和店裡的夥計一起喫，父親並不介意。父親則要回家跟我們一起喫飯。因爲幾乎每天都會有幾位老鄉的家人來蹭飯，難免引起一些夥計的不滿，就把這種情況告訴了父親和母親。這時，特別是我母親，怕我父親制止這種事情，她就講了一個故事給我們聽。他說有一個長工，山東人則稱爲「泥漢兒」，生活很累。累死後，他見到閻王爺，對閻王爺說：「你太不公平了，總讓我當長工。今後應換換，我也要當地主。」閻王笑着說：「好吧，那我問你一個問題，由你選擇：你來生是喫人家呢，還是讓人喫你？」這個長工一想喫人家多合算，於是告閻王，來生喫人家。於是投胎轉生，他卻發現又做了長工。因爲他說了要喫人家。母親說：「爲什麼講這個故事呢？別人來喫你，說明你生活好。他們在咱們店喫飯時都有自尊，本來就怕被別人看不起。所以我們一定要表示歡迎，因爲我們比他們有條件。」這就是母親跟反映情況的夥計和我們所說的話。

母親對我們非常愛護，我記得我上小學的時候，家中有女傭做飯和洗衣服，每次我們的衣服洗完以後，母親都親自熨平。所以我的衣服在全班甚至全校都是穿戴最整齊的。母親要求我待人接物要彬彬有禮。每次放學回家，我們首先見到父母要給父母行禮，走時也要行禮。來客人了也一樣問好行禮。幾

十年來，母親對我的禮節教育，包括服裝整潔，至今不忘。母親說，服裝不僅是體現自己的精神面貌，也是對別人的尊敬。

由於我上學時讀的是洋學堂，後來又受以馬列主義為主的唯物主義教育，總之，很長時間裡我認為母親信仰宗教是迷信。當然了，我不會去和母親辯駁，祇有尊重。但是我在內心深處我認為我是一個唯物主義者。也許是出於敬畏，對母親的豐富收藏的經書，我不聞不問也輕易不去動。我是從什麼時候開始信仰宗教的呢？本來我是應該有條件較早信仰的。例如在新中國成立以前，長春市東三馬路上有一座非常有氣魄的宗教教堂叫萬國道德會。據說這個道德會各地還有很多分會。這個道德會宣教的主要內容不僅是講道德，而且還負責調節家庭矛盾，如婆媳不和，兄弟不和，或夫妻不和。這裡每天開展講座，來協調此類事情，但沒有任何宗教儀式。事實上這是一個講道德仁義，勸人為善的會道門，是民間自己建的。這個總會所有的建築，其中包括講會人員的宿舍、課堂以及已故去的王姓創始人的銅像和出葬費用，都是由我岳父出錢資助的，所以他被稱為趙善人。正因如此，無論從哪個角度，我成為佛教徒都是順理成章的。但是我後來所受的教育使我認為宗教是迷信，我不是一個佛教徒。我親近佛教，就是文化大革命期間。在文化大革命時期，我住在牛棚。後來有人告我，我母親每夜準時出來在門前園中磕頭許願，請求菩薩保佑他的兒子平安無事。無論春夏秋冬，天天如此，都要出來跪拜，直到我出來。母親一見到我時就說，這是菩薩顯靈，並要我還願菩薩。

一直到文化大革命結束，國家落實了宗教政策，一些寺院的活動得到恢復。為了完成母親的心願，我成了一名居士。母親逝世後，留下了大量的經書。我這時才有機會靜下來，拜讀這些經書。有些經書不僅是佛教的，而且還有民間宗教的，有的是過去民間在社會上具有廣泛影響的在理教的經典。

我常常想，母親沒有給我留下金銀財寶物質財富，卻給我留下了如何做人的精神財富。這種財富是我取之不盡，用之不竭的傳世的寶貴財富。我感謝我的母親。

父親喝茶使用殘舊紫砂壺

人們都知道有一句話：「瓷器有了殘，不值一文錢」，紫砂器更是如此。可是我父親卻一直使用一把殘舊的紫砂壺，且愛不釋手。後來我們才知道，這把紫砂壺是從我的太祖，也就是我父親的爺爺那裡傳留下來的。太祖曾經在南方沿海地區擔任過吳淞道台師爺，辦事清廉，深受人們的崇敬。及卸任回家，只帶回一件他做官的同學所贈送的一個乾隆五彩大盤。這是因為太祖歷來喜歡陶瓷和古典傢具。

本來太祖是不準備外出做官的，因為他自從繼承了殷實家業以來，擁有百畝以上良田，同時還經營着一所大型的油坊，家裡需要他來經營和管理。據說，他考舉人落榜後，就沒有再繼續攻舉子業，而是安心經營家業。他的一個自小關係很好的同學則考取了進士。這次就是這位同學盛情邀請他去做師爺的。情誼難卻，於是太祖便去了。等他離開，家裡則由他的兒子也就是我的祖父和我的三爺爺、四爺爺來管理。但這幾個人不善經營，及太祖歸鄉，家裡已開始敗落。父親所用的殘舊紫砂壺，就是當年太祖用過的。當這把紫砂壺傳給父親的時候，是完整無損的。太祖去世時，當時中國社會正經歷着軍閥混戰，家境更加敗落，父親就闖關東到了長春。當時他就帶着這把紫砂壺，在顛沛流離中，壺把兒破損了。於父親而言，此壺深具紀念意義，所以這把紫砂壺雖不值錢，但他請人修補，並愛不釋手一直在使用。在那兵荒馬亂內戰頻繁的年代，父親四十幾歲英年勞累而去世。這把壺現在被我收藏。受父親影響，我全家都喜歡使用紫砂茶杯飲茶。

這裡還有一段有關全家飲茶習慣的事情，我長久以來不能忘記。那就是，母親長年有胃病，每次喫飯後，她胃裡會發燒、吐酸水。雖經醫生診治，卻時而好轉，時而反覆。後經一位曾擔任御醫的閻治平醫生的診治，胃病痊癒。這位醫生告訴母親，為避免再犯，日常生活中除了注意飲食外，還需養成飯後喫蘿蔔的習慣。父親為了保養母親的胃，故每次晚飯後，他

讓全家人都聚集在他房中飲茶聊天並跟母親一塊兒喫青蘿蔔，然後再回去各自讀書。一年四季，天天如此。確實，自此母親的胃病再沒有出現過反覆，後來母親卻比父親長壽，母親將近百歲才辭世。我至今已經虛度八十，仍然很懷念當時全家人喫蘿蔔的情景，很思念我的父母。

我的青少年時代是和父母生活在一起的。父親喜歡文物，特別是對於陶瓷器非常鍾愛。在聊天時總會給我們講何時何地的陶瓷器有何特點。不知不覺中，我對陶瓷器越來越喜歡。我家在客廳使用三件套扣碗來待客，而在父母親房間則一律使用紫砂器。我也因此知道紫砂壺飲茶有很多益處。例如用紫砂壺泡茶不失原味；茶葉不易霉餿；紫砂壺傳熱緩慢，北方冬天寒冷時注入沸水不易炸裂，且提攜時不燙手，特別是有些紫砂壺的造型藝術多彩，耐人尋味。我家人對紫砂壺都有一種偏愛。父親留下的這把紫砂壺，經我仔細把玩，發現它與其它紫砂壺的款識不同。目前傳世的有款識的紫砂壺多為人名或室名，而父親這把則不同，其壺蓋兒反面即內側有一小小的樹葉款識。這在至今保留下來的紫砂壺款識中很是少見。父親當年曾說這把紫砂壺是明末清初的款識。

紫砂壺的興起與人們的飲茶愛好相結合。眾所周知，中國古代技師是沒有社會地位的，所以早期的紫砂壺技師是不留姓氏的。最古老的紫砂壺是沒有名稱款識的。最早的制紫砂壺的高手，為了給自己留作紀念，往往做一個圖形以為標幟。後來，這些製壺的名家受到社會的重視，於是才出現技師名姓的款識。父親的這把殘舊紫砂壺上的樹葉，他標識的不是普通樹葉，而是茶樹的樹葉。這也是作者的一種款識吧。而以花卉作為款識的瓷器，在清代康熙時期發現。這可能是受紫砂器的影響。

同時，在造型上它與清代的一般造型不同。清代紫砂壺在造型上，常在壺身題詩或題字或加花卉及各種造型。明代紫砂壺自身造型淳朴，以自身造型

取勝。這把殘舊紫砂壺是瓜棱形。雖然我知道鑒定紫砂壺的一些條件，如款識方面有的刻有名家的名號和年款；或者是將舊小壺除去茶蓋兒倒轉過來平放，壺嘴、壺口和壺把要形成一條直線，若是這樣的做工則屬於比較細緻。再有就是要比較、觀察壺的造型與質地以鑒定其質量和年代。家傳的這把紫砂壺從經濟價值來看，確實值不了多少錢，但更主要的是它蘊藏了家族的親情以及父親對我的教誨。這是任何經濟價值所無法比擬的。我常對我的子女說，我家的最主要的財富就是這把殘舊的紫砂壺。

實際上，正是父親留給我的這把殘舊紫砂壺引起了我對紫砂壺的研究興趣。終於在一九九五年我與劉玉華先生共同在天津人民出版社出版了《中國紫砂壺》專著。據出版社說，這是新中國成立後第一部有關紫砂壺的論著。這本小冊子是一部介紹紫砂壺的通俗讀物，如果說它有什麼具有學術價值的內容，那就是介紹紫砂壺款識這部分。此書出版後僅六個月就全部售

馨。出版社希望能夠補充再版，可是一方面由於我的教學任務繁重，另一方面是我後來發現有關紫砂壺的著作在全國大量出現，所以再補充《中國紫砂壺》，重新出版已沒有必要了。

　　對紫砂壺的分析、研究，實際上是仁者見仁，各有春秋。我認為研究紫砂壺要與瓷器茶具進行對比更能體現瓷器與紫砂器各自不同的特點，如瓷器在封建時代朝廷專設禦窯場而紫砂器卻不僅不設禦窯場，而且在宮廷內也不為帝王所重視。可見紫砂壺是文人墨客所鍾愛之物，達官貴族卻不能讓它登大雅之堂。也正因如此，紫砂壺具有瓷器所不能替代的特點。我認為它之所以受到文人墨客的鍾愛，是因為它具有三大特點。第一，與瓷器相比，紫砂壺樸素無華。第二，正因為樸素無華，它體現出了自然美。第三，在自然美當中，它折射出一種內在的含蓄。以美人為喻，紫砂壺是天然的不加修飾的自然美的麗人，而瓷器是經過化妝甚至人工手術而造成的美人。二者各有千秋，無可厚非。這取決於用壺之人各自的品格愛好。

長春圍困：病鬼不如餓鬼多

我生於民國十九年，西曆一九三零年。一九三一年爆發了「九‧一八」事變。日本軍國主義瘋狂地侵略我國東北。父親爲了避免剛出生的我受到這種慘絕人寰的環境的驚嚇，就把我和母親送回山東原籍老家諸城。所以，我小的時候在老家呆了兩年，這也是我至今回祖籍的一種紀念。當然，到今年我已經八十歲了。我很想在有生之年能夠再回到原籍看看。我相信，這個夙願一定能實現。

日軍佔領東北，燒殺搶掠不在話下。在我記憶中，我在小學讀書的時候，我們所有的同學，中午喫午飯都必須帶飯盒。中午是不允許回家喫飯的，這是一種訓練。每個人的飯盒裡的飯全部都是高粱米飯。這種高粱米飯，必須都是冷喫，所以感覺到又硬又澀。老師告訴我們這就是爲了培養我們適應戰爭的能力。其實，爲什麼家長不給帶細糧呢，不是不允許，而是明確規定，除了特殊人物，如日籍華僑僞滿官吏等外，僞滿政府所供給市民的糧食一律是高粱米。如果有人偷偷地在農村或者某地買一點細糧如大米白面，一旦被統治者發現，要作爲犯罪分子處理。

我記憶中有一個特殊情況，就是我小學時同座位的女生姜玉君，她的飯盒裡裝的是大米飯。她是由她的外祖父，我記得是一個花白頭發的老人，每天中午給她送飯盒，而且還給她送來一個大鵝蛋。所以每當喫大米飯時，因爲小孩，不好意思看她的飯盒和鵝蛋。說內心話，我是非常的羨慕。有一次我回家，跟我娘說：「娘，我也想中午帶鵝蛋喫。」並且把我同桌喫鵝蛋的情況告訴了我的母親。我的母親爲難的說，到哪去買鵝蛋呢？現在沒有地方可以買到。我給你帶咸鴨蛋吧。於是我相繼帶了兩三天的咸鴨蛋。雖然比以前的炒雞蛋好喫一些，但總覺得面子上不好看。人家拿的是大鵝蛋，我卻帶一個比她的小很多的咸鴨蛋。這事在我的心理上有一種說不出的難堪，於是告訴母親不要再帶咸鴨蛋，而是還帶炒雞蛋。

在中學讀書時，當時東北長春市公辦的中學祇有三所，叫做第一、第二、第三「國民高等學校」。這三所學校原則上分工有所不同。一中以工科為主，故理工如數理化所佔比重較大。二中偏重於商業。三中偏重於農業。我是被學校推薦到一中的第一名的學生。經過考試，我被錄取。這所學校裡每個年級都有日本學生或日本華僑子弟就讀。這裡的教師水平質量都是相當高，要求也相當嚴格。校長是日本人。在學校管理上，除他外，管理人員如會計等祇有兩三人，但學校卻管理得有條不紊，不像我們現在的學校，一座學校設了好多處室，浮有大量非教學人員。當時學生教育則是以奴化教育為主，中文課本不叫中文，課本名稱《滿語》。另外專門設立日語課。數理化的課很深。此外，還有軍訓課。軍訓課單獨開設，軍訓教師，都是退役的軍人。學生之間，低年級的學生在路上遇見了比自己高年級的學生都要敬禮，不分國籍。如一年級學生見到二、三年級學生都要敬禮，若發現沒有敬禮，高年級的學生可以對下年級的學生隨意訓斥，甚至打罵。這種行為實際上就是培養學生的奴隸的軍國思想。所以我們每日都是提心吊膽的過日子。當然，我們這些個被稱為滿洲人的學生可以說都具有一種民族意識，熱愛祖國，期盼光復。許多學生，包括我在內，都不喜歡學習日語。在日語課堂上，我們都采取敷衍態度。這都

是出於一種簡單的愛國情緒和仇恨情緒。沒有想到多學一種外語對未來的價值，這可能是由於當時受年齡的制約吧。這裡使我想到一件至今不能忘記的事，有一次由朝鮮族教師代替日本人上課。這位鮮族老師上課時溫文爾雅，不像日本人那麼蠻橫。正因為如此，由於學生不愛學習日語，所以課堂紀律非常亂，使他無法講課。最後，他滿臉漲紅，大聲的向我們說了一句話：「你們知道不知道日本人喫大米飯，你們祇能喫高粱米飯？」憤怒的離開了教室。後來聽說他被日本憲兵隊押走了。

還有一件事，當時有一位老師外號叫「長王」，因為他姓王，身材高大。他不教我們班，對學生很嚴厲，很嚴格。永遠一副嚴肅的面孔。同學們說沒見過他笑。所以都怕他。有一次，他從家剛出門就被憲兵蒙上臉抓走了，後不知下落。抗戰勝利以後，王老師出獄，回到學校。被上級任命為學校校長。這時大家才知道他是國民黨員，宣傳抗日。被捕後受到嚴刑拷打，如果不是戰爭勝利，他肯定會死在監獄裡。當時，他帶領全校同學去參觀敵偽關押政治犯的監獄。他曾經就被關押在這裡。參觀過程中，他向我們講解日寇的獸行以及處以絞刑的場所和過程。最後當他提到中國人民終於打敗了日本軍國主義，這時他笑了。大家發現他也會笑啊。

在日寇壓迫下的民族，終於期盼來了光復的日子，那就是一九四五年八月十五日，在廣播中聽到了日本天皇宣佈投降的消息。這時，整個城市都沸騰了，一起狂歡。給我印象最深的是父親含着眼淚跟全家說：「我們終於不當亡國奴了！」父親是一位非常堅強的人。我從小就敬愛我的父親。我記得，我剛上小學的第一天就是父親親自把我送到學校。由於我的哥哥每年考試都考第一名，每年都要把考試優異的獎狀帶回家。我下決定也像他那樣。沒想到，我第一年把數學試卷看錯了，試卷上半部分都是加法題，下半部分都是減法題。我卻習慣性的把減法題也看作了加法題，很快答完交卷。因此由於數學的錯誤，第一年第一學期我考的名次是第十二名。拿到通知書以後，我心裡很是忐忑不安，覺得這種成績無法跟家長講。我萬

萬沒有想到，父親見到當我的通知書後不僅沒有責備我，反而摸着我的頭發自內心的說：「考得不錯。能考到第十二已不錯啦。」我向父親解釋我看錯題的情況。這時父親告訴我：「如何才能不看錯題呢？你看到任何一個問題的時候，你就想他為什麼要出這種題目啊。他需要我如何回答。你要記住這個。你如果記住這個的話，題目就不可能看錯。今後不論遇到什麼題目，你都要記住這句話，你就不會看錯題啦。」今天，父親早就離開我幾十年了，父親不到五十歲就離開了我們。但是，在我很小的心靈上，他對我的教誨，如何識題，我至今在我的心靈上永遠都不會忘記。父親當時的笑容以及這番審題的教誨，也可以說對我一生都是有益的。

在光復的夜晚，父親興奮得自己裁剪國旗，也即當時國民政府的國旗。我從未見過。父親還把家裡多年不用的縫紉機拿出來，一夜不睡來做青天白日滿地紅的旗幟。經過一夜的時間，第二天父親興高采烈地把國旗掛到了大門外。他那種因光復而興奮的神態，至今我都深深印在心中。

不久，蘇聯紅軍就進駐長春。蘇聯進駐以後，一開始帶來的是全城人的狂歡和歡迎。但不久，給人們帶來的卻是恐懼和憤怒。解放了東北以後，蘇聯紅軍做的第一件事就是發行紅色的紙幣。限期要把包括日元和偽滿貨幣在內的紙幣，在規定時間內都要換成蘇聯發行的紅色紙幣。父親說，這種兌換自身就

是不合理的，是要讓老百姓貧窮。同時，通過紅色紙幣，他們也把東北的物資掠奪走了。更大的恐懼是，他們把工廠的機器可以說是全部拆掉然後拉回蘇聯，接着工廠倒閉，工人失業。再者就是，時而發生紅軍入室搶劫和強姦婦女的事情，這絕不是誇大之詞，我親眼所見。那時，女性青年學生上街都會理短发，戴上男人的帽子，以逃避紅軍的侮辱。因為外國人很難分清中國男女。我岳父家是長春有名的產業家。他們家就曾經遭到了由中國人做嚮導的兩名蘇聯紅軍的搶奪。這是真實情況。當時我就想到，中國人怎麼會給外國人當嚮導來搶劫自己人的家？這裡就更印證了我上課的時候語文老師給我們講的魯迅先生為何棄醫學文的事情來。魯迅先生本來是為了增強國人的身體素質而去日本留學學醫。但是在一次放幻燈片時，影片演在日俄戰爭時期，有中國人給俄國人當奸細，結果被日人發現後砍頭。許多中國圍觀者卻毫無感覺。魯迅先生感覺到國人思想素質覺悟太低，這樣一來身體再強壯也沒用，所以改為學文。現在看長春的事情，不是跟魯迅先生說的一樣嗎？我這個本學理工欲當工程師的人，也因此開始學文，至今不悔。

　　蘇聯紅軍佔領時期，國民黨在名義上將東北劃為九個省，且每個省都任命了省主席，但是尤其是松花江以北地區，任何人都沒有到達其管轄地區。因為這時在蘇聯紅軍的支持下，完全是由共產黨控制的。這個時期長春市國民政府僅僅是派來了市長趙君邁和官員，當時真正的中央軍還沒到來。這時正是國共談判時期，蘇聯紅軍若撤離，必被共產黨佔領，故為了維持地方穩定，蔣介石夫人宋美齡和公子蔣經國，以慰問紅軍為名要求蘇聯紅軍不要撤離。這時，國民黨軍隊主要是收編偽滿軍人。軍裝都是灰色的。不久，蘇聯紅軍撤退。我記得撤退後，解放軍就開始進攻長春市，打得很激烈。光復後的第二年，僅僅幾個月，於四月十二日，解放軍進駐長春。有坦克車開路，只用一天時間便攻下。我就有意識的在城中看了一下，這時很多國民黨軍人屍體還沒被處理，後來由慈善機關把他們拉走了，一片血跡。佔領以後，解放軍通知各個部門開始營業。不

久，清查戶口。搜索國民黨逃亡軍人和人員。再者就是讓有問題的人去政府報道。民國政府長春市長趙君邁被俘後槍決。在臨死前有一個講話，說自己和日寇打了八年仗沒有戰死，今日卻死在中國人共產黨手裡。很快，城市就平靜下來了。但不久，突然間，解放軍把能夠拉走的物品都拉走了，然後撤退。我不知道怎麼回事，以為是戰略原因。接着，國民黨中央軍進駐。沒有經歷第二次戰火。這時進駐的是國民黨的精銳部隊，著名的抗戰將領鄭洞國的美式裝備軍隊。出於戰略考慮，沒有與解放軍正面交鋒。

這時，共產黨為了奪取全東北，首先要把長春市這個釘子拔掉。於是就出現了困而不打的局面。具體說就是，解放軍把國民黨全部包圍起來，斷水斷糧，而不進攻。據說這是偉大領袖毛主席的一次英明的戰略。對於百姓而言，能有多少餘糧？恐怕每家餘糧不超半個月吧。所以幾個月之後，家家戶戶沒有糧食。當時一個金戒指換不來半袋高粱。於是有親投親，有友投友。沒有親友的怎麼辦？當時國民黨軍隊定期放出，讓大家外逃。但是要到共產黨區域，需要「路條」。若沒有投靠對象，獲取不了「路條」，還得回去。於是好多人就回到城中，等着救援。好多人在這時就餓死或病死。我家不太一樣，父親在蘇聯紅軍佔領時就到了天津，因為當時鐵路還通。那時我家有百貨公司，因為戰後需要百貨供應。而在日偽時期，沒有什麼可以供應。所以父親到天津去考察情況，但後來長春被圍，父親回不去了，就留在天津。開始時，國民黨還可空運支援。我們都知道國民黨是一個腐敗的政黨。空軍在投放物資後，就會帶人返出來。於是，我的母親和我妻子她們用金條買通空軍人員，坐飛機回到關內。這樣，父親先到關內，母親與愛人後到。我正上大學，趕上放暑假。我沒有跟她們一起走。留在長春，不知什麼原因，我認為我總會有辦法的。

這時，外婆的叔伯姨表兄，是一個學生，在抗日戰爭時期後期，出於愛國參加了國民黨的青年軍。青年軍可以說都是中學生和大學生。他曾參加過滇緬遠征軍，戰爭打得十分艱苦，

很多青年軍戰死在戰場。包括敵對的日寇，都曾發自內心的欽佩中國的青年軍。他撿了一條命，終於回到家。這時，他覺得他曾是青年軍，心裡很恐懼，怕被共產黨抓住，因為當時共產黨把遠征軍也稱為「反動軍隊」，所以想出去。他找到我，因為我是學生，共產黨的外圍對學生開放。他說：「我過去是學生，現在還有以前的學生證。咱們一起走。」我於是跟他一起作伴回關內，去見我的父母和妻子。

這裡我說個小情節。我有點迷信，這是受母親影響。母親是一個佛教徒，每天在佛堂敬香，從無間斷。她是一個慈祥的人。她四十幾歲時，父親病故，就帶我們兄妹三人支撐這個家。我結婚以後，婆媳間從未有過吵架或紅過臉的事，她很受人尊敬和歡迎。我想這與她的信仰有關吧。決定離開時，我要去算一卦，看看路途順不順利。真巧，我去老市場，見到擺卦攤兒的是我中學時的老師。學校已經解散，他失業了，家裡沒有飯喫，要賺點錢糊口。因為他懂得《易經》，所以來擺卦攤兒。老師告我：「你先默念你要幹什麼，然後抽一個籤兒。」我照做，拿了一個籤兒。他看了以後，桌上擺了一些棋子，左擺右擺。他最後告我：「從卦上看，你出門順利。但是，有一個反覆卦，我不懂是什麼意思。出門順利，但有個反覆。不過，總體是順利。你決定吧。」這樣我和表哥帶上應需的物品，在長春開放的日子和大家一起出來，順着大路向瀋陽出發。沒有想到，出了幾里路，突然間前面的人往回跑。前有槍聲，原來是共產黨軍隊不讓通過。我們於是在驚嚇中又跑了回

來。這次出城沒有成功。大家又等了一夜,第二天是通關的日子,我們有路條,且是學生,被放出了關。這是迷信還是巧合呢?這不就是反覆嗎?

我們走後,長春的形勢越來越緊迫,有的人無親可投,但盼着解放。而很多人在飢餓中死去了。我的一個遠方姑姑,我們叫她馬後門家姑姑,不知道為啥這麼叫。她家經營一個小店,是賣馬具的。全家五口人,兩個大人、三個小孩全部餓死在家裡。父母和我逃離了災區。但在逃離前,我的祖父心疼他的二兒子,亦即我二叔。他一直跟二叔住在一起。沒想到形勢是圍困不是打,且持續了這麼久。他們也和別人一樣,沒有糧食。長期不進食,很虛弱,死人很容易。我祖父又患上毒性痢疾,連行走都很困難。祖父為了避免給兒子增加負擔,他老人家上吊自殺了。這就是偉大的解放戰爭圍困長春給我祖父帶來的結局。我的叔叔,實在無法忍受,想到了他的親弟弟,我們叫五叔。我父親與同堂排五人。父親是老大,二叔、五叔是親弟弟,三四叔是堂弟兄。其中五叔,從小不務正業,父親幫他結的婚。他跟五嬸有個共同的嗜好,就是賭博。記得我小時,五叔隔一段時間就找父親,說沒錢了無法生活。當時都是分家過日子,但是父親訓斥後,還是叫他去櫃上取錢。母親必然讓他拿一袋白面和粉條,還有一大捆海帶,讓他用小車拉走。據我所知,他在城裡生活不了,就到了江北的一個農村。具體地址我不記得。據說,由於他在城市裡長大,能說會道,到了江北後也不賭博了,以務農為主,後來成了農會主席。這個社會多奇怪啊。勤勞的哥哥是資本家,是被社會改造的對象,而一個只愛賭博的弟弟,卻成了農村的貧農會主席。

祖父死後,二叔帶着妻子和我的堂弟、妹妹只好出卡,準備投奔做農會主席的弟弟。可是沒有糧食,要走到那,半路得餓死。怎麼辦?這時期有一個特點,就是這些個飢餓要死的人為了生存,在路上祇能賣兒賣女。於是一家解放區的農民要我堂妹作童養媳,以換取糧食。我二叔、二嬸,就忍痛把自己一個十二歲的女兒嫁給了比她大十五歲的農民作童養媳。他們拿

到糧食以後，終於找到了我的五叔。

最後，國民黨守軍鄭洞國將軍向解放軍投降，長春被解放了。這是中國解放戰爭史上用圍困和餓死這個城市佔二分之一人口的代價來取得的勝利。我不知道，「人道主義」這四個字，在戰爭中還有丁點兒價值嗎？這使我很困惑。

解放後，市人民政府發了一佈告：凡是在飢餓中賣兒賣女或作童養媳的，政府一律同意解除契約，可以各自領回自己的孩子。這時，我父親已經回到長春。我叔叔跟他商量是否可以把女兒領回來。但這時我堂妹已圓房。父親建議說：「對方救了你們全家的命，既然結婚了，就承認這份婚姻吧。」

這就是新墳比舊墳多，病鬼不如餓鬼多。

解放戰爭中，三大戰役中最後一次是淮海戰役。這次戰役，是新中國建立前的決定性戰役，戰役的指揮者是劉伯承與鄧小平。兩人的指揮起着勝利的決定性作用。但是，劉伯承元帥晚年的時候，不看有關淮海戰役的有關影視。這部電視劇，是歌頌劉伯承元帥功績的。可是他拒絕觀看。他的兒女們不理解，問劉伯承元帥為何不看。他說我看了這樣的電視劇，夜間做夢，很多的寡婦向我要他們的丈夫。

劉伯承元帥的這句話，讓人深思啊，僅此一點，他的風范就令人敬佩！古語說「一將功成萬骨枯」，「將軍誇寶劍，功在殺人多」。以往人們都會說古代的戰爭與現代的戰爭不一樣，比如有所謂「正義戰爭」、「非正義戰爭」等等，我也不明白，「古今」之界限、「正義」、「非正義」的界限到底何在？我只知道戰爭雙方的士兵都是貧苦的農民。如果領袖的兒子在前線作戰，影視導演會將其排成影視劇，萬世流芳。我不知道農民的兒子死了，能流芳幾時？誰又知道農民兒子的姓與名。這也是讓我困惑的事情。

我二舅的婚姻

母親有兩個弟弟，其中二舅在我母親的兄弟姐妹中，是除了小姨外的最小的男孩兒，所以全家人都對他非常寵愛，而他又可以說是家裡學歷是最高的。他於洋學堂高中畢業，在那個時代，高中畢業也屬於少見的知識分子了。外祖母一直希望他能早婚立業，所以全家人對於他的婚事都很重視。

聽母親講，經過媒人介紹後，是我母親陪我的二舅親自到女方家「相親」。在那個時代，男女婚姻當事人都不相識，而相親成爲婚姻中的一個關鍵過程。相親的時候，雙方當事人都要穿戴整潔、高雅，男方需帶着禮品作爲見面禮。按當時的禮節，男方對於這門親事，同意與否，關鍵在於是否全部喝光女方送上的熱茶。如果茶水全部喝光，那就算是同意；如果祇是象徵性地喝了一兩口而留下剩餘的茶水，這就表示男方不同意。我母親說，女方姓黃，相貌也較端正，家境也不錯，所以二舅臨走前就把茶水全部喝光。這也就表示，二舅同意了這門親事。

這件事可反映出當時男女婚姻的不平等，即爲什麼要以男方同意與否爲主呢？難道不允許女方到男方去看看嗎？母親說，個別情況下，也有回訪男方的事情。這種回訪習俗叫「察人家」。「察人家」其實也是相親，是說雖然經過了男方的表態同意，但女方的父母對婚事暫不表態，還需再察看男方家庭情況，等瞭解後再做表態。這一般是女方家境比男方條件優越時出現的。二舅沒受到女方家回訪，那這門婚事算是定下了。

之後就要進行下一步驟，即「過禮」，這是訂婚的標幟。在這個過程中還有一個程序——男女雙方交換生辰八字。媒人要把男方的生辰八字送到女方，再把女方的生辰八字送給男方，然後需要找有關的算命先生進行推算，看這門婚事有緣無緣。也即是看生辰八字是否相合。若屬相爲牛、馬，則不能相配，因爲「白馬怕青牛」，必然相剋。屬雞、狗的雙方也不能

結婚，理由是「雞狗不到頭」，也就是說男女雙方不能白頭偕老。經過合八字之後，這時才能帶領男方去過禮、訂婚。這時的過禮是件大事，所謂過禮就是送一筆重禮。男方要給女方一個包封，包封一般由媒人事先同雙方協商好。這樣呢，才使雙方共同滿意。過禮後，那就是擇吉結婚，叫做「擇吉」，就是準備迎親。然後，再確定日子，舉行迎娶典禮。迎娶的路線還有講究，即迎的路線與回的路線不能一樣。這些事先都要規劃好來去走的路。母親說，這叫結婚不喫回頭草。看來結婚的程序還真複雜。

二舅結婚時，我參加了。二舅大我一輪，即十二歲，都屬馬。記得我當時在上小學，可見二舅結婚時才十幾歲。當時場面非常大，十幾歲的二舅穿的是長袍馬褂，十字披紅，胸前一個大紅花，顯得十分英俊。二舅媽當時是鳳冠霞帔，真有點像戲劇中的打扮。當時確實是高朋滿座，因為這個時候大舅在事業上很有成績。據說，大舅當時是日本在長春開辦的一個叫小松木材株式會社的大公司裡擔任廠長。我沒參加大舅的婚禮，從我記事起，大舅就已經有男孩和女孩了，女孩大我一歲，我喊她蘭表姐，表弟小我一歲。也就是說，我非常小的時候，就有表姐和表弟了。我母親在家排行大姐，大舅排行老二。後來我才知道，大舅媽的娘家家境非常貧困，從小大舅媽的母親就去世，他的父親就把大舅媽送給我外祖父家做了童養媳。我們山東人管童養媳叫團圓媳婦兒。由於是自小由婆家收養，所以她在婆家沒有任何地位。母親說，大舅媽在外祖母家就是一個小奴隸。她要伺候外祖父、外祖母和大舅，還要照顧我的小姨和小舅。所以大舅媽年輕的時候非常能幹，可以給全家做飯，伺候一大家人。當然，在二舅結婚的時候，她儼然是大嫂了。也正是因為大舅和大舅媽的操持，二舅婚禮很隆重。

二舅是在外祖父家舉辦的。外祖父的住宅是一座比較講究的四合院。天井很大，院中除了種植一些花草樹外，空閑的地方可以擺設二三十桌宴席。婚禮是在正房也就是正廳舉辦的。正廳也叫堂屋，是連三間式。堂屋中間迎面大廳上掛有中堂畫

和對聯。這次因二舅結婚，所不同的是中堂畫與對聯有所變化。中堂畫改爲大紅雙喜字。下面靠牆處是大長條案，中間放置的是一個蘇鍾。兩旁是一對將軍罐一對帽桶。現在則設置了「天地君親師」牌位。

「天地君親師」的書寫有着嚴格要求「天」字要平，即「天」字兩橫要寫平，不可彎曲。「地」字要寫寬，不能過窄。「君」字不開口，即「君」字的「口」字要全封閉，體現金口玉言，不隨意講話。「親」字不閉目，即「見」字，不能把目字全封閉。「師」字無別義，即把「師」字少寫第一撇，意爲師無別義。這幅字當時懸掛在牆，所有賓客都認爲我外祖父家文化底蘊深厚。至於新房的部署，無論是窗戶或牆壁上，都貼上了大紅「囍」字。四合院兩側是東西廂房，東廂房原爲大舅的居所，後來因爲工作的原因，大舅在工廠旁又建了一所新的住房。爲了方便工作，大舅就搬出了。這次二舅結婚，東廂房就成了二舅的婚房。可以說，這次婚宴在當地和親屬中是很有影響的。

但是，二舅的婚姻維持不到兩年，便離婚了。因爲當時我年齡尚小，至今也不清楚到底是什麼原因所造成。但母親告訴我，其中有一個很重要的因素就是婆媳不和。外祖母由於娘家較有地位，外祖母嫁過來後多年來是真正的一家之主，外祖父一切是從。而外祖母以對待大舅母的方式來對待二舅母。二舅母可不是童養媳，她是洋學生出生，在家也是嬌生慣養的，怎麼受得了婆婆的那樣要求呢。所以經常跑回娘家訴苦，久而久之，導致了二人婚姻的破裂。是否還有其他原因，我不得而知。不過，我卻從二舅所寫的一首詩中，感覺到二舅也有難言之隱。這首詩內容大致是：「大洋錢，大洋錢，你本是國寶流源，有了你事事方便，沒有你事事爲難。我爲你夫妻離散，我爲你東跑西顛。……」可見二舅是有難言之隱的。

二舅的第二次婚姻開始於大舅分家以後。他自己獨立開了一家木材廠。這時他和新二舅母的結合完全是自由戀愛，自主決定。新的二舅母也是一個洋學生，並且在銀行工作。在那個

時代，女士能在銀行工作可以說是鳳毛麟角。用現在的話講，那就是白領階級。新二舅母比前一任要漂亮而且聰明，爲人善良可親。不僅我們小一輩的人喜歡她，而且我的父母和外祖母外祖父都很喜歡她，背後都誇獎她。她們的婚禮必然和過去不同，完全是新式結婚。二舅着西服革履，二舅媽披新式婚紗，洋鼓洋號伴奏，實是一番新景象。可是，二舅的這次婚姻從時間上來看，也是只維持了兩年左右。但這次分手，與前次不同，是因爲二舅媽死於難產。她與二舅永別了。

人世間的事情真是難於意料。而人們是多麼祈盼美滿的事情啊，有情人要天長地久。這也是人們的永恒追求吧。

我的妻子信仰佛教

我毫不誇張地說，我的妻子是一位心地善良，處事謙讓，用周圍朋友的話講，是一位相夫教子的賢淑女人。自從我們結婚以後，她和家中我的父母、兄妹，都相處得很好。我只舉一個例子，多年來，她從一個兒媳熬到了婆婆，對上沒有和婆母有過一次婆媳拌嘴，對下沒有和我的兒媳婦發生過不愉快的事情。她從來沒有打罵過孩子，她真的做到了賢妻良母。我想這個她的家庭影響有關吧。

1948年大學生時代的妻子

我的岳父是長春市有名的企業家。長春市最早開發的一條路，叫做「大馬路」。隨着城市的發展，繼續開發二、三、四馬路，直至七馬路。最早開發的大馬路兩側商店林立，是長春市最早的一條繁華街道，相當於今天天津市的金街。大馬路兩側商店的建築樓房基本上都是我岳父建築的。除此而外，長春市也有好多家電影院。但是，作爲大戲院來說，祇有一所叫「新民大戲院」的大戲院。它的建築和我們今天影視中所出現的戲院相似，二樓全部是包廂。這所大戲院的樓東，就是我岳父。在二樓包廂中，有一個單獨包廂，是樓東專廂。無論有多少觀眾，這個包廂都不對外賣票，專供樓東家屬。此外，他爲了體現有財產卻做善事，就在城市的東三馬路投資創建了一座「道德總會」，「道德總會」所有的人員都稱我岳父爲趙善人，因爲他的名字叫趙覩辰。

我岳母是她的第二房夫人，人們習慣稱她爲二太

妻子保留的中國大學教授的講義。

太。大夫人結婚多年只爲她生下兩個女孩。當他將近五十歲的時候，還沒有男孩。按着當時的社會風俗，「不孝有三，無後爲大。」所謂「無後」，就是沒有男性繼承人。所以，在當時一夫多妻制的社會環境下，他又娶了一位夫人，爲他傳宗接代。我的岳母家在東北吉林省。她的父親是地主，但母親早亡。她是在父兄的關懷下長大的。但岳母的哥哥有一個惡習，就是賭博。所以當岳母二十一歲的時候，還沒有出嫁。在當時的歷史背景下，二十歲已算是晚婚了。一般人都在十五、六歲不超十七、八歲的時候結婚。由於母親早故，所以父兄到了這個時期才感覺着急。可是，這時家境已經破落。因爲哥哥賭博成性，把家產全輸掉了。這時我的岳父，已經爲了他傳宗接代的目的，在市內相了好多親，他都不滿意。後經人介紹說，農村家有一位姑娘，通書達禮，不妨看看。所說的就是我的岳母。我岳父就到農村相親。也許是緣分，岳父見到了岳母，有點相見恨晚的感覺。於是按着當地的習俗，託媒人送來聘禮，這門親事就算定下了。因爲我岳母的父親在鄉村雖然是家境破落，但是他是一個有文化教養的人，考慮到女兒嫁爲二房，心中也有一些對不住女兒，所以他向我的岳父提出，要用正規的婚禮來迎娶。我岳父當然是一切要求全部都答應。所以通過過禮——擇吉——迎娶——拜堂——喜宴，迎娶回家。據說，當時是高

妻子中學的畢業證書

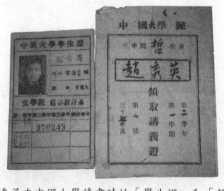

妻子在中國大學讀書時的「學生證」和「領取講義證」

朋滿座。他娶第一位夫人時，還沒有發跡。而這次婚禮在當時可謂是轟動一時。

結婚一年以後，生的是女孩，就是我的妻子。可是以後，我岳母接連生了三個男孩。所以我的岳父非常高興。在他的女兒當中，他最喜歡我的妻子。他說，我的妻子帶來了三個弟弟。我妻子最早的名字叫連弟，所以岳父說她不愧叫連弟，一連就帶來三個弟弟。她是最受寵的女兒。舉一個例子，我岳父家三進院，中間是我岳母和其他孩子們居住，其中有岳父自己的書房，也是他在家辦公的地方。每天晚上晚飯後，他在書房中，看賬簿，計算經濟收支。在這個時期，所有的孩子，無論男女，誰都不敢去書房打擾。唯有我的妻子敢去。所以姐弟之間有事了都讓她出面。她一去，她父親就問：「我的小鳳凰你來幹什麼？」所以她提出什麼要求都會答應，並會拿出一塊銀元，說不要亂花，讓你媽媽給存起來。所以她以後乳名改為「鳳舉」。上學的時候，根據她們家女孩的排行，又叫趙秀英。這是她的學名。因為受寵，所以生下來以後就給她請了一位乳母。這個乳母是我父親給他們介紹的，姓孫。這個乳母，當時我的妻子管她叫乾媽。從小的時候，就有一個單獨的房間，又由於她和乾媽一起住，乾媽照顧她的一切生活。她和乾媽的感情非常深。乾媽一直陪伴她到和我結婚才離開。婚後，她還提出來，乾媽的兒子不太孝順，生活條件不太好，要把乾媽接來和我們一起住。我當然同意，因為我想我生了孩子後，她雖然年紀大了，也可幫我們。但我們接的時候，乾媽堅決不來。說兒子再不好，也不能離開。我深深知道，我妻子是一個有情有義的人。

我的岳母比我岳父小將近三十歲。據我妻子說，她母親心裡可能有很多想法，但從不向子女流露。她感覺自己若不是母親早亡，不會嫁給岳父的。她有兩點理解的：一是她從不和父親在一起照相。當然各種應酬和交往，她都以夫人身份出現，但從不照相。二是我之所以能和妻子結婚，其中一個重要原因，就是我們的父親不僅有工作上的交往，而且還是朋友。正

因爲父親之間是朋友，我的母親也就和她的母親有交往。有一次她聽到她母親跟我母親談話。當我母親說：「你多好啊，有廚師做飯，有傭人照顧。」岳母當時不會剪髮，她因爲母親早亡，不會盤髮，所以請人盤髮。我母親是以羨慕的語氣跟她說的。可是我岳母說她並不願意過這種生活，她願過平平淡淡，親親熱熱的生活。妻子聽到這些，心下說她母親是有很多話，不能跟子女講的。正因爲如此，她母親也是一個佛教徒，家中設有佛堂。一般人不可進去。岳母整日在佛堂敲木魚念經。她是一個虔誠的佛教徒。我母親也是一個虔誠的佛教徒。所以兩人不僅是親家，還有共同的宗教信仰。我的岳母非常願意把她的女兒嫁給我。與我家不同的是，她家裡來了化緣的，都會大量送錢，並只選佛經。而我們家是，祇要送來了寶卷，不管是哪個教的都會供奉。我的妻子，小的時候就受到宗教的陶冶。一直到她去世前（2001年去世），每天都要上香，求菩薩保佑。特別是求菩薩保佑我平安、幸福。

我現在才悟到一個問題，爲什麼她和婆婆相處得比較好，幾乎沒有發生過爭吵，而是都互尊互讓，這可能是宗教的力量。還有一個重要的原因就是，她們在許願的時候都是求菩薩保佑我平安、幸福。她們甚至提出承擔任何罪過，求保佑我平安。

我最敬愛的母親恕兒子不孝，每天讓您過着擔驚受怕的日子；妻子請原諒我沒有盡到丈夫的責任，使你沒有體會到人間真正幸福的日子。

我本來在民國期間上的所謂洋學堂，解放以後在華北大學讀書和工作，學習的是馬克思列寧主義，也是一個馬列主義的信仰者。嚴格地說，我是一位唯物主義者。我對我的母親、妻子她們的信仰，不加干涉，但我也不相信。對於經書，我也漠不關心。但是隨着時代的發展和我經歷的增多以及年齡的增長，我在內心深處接受了宗教信仰，同時對於家裡收藏的這些

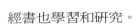

經書也學習和研究。

　　我不想在這個問題上多談什麼，因為信仰是個人自發的，不需要講理由。不過有件事情可能是巧合。我女兒的丈夫，在遠洋輪工作。他本來是海軍轉業，必然是中共黨員，他的父親也是抗美援朝轉業的軍官、中共黨員。所以我的姑爺在信仰上是一個無神論者，但是轉業到了遠輪船的時候，經歷了無數的大風大浪，當時不自覺的請求海神與佛爺保佑。在這時，在大自然的巨大力量面前，祇有一種精神寄託，那就是許願求神保佑。不僅是他，包括其他船員也如此。既然許願了，有驚無險，脫離了死亡的災難，一個真誠的人必須做到許願還願。所以，他現在成了一名居士。巧合的事情是這樣的：因為妻子和姑爺信仰佛教，所以有一次姑爺從大悲院請來開光的釋迦牟尼的佛像。我家以前供奉的是觀世音菩薩。這次請來的是佛祖，所以妻子很高興。當時我和妻子睡覺並不在一起。妻子在臥室，我在書房。因為我夜間有看書的習慣，避免影響她。正因為如此，由於睡得晚，夜間不起夜。請來釋迦牟尼的這一晚，我在熟睡中忽然聽到有人說：「起來，起來。」這是夢。我猛然醒來。這是我多年來第一次夜裡醒來。我睜眼一看，書房外面的廊道上有紅光。我當時下意識地以為地震來了。據說地震前會現出紅光。我到廊道一看，嚇我一跳，原來是當年廚房的熱水器處上有一小小的火苗，叫「鬼火」。這個小火沒有關閉，它把熱水器周圍烤着了。我發現壞了，着火了。不過我很冷靜。我把煤氣總門首先關閉，然後用廚房的毛巾墩布沾上水去撲火。這時妻子被吵醒了，她非常害怕。牆上鐘錶指向夜間兩點十分，這是人們睡得最熟的時候。滅完火，我妻子趕快到佛爺面前叩首感謝。白天請來人整理廚房。工人師傅說，如果再晚五分鐘，這火順着電線就會引起全樓着火。這件事的發生，使我和妻子開始分析：為何多年來我沒有起夜的習慣，偏偏在把釋迦牟尼佛請來的當晚會及時醒來呢？

　　正如理論所言，當人們不能戰勝自然時就會產生某種精神信仰。我不能用科學解釋這次發生的原因，我祇能用巧合來解

釋。但不論我用什麼來解釋，從這時起，我逐漸受母親和妻子的影響，信奉佛教，今天我也成了一名居士。阿彌陀佛！

在中國民間，一般說來，任何人家都會有紅白之事。特別是喪事，非常受人們重視。在我年輕的時代，舉辦一次喪事甚至使一個家庭生活受到經濟影響。例如我過去的鄰居，由於孩子的祖父去世，為了操辦喪事，就向我家借款，經過兩三年的時間才還清。這種喪事辦理的過程是非常繁雜的。我岳母在新中國建立前去世。我親歷了這個過程，比較繁瑣。首先是去世後，必須要做到「報喪」——主事要儘快向親友發出報喪帖，或登門通報死訊。遠道親友，要告之開悼下葬的日期。報喪時不能遺漏任何親友。否則會遭到親友的責怪。入棺前，要對死者進行整容和穿壽衣。壽衣和壽鞋都由死者的女兒——我的妻子親自穿戴的。這叫做「小斂」。死後二十四小時內，請佛道兩教人員念經。再由孝子抬屍體，放入棺內。親屬圍棺痛哭，這叫「大斂」。大斂後，在出殯期間，死者的子女要畫夜輪流守護，這叫做「守靈」。由於解放戰爭已經發生了，長春周邊已不很安全。因此，停柩只停放了七天。在這期間，除了親友弔唁，還有燒紙馬等。人們認為，人逝世後三天，其靈魂就要進入天堂，所以必須要燒紙馬一類紙紮的祭品，供死者路上使用。我的妻子還特地紙紮了一件牛，這表示牛能喝死者生前洗髒物的水。在長輩女士逝世後，她的特殊待遇就是必須送一紙牛。最後，由陰陽先生或僧道，選擇吉日出殯。在出殯前，還有一項就是摔瓦盆。摔盆是由長子執行，表示盆是死者的鍋，體現了摔盆者和死者建立了財產繼承關係。在出殯行程中，有的親朋在路上設香案供祭，叫「路祭」。這時要停柩進行祭奠和答謝。然後，繼續前行，到墓地，下葬。這一套程序，既嚴肅又緊張。家屬確實是勞累不堪。這時，我發現我一身素衣的妻子，可以說確實蒼老了數年。

當我寫到這裡的時候，我不由得回憶起我妻子的去世。妻子去世，距今已是十年了。她是二零零一年去世的。在醫院的最後一天，我和我的兒子助平，守在她的床邊看護。因為

天氣炎熱，我跟兒子說，我身上都發粘，回家沖洗一下後馬上回來。我就走了，回到家中衛生間，準備脫衣沖洗身體，突然感覺不行，像是妻子在召喚我。所以馬上出門，用最快的速度騎車，趕到妻子床前。這時只見妻子在大喘氣，睜着眼睛看着我。我能明白，她在呼喚我。她握緊我的手，但她的手已沒有力量，我說：「你放心吧，我會照顧好我自己，也會照顧好這個家。我們來世還會做夫妻。相信來世我們的生活會更好。」她好像聽清楚了，眼角流出了最後的辭親淚。我祇能默默地祝福，妻子走好。

人很奇怪，妻子在世的時候，她的話一切都很平淡。可是她走了以後，每當我一個人，夜深人靜的時候，就會想到她，想到她曾經對我說的話。家中一切重要的事情，妻子都是由我做主，這是因爲她愛我。據女兒告訴我，妻子生前跟她說，從年輕的時候，她就很喜歡我，認爲我有責任心，有水平，所以家中重大的事情都聽我的。甚至連工作的總結，都要請教我。她是中學的圖書館負責人，年終也要作「年終總結」向學校領導彙報。我就告訴她。這也太簡單啦，就記住四個方面就行：一、基本情況。二、取得成績。三、取得成績的原因。四、存在的問題和今後努力的方向。重點寫取得成績的原因，是黨的領導和活學活用毛澤東思想。於是妻子按着我的建議去寫，年年如此。結果她成了學校「活學活用毛澤東的積極分子」。妻子對我非常欽佩，可是我卻不僅不是活學活用毛澤東思想的積極分子，而是「落後集團的首要分子」。從1955年定性，一直

到1987年，經過32年后，我57歲的時候才有結論：「對李正中同志為落後小集團首要分子的定性是缺乏根據的，實屬不妥，應給予否定。」不過，有關我的反動資料卻永遠封塵在中共組織部檔案中。關於這個問題，妻子出於女性的特點，跟我說過悄悄話：「你是一句話被打成反革命，說毛主席的愛人江青是演電影的明星，藝名叫藍萍。試想，現在的人們誰都關心主席愛人的出身，大家不僅知道她叫藍萍，而且也知道她嫁過什麼人。人家都知道，可是人家都不說，為什麼你很聰明卻辦傻事。我很欣賞你的做人和真摯，但是在這個時代不僅要保護自己，還要想到老婆孩子。另外，還有一部分被神化教育的老百姓和受益者，在他們眼中領袖是神。你說神的老婆是演電影的，人家自然是不答應的。這是中國的真正特色，就是神化領袖。」在別人風華正茂的時期，我卻背着32年沉重的精神枷鎖，才悟出妻子悄悄話的價值。同時，我想到了鄧小平真是了不起的偉人，他所提出的一切主張和措施都是和毛澤東的主張背道而馳的。但是他卻從來不正面公開提出毛澤東的問題。這才是有大智慧的人，顧大局的人。我要老老實實承認，我祇是一介書生。

老伴兒走了，今生不會再有人像妻子那樣關心我，說悄悄話。祇有在深夜面對妻子的照片對話，不過很多悄悄話祇能埋在我的心中，永遠，永遠……

我不會唱歌卻喜歡歌曲

　　上小學一年級的時候，我的班主任是一位年輕的女老師，可能就是師範剛畢業，不到二十歲吧。她姓烏，我們都管她叫烏老師。她非常喜歡唱歌。當時教室裡面就放着一臺腳踏風琴。當時學校規定，學生必須在學校喫午飯。因爲東北的生活習慣，沒有午睡時間。學生自帶飯盒，班主任烏老師就跟我們一起喫中午飯。飯後，她就在教室按腳踏琴教我們唱歌、遊戲。受此影響吧，我們都喜歡唱歌。雖說我由於五音不全，唱歌不好聽，但從那時候起，我就喜歡上歌曲。至今已是七十多年了，我還記得老師教給我的歌曲，叫《春風》。歌詞：

　　　　春風，春風，一到萬物生。
　　　　山頂雪化，野外草木萌。
　　　　柳樹綠，花兒紅，院中小鳥啼。
　　　　春風，春風，一到萬物生。

　　幾十年了，每到春天我總是不由得哼唱這首歌。當我的孩子李助平已經上小學的時候，我就講給他聽。同時，我給他唱這首歌。他很快就學會了，也能唱。但是，他給我提出一個問

1986年11月孫女李佳三歲在我的居室攝影，我喜歡她。

題，就是對於第二句「野外草木萌」，他說我記錯了，應該是「野外草木生」。我準備駁斥他，因為從小唱到現在，幾十年了，我能唱錯嗎？但是，我想，對於小孩兒而言，「生」比「萌」容易理解，於是告訴他說，他是對的。自此以後他就唱他改的詞。我內心裡很高興。因為我覺得，小孩能自發提出問題，是一件好事。特別是當受到父母的肯定時，小孩尤其會很高興。我認為在生活當中非常勞累的時候，能和孩子進行交流，這也是一種天倫之樂吧。對於我的父母，我從來不記得他們打罵過子女。他們要是認為我們有錯誤，也是耐心說服，講清道理。我和妻子，也幾乎從來不打罵子女。我祇有一次，打過我的大孩子立平。時至今日，我在內心中有一種說不出來的內疚。

　　事情是這樣的，那是我的大孩子六歲的時候。他在數學方面天賦很高，善於計算。家中要是買了生活用品，如油鹽醬醋之類，就讓孩子去買。當時，如果買食品，如燒餅、油條，都用國家發的「天津市地方糧票」。每個人都有固定的標準。如我每個月標準是二十八斤。妻子是女性，每月標準按國家規定要比男人少，是二十七斤。每月二十五日，可以不到下月初而到糧店拿着本戶的糧本用糧票去買糧食。說真心話，我和妻子都喫不飽。特別是妻子，她的學校所在地離家相當遠，必須坐公共汽車，所以每天要早早起來擠公交車。當時擠公交車是普遍現象，若是第一輛擠不上，就得必須擠上第二輛，否則就會遲到。下班後回家，依然如此。每天生活在這樣的緊張中，她從年輕時就得了高血壓和心臟病。由於喫不飽，她又患

上了浮腫。我們兩個人盡可能的省出一些糧食，給孩子們喫。因為他們正是長身體的時候。結果我也得了浮腫。有一次，我讓六歲的男孩去買三個燒餅作為早點。因為糧票是分兩、斤和五斤三種。當時家中祇有一張五斤的糧票。所以我讓孩子去買的時候，反復交待這是五斤糧票，買三個燒餅，用去三兩，對方應該還找回四斤七兩。孩子數學好，很自信，說放心吧，他懂，說完就飛跑去了。結果回來時，只帶來七兩糧票，少了四斤。他因為當時忙於計算錢，而忘了找糧票的事。試想，對於當時的家庭，四斤糧票是多麼重要，一急之下，我這個從來不打罵孩子的父親，重重打了他一耳光，認為他沒有頭腦。當然，他哭着跑出去，找賣燒餅的商店。當時所有的商店，都是國營商店，即使是炸菓子的小店也是國營的。結果自然不必講，燒餅店是不會承認多收糧票的。多年來，直到今日，想起這件事，我覺得委屈孩子了。

　　從內心裡我感謝鄧小平。凡是在那艱苦歲月過來的人，都不會忘記過去的那種殘酷的歲月。但有人仍然還唱着頌歌。其實就是兩種人：一種是沒有喫過苦的人，一種是年輕人，他們出生於上個世紀八十年代以後，他們不知道糧票為何物。我曾說過，中國的兒童是世界上數學最好的，最會算帳的。世界上任何國家的兒童，只用貨幣——錢，就行了。但是在中國不

孫女李佳在美國讀書時的照片

行，錢是買不來東西的，還需要用糧票。如果買布做衣服，只用錢買還不行，還得用布票。試想，世界上別的國家的兒童哪有這種鍛煉自己頭腦的機會呢？所以我的大孩子李立平最初在天津十七中學教書時是講數學課，受到學生們的歡迎。我想這是他自少年時代被父親打了一個耳光後更加倍學習數學鍛煉自己計算能力的結果吧。後來由於學校高年級的歷史課缺少教師，又因爲他喜愛歷史，他又去講了歷史課。

我喜歡歌曲，除了在小學時期受老師的影響外，還與母親有關係。母親喜歡看電影，最早是無聲電影，後來是有聲電影。當時長春市電影院較多，記得母親常去的有兩家：一家是國泰電影院；一家是平安電影院。因爲離我家較近，所以我小的時候，母親每次看電影都帶我去。當時哥哥已經上學了，也不願意去。而且母親看完電影，還要和來串門的朋友或者鄰居講。記得她對無聲電影演員胡碟非常喜歡，總誇她演得好。當時拍的有《姊妹花》、《空谷蘭》，其內容我現在記不起來了。她當時講得很生動。後來領我看的有聲電影，其中有的歌我卻至今沒忘。好像有一部電影裡的主題歌叫《花月良宵》，主演叫李麗華，在當時如果影片裡有主題歌，都是由主演親自來唱。不像現在，演員是演員，主題歌另有他人來唱。我至今很奇怪，爲什麼當年的主演都能自己來唱呢？因爲主演者最理解劇情，他的歌唱也必然能把情感詮釋出來。比如，周旋演的《馬路天使》，其中主題曲就是由她來唱的。李麗華所演的電影，全部由她自己來唱。我至今還記得《花月良宵》的歌詞：

晚風熙熙吹輕舟，一輪明月照河流。鴛鴦雙棲交相臥。堤旁絲絲柳。
花月良宵美景千卷——哥呀哥，妹是小鳥，你是絲絲倒垂柳。
可愛的小小鳥，永在枝頭留。

不知出於什麼原因，我常在家中自己哼唱這首歌。我的小孫女，是我二兒子李助平的獨生女，當二兒婦生下她時，兒子和兒婦都讓我給孩子起名，因為孩子的爺爺是「大學問家」。我對這個小孫女也非常喜愛，很自然地脫口而出，就叫李佳。因為「佳」字是大家都喜歡，也給我們這個大家庭帶來快樂。孩子的父母當然一致同意。也許由於孩子的名字是由我起的，所以我對孫女倍加喜愛。因為兒子和兒婦都有工作，中午不回來，孫女從剛會講話的時候，就由我帶她

我和讀初中的孫女李佳在寒舍庭院，她現在定居美國

睡午覺。祇有我帶她睡午覺，她能睡得非常好。換了別人，她就睡不好，甚至不睡。為什麼呢？因為我給她編了首兩句話的歌。在我輕輕拍她的時候，有節奏地唱出來：「李佳乖，李佳乖，李佳是個好乖乖。李佳寶，李佳寶，李佳是個好寶寶。」我反復地有節奏地輕輕拍她，並哼唱這兩句。可能因為她反復聽，所以沒幾分鐘就會呼呼睡起午覺。後來突然發生一件事，就是當我有節奏的唱出第一句「李佳乖，李佳乖，李佳是個好乖乖」的時候，這時她突然接上了第二句，自己唱「李佳寶，李佳寶，李佳是個好寶寶」。當唱完第二句時，她自己就哈哈笑起來。言外之意，爺爺你的第二句我都會唱了。我怕她這樣下去就不睡了，就稍用力有節奏拍她的小屁股說：「睡覺，睡覺。」可能她懂得這是對她的要求吧，沒過兩分鐘就睡了。再後來，我還是用我的辦法哄她睡覺。我想，特別是工作繁忙，處理世間的各種事物，又戰戰兢兢小心做人的中國知識分子們，若有這種天倫之樂，當是人生中最大的幸福。

孫女現在已經長大了，定居於美國。經常給我來電話問候。特別是我在2009年生了一場幾乎離開人世間的大病，因為她在美國剛剛生產不能來天津看我，每天都越洋電話問她母親，詢我病情。她是萬分惦念。她在美國，卻寄來讓我恢復身體的中藥「冬蟲夏草」。大陸很多物品都有假，她怕藥材不真，所以從美國寄來。因為從中國寄到美國的藥品，必須經過嚴格的檢查不會有假。我現在身體恢復得很好，我想這與孫女對我的關懷有關吧。

　　有時我就想，我喜歡歌曲可能是在幼兒時期受母親的影響。但是我從來沒有聽過母親唱歌。這可能是那個時代家庭主婦由於對自身的要求是不能輕易唱歌的吧。試想，那個年代將唱戲的演員叫作「戲子」，稱電影明星作「女演員」，多有緋聞，在社會上也並不像今天這樣把他們稱作歌唱家、演藝家、也許是因為這些原因，母親雖喜歡歌曲，卻從未聽她唱過。我五音不全，不會唱歌，可能是由於這種原因吧。但是，我十分喜歡聽歌曲。我記得，當我上小學的時候，有一部電影叫《歌兒救母記》，當時扮演母親的叫龔秋霞。她本身就是一個歌手。演女兒的是胡蓉蓉。演這部電影時，我記得胡蓉蓉與我年齡相同，六七歲吧。在電影中也在唱歌。據說，龔秋霞的丈夫就是胡蓉蓉的哥哥。實際上就是嫂子演母親，小姑演女兒。內

1986年作者與孫女李佳（李佳穿的棉背心是太奶奶我的母親，親自手功所做的。）

妻子與娘家弟弟和妹妹合影
(左1)拉小提琴者、妻子趙
秀英(教師)
(左2)拉手風琴者、妻妹趙
麗英(大學生)
(右1)拉及達琴者、弟妹孫
芳蓉(主任醫生)
(右2)指揮者、妻子弟弟趙
一水(主任醫生)
其他為弟弟的三個子女

李正中攝於內弟家

容使人感動，歌曲也非常動聽。這個小女孩，長得很漂亮。用
現在的話來講，我是胡蓉蓉的粉絲啊。後來，聽說胡蓉蓉長大
以後學芭蕾舞，還成了中國第一所芭蕾舞學校（在上海）的校
長。可見，時隔多少年我還有意無意地關心和注意胡蓉蓉的成
長，你能說我不是她的粉絲嗎？

　　在上個世紀八十年代，當時能聽到港台的歌曲，我非常喜
歡。尤其是鄧麗君的歌。聽說大陸歡迎她來舉行演唱會。我就
想她要來了大陸，若不到天津而是到別的城市，我都要去外地
聽她的歌曲。可是，那個期間，有關報紙刊稱鄧麗君的《何日
君再來》是日本投降唱給日本鬼子聽的，是一種媚日、惜別漢
奸的歌曲。像這樣的唱漢奸歌曲的人，怎麼能到我們大陸純潔
而神聖的舞臺上來呢？況且她父親是從大陸逃到台灣的國民黨
上校軍官，這樣的家庭出身，更不應該讓她到大陸來演唱，所
以鄧麗君一直未能到大陸演出。後來，鄧麗君因病故去，成為
一個在大陸影響深遠卻始終未能踏上一步的台灣歌星，成為我
們共同的終生遺憾。至今我還保留鄧麗君原唱的全部磁帶。當
然，編造的家庭出身和漢奸歌曲都是經不住歷史考驗的。

我常常在想，我自己爲什麼喜歡這些「靡靡之音」呢？說心裡話，我對於那類「天大地大不如毛主席的恩情大」、「親愛的毛主席，我們心中的紅太陽」的歌曲始終不感興趣，也熱愛不起來，因此我也不會唱。我認爲，歌曲如果和政治聯繫起來，那就不能算爲藝術，而祇是宣傳品。宣傳品是可以存在的，但是隨着時間的流逝而流逝。真正的藝術品，尤其能成爲經典的，絕對不會是隨着時間而消失的宣傳品。我想這和我生活的願望有關吧。我非常害怕鬥爭，在我生活最好的時代是在被鬥爭中度過的。我在這樣一個生活狀態中，沒有害過人，沒有損人利己過，我是一心一意地按着國家要求的教材內容勤勤懇懇地教書並真心實意地培養學生成爲建設國家的棟樑。正因爲連這樣的願望都不允許我實現，我就希望過一種平平淡淡的，多少有一點有人生情調的安靜生活。所以我喜歡不是政治口號的歌曲，這應該就是我心靈深處的渴望吧。

我的老師羅元貞先生

　　我的少年時代是在日本軍國主義統治的東北長春度過的，當時的處境是人人皆知的。那是個痛苦的時代，所以我對日本軍國主義從小在內心裡就有一種無法泯滅的痛恨。記得一位名叫東史郎的曾參加侵華的日本士兵，原屬日軍陸軍京都十六師，福知山步兵二師團。他曾在一九三七年參加了入侵南京城的戰爭，目睹了日軍種種慘無人道的大屠殺暴行。一九八七年，他見日本有一些人不顧歷史事實，美化侵略戰爭，否認南京大屠殺。東史郎出於良知，將塵封四十年的從軍日記和戰場記錄整理出版，公佈於世。但是一些否認侵略事實的日本右翼頑固分子卻認為，東史郎日記中記載了一起屠殺事件的劊子手橋本光治，這是侵犯當事人的名譽，並以此為由起訴東史郎，否認曾經有過那些殘暴的行徑。這個事件說明，當今在日本還有一些右翼頑固分子無視歷史真實，否認南京大屠殺的事實。

　　這使我想到我的老師，著名的歷史學家、詩人羅元貞先生。羅先生早年就讀上海中國公學，後留學日本早稻田大學。抗日戰爭勝利以後，任長春大學文學院歷史系教授。他原名羅元真，因人們與他往來書信均寫作「貞」，故將「真」改為「貞」。中華人民共和國成立後，調山西大學歷史系任教授。他在長春大學任教時代，我曾經旁聽過先生的歷史課，並向先生請教過有關歷史問題，對先生的為人十分敬仰。我也算是先生的編外學生吧。先生為人正直，在學術研究上一絲不苟，敢於堅持自己的觀點。例如解放初期，史學界有人提出對歷史人物的評價應該以對農民起義和對農民戰爭的態度作為衡量評價的標準。正因為如此，在天津剛剛解放後1951年出版的《歷史教學》雜誌，展開過關於「岳飛評價」的討論。有人曾經提出，岳飛曾鎮壓農民起義，故岳飛不是民族英雄。這次討論的實質，不僅是對岳飛的評價問題，而是確立對歷史事件與人物評價標準的更重要的研究課題。《歷史教學》創辦初期，屬於同仁刊物，主要由在天津的河北師範學院文史系主任李光璧先

生和幾位知名的學者聯合主辦，後由市委文教部接管。當時，羅元貞先生在一九五一年七月號《歷史教學》上，發表了題為《岳飛是民族英雄》的論文，文中運用了大量的歷史資料，對這一問題作出深入闡述。李光璧先生是我早年在北平中國大學歷史系讀書時的業師，所以羅先生的稿件就通過我交給李光璧先生。我成了他們兩人書信交流的信使。當時《歷史教學》有關岳飛評價的討論，曾經有艾思奇先生發表的《岳飛是不是一個愛國者》，還有邢漢三的《論岳飛是不是民族英雄》以及陳天啓的《岳飛的民族英雄本色》等。記得最後是由當時在中國社會科學院中國歷史所的漆俠做出結論：「岳飛是民族英雄」。漆俠後來爲河北大學歷史系教授、博士生導師，宋史專家。由此可見出羅先生對於學術研究的認真。他精辟的論述自然受到了人們的讚許。

羅先生又是較早爲武則天翻案的學者。早在上個世紀五十年代初，他在《光明日報》發表了整版的有關爲武則天翻案的文章。當然了，替武則天翻案的最著名的還有郭沫若先生。記得一九五九年七月，郭老在洛陽參觀修造大奉先寺，曾作詩《訪奉賢寺石窟》云：「萬軀殘佛憎頑盜，一寺靈光號奉先。武后能捐脂粉費，文章翻案有新篇。」可見郭老醞釀爲武則天翻案，是在五十年代末。而羅先生卻更早一些。至於郭老爲武則天翻案是否受羅先生的影響不得而知。這裡，我想到的不僅是羅元貞先生學術的成果與影響，更包括一位歷史學家對歷史發展的預見和責任。

羅先生早年在日本留學，回國後他對日本人民一貫懷有好感。他的前妻就是日本人。但是他對日本軍國主義抱有深仇大恨。特別是基於對歷史深刻研究的見解，他從中華民族不屈不撓、流血悲壯的抗日鬥爭中得到的啓示，對日本國內的右翼頑固分子的表現深表憂慮。羅先生公開說，「當時我國領導人放棄戰爭賠款是不妥當的」。他認爲國家和人民付出了血的代價和損失且不必說，更值得警惕的是，隨着時間的推移，日本國內的右翼頑固分子將會對那段歷史不認賬、不承認。可悲

的是，羅先生的憂國憂民不僅沒引起重視，反而由於這句話在一九五七年被作爲了定性反黨的依據而成爲了「右派」分子。

　　歷史在其發展過程中常常受某些因素的制約而形成某些特定的結論，尤其是受某些權威影響的定論，在特定歷史條件下靡然成風。例如，「大躍進」時代畝產萬斤就是最好的例證。相反，持不同見解者、說真話者卻遭到批判。他們似乎被歷史拋棄，然而歷史卻是這樣無情：隨着歷史的前進和歷史的檢驗，被人們歌頌的大躍進，被人們擁護的某些定論，卻經不起歷史的淘汰。相反，當年受孤立、受打擊的真知灼見卻隨着時代的發展顯示出強大的生命力。時間證明，羅元貞先生是具有中華民族優良傳統的有骨氣的文人，他不愧是一位被人們所敬仰的歷史學家。

我敬愛的校長吳玉章

我進入華北大學學習以前，是在民國時期北平的中國大學史學系讀書，當時的校長是知名的外交家王正廷先生。在校期間，我們都沒有見過校長，包括開學典禮。我們舉行開學典禮時，是教務長代表校長講的話。他講話的主要內容就是告訴在校的學生，要認真讀書，刻苦努力，要珍惜學生時代，希望大家不要參加社會活動。他說，他年輕的時候，王正廷校長就是參加巴黎和會的中國代表團的成員，當時他們拒絕簽字，得到了一九一九年五四運動學生的支持。教務長本人就是參加當年運動的學生。他說，後來歷史證明有些學生能夠正確對待運動，刻苦學習和讀書，成為了有用的人才。也有些學生，有很多是他的同學，被各種政治勢力所利用，遺憾終身。

很明顯，在解放前夕，各種學生運動澎湃發展。對他的話，大家顯然聽不進去。我也是不喜歡聽的學生之一。中國大學的校址是清王朝「鄭親王府」。王府的正廳，規模宏偉，能容下很多人。這個正廳在民國建立大學以後被稱作「逸仙堂」。當時學校的學生很少。當時中國大學是「三院九系」，每院三系。史學系屬於文學院，此外還有文學系、哲學教育系。每個系每年招生十五至十六個人。所以，全系的學生差不多六十人左右。全校總學員不足二三百人。舊大學，教育部規定不設副校長，更沒有政治課老師。國民黨或任何黨派，不僅不能掛牌，而且不能在校內活動。各個黨派的活動，祇能在校外。我想，這就是資產階級的自由吧。

讀大學的人很少，但是我對於外系的學生認識的也不多，這是因為學校幾乎沒有集體活動，沒有學生宿舍，也沒有固定的教室，祇有學科教室，中文、法學、史學均有學科教室。不設班主任。所以當你進入大學以後，不知不覺地鍛煉了自己的獨立的能力。每個人把自己的行為看得很重要。比如說，北京城的「八大胡同」，也就是「紅燈區」，我們走路都會繞開這

裡。瓜田李下，避免誤會。不像現在的大學，還有班主任或輔導員，以及各種黨組織或團組織，或各種門類的思想教育課。我常想，國民黨之所以失敗，雖然原因很多，其中有一個不可忽略的因素就是它不抓青年學生的政治思想教育。

正因為當時的學生，在思想上沒有規劃，自由活動，因此同學們可以到各個不同高校去旁聽自己喜歡的課。學校的教授也是按學年聘任，也不是必須固定在某一個學校。例如魯迅先生，不僅在女子師大和北大講課，還給中國大學中文系講過課，體現了在學術的交流上是很繁榮的。記得季羨林說過，改變他一生的，是他聽了陳寅恪先生講的「佛學史」。這使他終生研究梵文和佛教。實際上，他在清華大學讀的是西語系，而佛學課屬於外系。他是作為選修課學的。可見，學術之自由對於青年學生的培養是有重要意義的。

中華人民共和國成立以後，我們貫徹「一邊倒」的政策。也就是毛主席提出來的「一切向蘇聯學習」，因此把民國時期留下來的私立的中國大學給予解散。把教會建立的輔仁大學併入師範大學，把燕京大學併入北京大學。於是，把燕京園改為了北大。同時，在經過所謂的院系調整，把有關綜合大學變成了單科大學。如清華大學，原本是綜合大學，院系調整後取消了文科。北大也是綜合大學，把原有的醫學院分出來，成為獨立的北京醫學院。天津的北洋大學和南開大學，經過院系調整也遭到了類似的待遇。實踐是檢驗真理的唯一標準。經過多年的實踐證明，「一邊倒」的向蘇聯學習的政策，使我們喫了大虧。直到鄧小平改革，我們才逐漸恢復元氣，恢復了一些綜合大學。確實，歷史的教訓值得深思。

我考入華北大學，深深感到朝氣迸發，上課氣氛非常活躍。著名專家親自上課，而且還能聽很多名人來校作的報告。雖然每天過得時間很緊張，但是心情是愉悅的。對國家未來的建設是抱有希望的。確實使人感覺到，在學術研究的條件上有了很大改善。《太陽照在桑乾河上》的作者丁玲，就曾給我們做過報告。留給我印象最深的是，她認為知識分子要思想改

造，就必須向工農兵學習。例如她本人就曾是一個小資產階級分子。她到蘇區以後，要和老鄉打成一片，不能有距離。她講，冬季到老鄉住的窯洞面前，你就發現老鄉光着膀子在棉襖裡子上捉虱子。在城市的知識分子，別說沒見過，連聽都沒聽過。可是，她說後來我們衣服上也生虱子了，所以我們不能脫離實際。再比如，當你到了老鄉家，他若正在抽帶煙袋鍋的煙，他會拿給你抽。試想老鄉也不刷牙，你要嫌髒不接過來抽，就認為你沒有階級感情。所以久而習之，也就能接受而正常了。我聽丁玲的報告，至今不能忘記的就是上述的幾點，要想思想改造好就必須有這種階級感情。這種觀念給我們當時這些年輕人思想的觸動是很大的。

除了聽名人報告外，還有實踐機會。比如我們可以到正定縣的村莊裡看保留抗日戰爭時期遺留下的地道。我和同學一樣，都爬過這個地洞。當時，同學孟氧就曾問：「抗日戰爭後經過四年了還能保留地道，下雨沖不壞啊。」我當時就跟他說：「咱們又不是學地質學的。延安窯洞不也沖不破嗎？」後來，我知道孟氧之所以成為「右派」，與他太愛研究不無關係。經過這麼多年的事情，我深深體會到鄭板橋的名言「難得糊塗」。若當年有此體悟，我會告訴他難得糊塗啦，他也就不會被打成「右派」。

我們在華北大學學習，還有一個得天獨厚的條件。就是不僅能聽到許多專家的報告和講課，如范文瀾副校長講歷史，艾思奇先生講哲學，胡華先生講中國革命史，更主要的是，我們有機會能見到中共中央的主要領導。如在開國大典時，我們一些同學是天安門前的標兵。最主要的是，我們不僅看到了天安門城樓上的眾多名人，我們可以近距離仰視毛澤東主席，聆聽他在天安門城樓上講話。此外，劉少奇在故宮太和殿前廣場上接待國際上有關工會活動的專家並做報告，我們學校代表大學生去聽外國嘉賓的講演和近距離的聽劉少奇同志的報告。華北大學歷屆畢業典禮都是由吳玉章校長親自主持。而當時的朱德總司令是必到會場，給同學們講畢業贈言。朱德總司令是軍

人，可是他對學生的講演神態卻像一個慈祥的母親。他像囑咐兒女一樣，給學生講到工作崗位和學生時代有何不同，需要注意一些什麼。那種諄諄的教誨，使人終生難忘。

我們敬愛的校長吳玉章先生真是鶴髮童顏。他不經常到學校來，祇是有重要的大會或會議時他才來。我們見他的機會並不多。但是見到他時，他總是面帶微笑。我們聽他講話的機會非常少。給我們的印象是，他不過多的講話，多由別人講。他卻給我們一種難以形容的親切。他平日穿中山裝，冬季時與別人不同，別人多穿灰色的棉大衣或呢子大衣，而吳老多穿水獺領，純毛黑色花大呢面，裡面是真皮大衣。因為我家是開服裝百貨商場的，我對大衣還是略知一二，這種大衣就是在民國時期也是上乘高級人士所穿戴的。這就是他在穿戴上給我的特殊感覺。據歷史教師胡華先生與我們課下聊天時說，吳老是「活歷史」，他的革命史就是聆聽吳老講的。通過胡華先生講，我們才知道吳老是老同盟會的會員。早在一九零三年，在日本留學時，青年學生時代就加入孫中山先生領導的同盟會。受到孫中山先生的器重。吳老最早領導「保路運動」，并建立榮縣民國地方政權。這是清王朝滅亡前最早建立的民國地方的自治政權。一九一一年辛亥革命前的廣州武裝起義就是吳老在黃興領導下親自參加發動的。這次起義非常激烈，犧牲了有名字的人有七十二人，就是現在的黃花崗七十二烈士，為後來的辛亥革命奠定了基礎。一九一二年中華民國成立，吳老當時擔任孫中山臨時大總統的總統府秘書。可見吳老與孫中山的關係是非常密切的。

後來袁世凱竊取革命勝利成果，孫中山進行二次革命並失敗，吳玉章被袁世凱通緝捉拿。於是，吳玉章流亡法國。在法國，他和蔡元培組織勤工儉學。他把希望寄託在赴法的青年學生身上。在法國期間，他接觸了馬克思主義。回國後他曾經一度和蔡元培組織過「中國青年共產黨」。後來於一九二五年吳玉章正式加入共產黨。由周恩來領導的八一南昌起義，吳玉章時任革命委員會秘書長。

在蘇區，吳玉章主要從事教育工作。他擔任過華北聯合大學的校長，這所學校後改名爲華北大學，依然擔任校長、新中國成立以後，華北大學更名爲中國人民大學。吳玉章擔任第一任校長，一直到1966年文化大革命開始。吳老爲全黨所尊重。1940年1月15日，黨中央爲了表彰吳玉章的革命功績，爲他補行了六十壽辰（本是1938年12月30日）的慶祝大會。中共中央發了賀詞，毛澤東親臨致祝詞，稱讚他：「一個人做點好事並不難，難的是一輩子做好事，不做壞事，一貫的有益於廣大群眾，一貫的有益於青年，一貫的有益於革命，艱苦奮鬥幾十年如一日，這才是最難最難的呵。」但這位被偉大的毛主席所肯定的吳老，後被毛澤東所支持的紅衛兵所奪權，被隔離反省，被檢查交待，終於在1966年12月16日離開了人世。

在一九六六年十二月時期，我早已被打入牛棚，與世隔絕，沒得到任何有關吳老的消息。一直到後來，我才聽聞這個噩耗。我已經是欲哭無淚。但是，我永遠不會忘記我在華北大學學到的新知識、新理念。對我一生來說，這都起到了任何理念所無法代替的作用。我感謝吳玉章校長。

憶一代學術大師、歷史學家周谷城
——紀念恩師逝世十五周年

  周谷城，著名歷史學家、社會活動家。清光緒二十四年七月二十八（1898年9月13日）生於湖南省益陽縣長湖口的農民家庭。1905年由族人送到周氏「族學」讀書。1913年入湖南長沙省立第一中學，後考入了北京高等師範學校（今北京師範大學）英語部。1921年春，離畢業尚有半年，周谷城回到湖南，在湖南第一師範學校師範部教授英文兼倫理學，畢業後在湖南第一師範執教，擔任英文、倫理學教員。1924年出版了他的第一本專著《生活系統》。1927年國民大革命失敗後，周谷城到上海以賣文和翻譯作爲謀生手段。發表過多篇討論中國農村和改造中國教育方面的論文，出版了《農村社會新論》（上海遠東圖書館1939年）和《中國教育小史》（泰東圖書局1929年）等書。並譯有《文化之出路》、《蘇聯的新教育》等。1927至1930年在上海暨南大學附中、中國公學任教。1930至1933年周谷城任中山大學教授兼社會學系主任，期間撰寫了若干探討中國社會的著作，如《中國社會之結構》（1930年）、《中國社會之變化》（1931年）、《中國社會之現狀》（1933年）等。1932至1942年任暨南大學教授兼史社系主任。此後至1941年，周谷城任暨南大學教授兼歷史系主任。其間撰寫了《中國通史》上下兩冊，開明書店1939年出版，書中首次提出並運用「歷史完形論」的理論，意在指出歷史事件的有機組織和必然規律。《中國政治史》1942年由中華書局出版，1983年再版。

  自1942年秋起，周谷城一直在復旦大學執教，曾任歷史系主任、教務長等職，後爲該校歷史系教授、博士生導師。他積極參加愛國民主運動，發表大量政論文章，如《論中國之現代化》（1943年）、《論民主趨勢之不可抗拒》（1944年）、《論民主政治之建立與官僚主義之肅清》（1945年）、《人

民時代之中國農民》（1946年）、《近五十年來中國之政治》（1947年）、《中國之獨立地位》（1947年）、《徹底肅清封建勢力》（1949年）等。周谷城執教於復旦大學以後，從事民主進步活動，受聘爲民主政團同盟顧問，與陶行知等人發表擁護中國共產黨組建聯合政府主張的共同宣言，與張志讓等組織大學教授聯誼會；和翦伯贊等一起起草反蔣宣言。由於經常支持學生反迫害、反扶日、反飢餓等活動，被撤去系主任職務，並遭逮捕。1946年他還與張志讓、潘震亞等組織上海大學民主教授聯誼會。

1949年9月出席中國人民政治協商會議第一屆全體會議。1949年周谷城撰寫的《世界通史》出版，該書采取諸區並立、同時敘述，打破了以歐洲爲中心的舊的世界史框框，曾多次再版。由此周谷城成爲當代史學家中僅有的兩部通史的著者。新中國成立後，周谷城歷任上海市人民政府委員，上海市人大常委會副主任兼文教委員會主任，上海市政協副主席，第一、二、三、五屆全國人大代表，第六、七屆全國人大常委會副委員長兼教育科學文化衛生委員會主任委員；第五屆全國政協常委。1952年加入中國農工民主黨。長期從事學術研究的組織領導工作，中華人民共和國建國初期擔任中國科學院歷史一所學術委員會委員，創建上海歷史學會，曾任中國史學會常務理事兼主席團成員以及首任執行主席、中國太平洋歷史學會會長、上海市哲學社會科學聯合會副主席、上海市歷史學會會長。1988年11月22日，鄧小平同出席第五次全國文代會代表周谷城親切握手。1996年11月10日，周谷城在上海逝世，享年98歲。

周谷城自小讀書自覺、刻苦，特別注重打好基礎。六至九歲，他讀完了《三字經》、《百家姓》、《幼學》，還讀完了《四書》《五經》，大多能理解背誦。爲了瞭解世界，學習世界的歷史和文化，他刻苦學習英語。在省立一中讀書時，外國人來校演講，他不僅認真聽，還常常在自習室模仿其腔調，學得維妙維肖，同學們賜他以「洋文大家」之稱。他還在同學中組織英語

學會，自任會長。求學期間，他還選讀了許多西方名著。他曾利用一個暑假蠻讀了英文本《邁爾通史》，最初只懂五六成，書讀完時，看其它英文西史時，竟全然懂得。這種「蠻讀」法也是他讀中國古籍的一個方法。在省立一中求學期間，他自學了《十子全書》，對《老子》《莊子》等書興趣猶濃。他對這些書鑽得很深，這既瞭解了書中的思想觀點，又活躍了自己的思想，而且打下了堅實的文學基礎。他以優異成績考入北京高師後，更加努力學習新文化、新學說。他閱讀了大量的西方書報，特別喜歡閱讀《新青年》，同時閱讀無政府主義者的書，如克魯泡特金的《互助論》、《貧困的哲學》等，還閱讀了西洋哲學書籍，如杜威、羅素、柏格森、詹姆士等人的著作。他通過認真思考後，傾向馬克思主義。他在湖南一師教書時，就認真研讀了英文版和德文版的《資本論》原著。

他曾開過《中國通史》、《世界通史》、《世界文化史》等課程。講授《中國通史》時，強調「歷史完形論」，着意闡明各個歷史事件組成為整體歷史過程的必要性，提出了見解獨特的中國歷史分期法；講授《世界通史》時，主張着眼全局、統一整體，反對以歐洲為中心的世界史，對推動國內世界史的教學和研究影響深遠。在教學的同時著書立說，「縱論古今，橫說中外」，一生著述甚豐，專著10餘種，論文200餘篇。如《生活系統》、《農村社會新論》、《中國社會史論》（三卷）、《中國通史》（兩卷）、《中國政治史》、《中國史學之進化》、《世界通史》（三卷）、《古史零證》、《形式邏輯與辯證法》、《史學與美學》、《詩詞小集》等。史學方面的論文已彙編出版了《周谷城史學論文選集》。在年已九旬時主編有《中國文化史叢書》、《世界文化叢書》等。

在這裡，我想到了他與毛澤東的交往。周谷城十五歲時考入湖南長沙省立第一中學。國文老師袁吉六曾說：「我在第一師範教書時，古文最好的學生是毛澤東；在省立一中教書時，古文最好的是周谷城。」當今有的報刊介紹袁六吉先生的學生，只提古文最好的是毛澤東，卻不介紹還有周谷城。看來還

是當偉人好。袁吉六是前清進士出身，既是湖南第一師範的老師，又受聘在第一中學教國文，在一中的作文講評時他經常引周谷城的文章為例。周谷城與毛澤東有三個共同的老師，另兩位便是楊昌濟和符定一。

及周谷城回到第一師範執教英語和論理課時，毛澤東正在一師附小任主事。一見之下，引為知己。那時，毛澤東去到周谷城處，說古論今，作竟夜長談。1921年8月，毛澤東、何叔衡等在長沙創辦湖南自修大學。1922年底，何叔衡出任船山學社社長。周谷城應毛澤東之邀，做過自修大學和船山學社的教師，教心理學。1936年，周谷城收到毛澤東一封信，信中希望國民黨中樞人物和社會名流在寇深禍急之時，臨民族危亡之險，作狂瀾逆挽之謀，呼吁「停止內戰，一致對外」。周谷城堅決贊成，積極參加了抗日宣傳。

建國後，毛澤東去上海時，總是邀周谷城相聚；周谷城到北京，也每每受主席之邀，到中南海暢談。每次見面，毛澤東第一句話總是：「又碰到了。」一次，毛澤東去上海，陳毅在錦江飯店設便宴招待。晚飯後，去小禮堂觀看一部寫李自成的歷史劇。毛澤東沒有去前排為他準備的大沙發上就坐，而是同周谷城一道坐在中間的一排小椅子上，並笑着說：「我們就甘居中游。」開演前閑聊，周谷城隨便說了句：「有人說，洪承疇之投降清朝具有善意，目的是減少漢人大遭屠殺。」毛澤東略帶微笑地說：「有此一說，不可不信，也不可全信。事情不甚簡單，恐怕還得作些研究。」1956年，周谷城應邀來到中南海露天游泳池。「你能游泳嗎？」毛澤東問。「少年時在小河或池塘裡，可以游幾十碼，不知現在還浮得起來否。」「試試看。」毛澤東說。於是二人換上泳裝，毛澤東從深水區下去，暢游起來；周谷城從淺水區下去，卻始終不敢往深水區游。毛澤東朝他招手：「來呀！」周谷城幽默地回答：「我既不能深入淺出，也不能由淺入深。」1961年「五一」節，毛澤東來到上海，周谷城等人受到接見。當晚，周谷城應報社之約，填詞一闋，題為《五一節晉見毛主席》，調寄《獻衷心》，發表在

次日的《解放日報》上。詞曰：「是此身多幸，早沐春風。蠲舊染，若新生。又這回傾聽，指點重重，為學術，凡有理，要爭鳴。情未已，興偏濃，夜闌猶在誨諄諄。況正逢佳節，大地歡騰。人意泰，都奮進，莫因循。」毛澤東見到這首詞，當即請周谷城來。他倆由這首詞而談到《離騷》，又由詩詞而談到政治，洋洋灑灑，天馬行空。二人豐富的歷史人文知識，嚴密的邏輯推理，不時碰撞出智慧的火花。由下午三點一直談到六點，興猶未止。周谷城偶然提及鄧演達，毛澤東說：「鄧演達先生這個人很好，我很喜歡這個人。」說到這裡，倆人在一張小桌上用餐。毛澤東喫飯喜歡在大米中摻些雜糧，周谷城戲稱為「三色飯」。飯後，毛澤東一直把周谷城送上汽車。

上個世紀60年代初，周谷城陷入了一場「鬥爭哲學」的重圍。那就是圍繞周谷城美學思想展開的大論戰。1961年至1962年間，周谷城先後發表了三篇闡述其美學思想的文章，即《光明日報》上的《史學與美學》，《文匯報》上的《禮樂新解》，還有《新建設》上的《藝術創作的歷史地位》。在以後針對他的美學思想展開的論戰中，他又先後發表了五篇文章。當時的中國大地，已經歷了1957年的反右鬥爭，1958年的「拔白旗，插紅旗」，1959年的「反右傾」，1960年的反修防修。階級鬥爭的弦正越繃越緊。而周谷城在自己的那些文章中，厚積薄發，坦誠地表述了自己在「正確認識矛盾鬥爭的限度」、「正確認識矛盾鬥爭與矛盾統一的關係」等問題上的觀點和看法。尤其在《藝術創作的歷史地位》中，周谷城表述了一個主要觀點，即「時代精神匯合論」。他詮釋道：在原始氏族社會，因着人與自然的鬥爭，部落與部落的鬥爭，常形成各種不同的思想意識，匯合而為氏族社會的時代精神。封建時代又有各種思想意識，匯合而為當時的時代精神。資本主義時代，又有各種思想意識，匯合而為當時的時代精神。各時代的時代精神雖是統一的整體，然從不同的階級乃至不同的個人反映出來，又是截然不同。

這是一個正直知識分子，對於社會發展的精神，提出不單單是階級鬥爭，而是「時代精神的匯合」促使社會不斷前進。當時以階級鬥爭爲綱的理論一統天下，周谷城的解釋，自然又引起軒然大波，成爲被圍追堵截的又一焦點，一時間，「商榷」文章蜂起。關於時代精神的討論，從1963年至1964年，前後延續了兩年。各方來稿踴躍。僅《光明日報》一家，在1964年夏、秋之際三個月裡，討論的稿件就有近三百篇，其中批評周谷城觀點的佔大多數，贊成他觀點的僅佔三分之一。在這段時間裡，有人爲顯示其革命的徹底性，與周谷城在《光明日報》上多次交鋒。毛澤東一直密切關注着這場討論。他看過周谷城、姚文元在報刊上發表的論戰文章及其他有關文章。而對於金爲民、李雲初的《關於時代精神的幾點疑問——與姚文元同志商榷》一文，他讓中宣部把這篇文章和姚文元的文章編成一本小冊子付印出版，並親自寫了一段按語作爲序言：「這兩篇文章，可以一讀。一篇是姚文元批駁周谷城的，另一篇是支持周谷城批駁姚文元的。都是涉及文藝理論問題的。文藝工作者應該懂一點文藝理論，否則會迷失方向。這兩篇文章不難讀。究竟誰的論點較爲正確，由讀者自己考慮。」不久「文化大革命」爆發，「時代精神匯合論」被列爲全國重點批判的「黑八論」的第二位，周谷城終究還是爲此喫了不少苦頭，被關進牛棚。

至今我讀周谷老有關「時代精神匯合論」，依然認爲是正確的。實際上，社會上不同群眾的存在必然產生多元的思想。這種存在也必然互爲影響，形成一個「時代的精神」。而不同的群眾只不過對這種多元融合的「時代精神」都有個自己的觀點。但它不是相互鬥爭，鬥爭是局部，融合統一是主流。只有融合才會有發展。事物常常是仁者見仁智者見智。何必用鬥爭手段去鎮壓處理不同的觀念。

周谷城最後一次見毛澤東是1965年在上海的一座老式別墅。他們暢談哲學、舊體詩，並一起吟誦李商隱的詩。這是周谷城與毛澤東最後一次見面和談話。1966年文化大革命，毛

澤東對其親戚、戰友、共和國主席都不放過，何況一個區區的周谷城。自此以後，周谷城只在牛棚裡聽過一次毛澤東的談話錄音，毛澤東的錄音講話中提到：「周谷城的《世界通史》還沒寫完，書還要讓他寫下去。」毛澤東去世時，周谷城賦《哀悼毛主席逝世》七律一首。詩曰：「陰沈一霎朔風號，領袖驚傳別我曹。搶地吁天呼不應，傷心慘目淚如潮。五洲魑魅熖仍在，百國工農志不撓。且化悲哀為力量，繼承遺志奪高標。」這首詩折射出中國知識分子被扭曲的心態。悲哉。

周谷城晚年一直擔任復旦大學歷史系教授，他以八十高齡登上教壇，講授世界史，培養了「文革」後第一批史學碩士和博士研究生，撰寫了許多有影響的專論。

1991年恩師周谷老為拙著《中國古瓷銘文》一書親自題寫書簽和序言，在師友和廣大讀者愛護支持下，出版後不到半載時間全部售罄。出版社繼續再版外，並將該書的姐妹篇《中國古瓷彙考》書稿付印。當時，我深知先生年事已高並擔負繁重的國事活動，為了請周谷老為《中國古瓷彙考》題寫書簽，我懷着試試看的心情，事先與師母電話聯係，沒想到立即得到答復：「歡迎到家做客。」

見到周谷老，當我把來意和《中國古瓷銘文》出版後的情況說明後，先生十分高興。他說做學問和做人一樣，首先要考慮任何學術研究都要為社會服務、為弘揚民族文化服務，否則就沒有價值。當然還要注意學術研究要有自身的特點。先生還說，做到這些並非容易，特別是當取得一定成就的時候，更要「不矜不伐」。

考慮到先生的身體情況，我希望在先生方便的時候，再請先生題寫《中國古瓷彙考》題籤寄我。周谷老笑着說，我現在就寫，不過我的字是「不值一文，但千金難買」啊。從先生幽默而又有哲理的語言，使我感悟到前輩學者的謙虛和品格的高尚，是我輩學習的榜樣。

先生興致盎然，從著作談到讀書。先生說一部好的著作是厚積薄發的必然結果。先生以自己的體會最早寫的第一部書爲例：「我在五四運動時期，對各種思想，如共產主義、無政府主義、民主主義等都想研究，對各哲學，如柏格森、羅素、詹姆斯、杜威等著作，都想鑽研，以爲多讀些書，由博返約，總可以自成體系，成一之言。這就是我23歲時讀書的結果，後來就是由商務印書館出版的《生活系統》一書。」我理解先生這種對各種思想和哲學體系的研讀和感悟，爲其後來「時代精神匯合」的理論，奠定了基礎。我至今支持這個理論。

先生還認爲博覽與精讀是辨證的統一。只專不博，這種專沒有深厚的基礎，也不可能達到精；只博不專，沒有歸宿，不可能有成果。他以《明史》中牛金星的下落爲例。在《明史》列傳「流賊」中提到「牛金星、宋企郊皆遁亡。」有人寫文章僅以此爲據：「牛金星下落不明。」如果通讀《明史》結合其它資料證明，牛金星和兒子都投降了清王朝。這說明讀書太窄，誤以爲專，其結果不可能精。所以，先生主張讀書要博覽精深，由博返約，厚積薄發。先生還說，宋代學者朱熹，把讀書和治學歸納爲八個字：「循序漸進，熟讀深思」是有一定道理的。

談到治學，先生認爲治學和做人是統一的，人的品格和文風是統一的，「識得必然方自在，從知潛力顯於斯」。因爲每一個人的思想觀點無不反映在他的作品中，文如其人。學無止境，所以做學問一定要謙虛嚴謹。」爲了不辜負先生的教誨，先生爲我寫條幅「不矜不伐，有猷有爲」，我將把它作爲我的座右銘。

先生在治學的嚴謹上，還體現有人請先生擔任著作的「顧問」，在無法推辭的時候，先生是不讀全文不下筆。試想先生在耄耋高齡的情況下要讀全文才同意，可見先生的治學態度。這裡使我想到1994年天津人民出版社出版的由知名歷史學家、南開大學歷史學院院長陳振江教授主編的《二十六史典故辭典》即將付印時，想請全國人民代表大會副委員長、歷史學家

周谷城教授擔任該書「顧問」。出版社知道我和先生的關係，所以請我和責編成其聖先生去上海面見周谷老。成其聖先生是一位具有極深學術造詣的編輯，我們關係很深，難得同行。可是當時我妻子患腦瘤，不能陪同前往上海，祇能寫信攜帶前往。先生當時住醫院熱情接待，但是明確必須看全文。最後先生知道我是該書的「特邀編審」，就讓我看過全文後槁他再做決定。可見在一般情況下，顧問祇是一種「掛名」，但先生認為「顧問」是一種責任。從這件事使我和其聖先生都受到教益。

他的一生，是近代中國愛國知識分子不斷追求真理、追求進步的一生，是對國家和人民事業忠心耿耿、奮鬥不息的一生。他秉性忠厚，識大體，顧大局，作風民主，平易近人。他嚴於律己，寬以待人，生活樸素。他生前立下遺囑，身後不要開追悼會，不搞告別儀式，不留骨灰，表達了他響應中國共產黨提倡的移風易俗、喪事從簡號召的決心。周谷城的愛國情操和高尚品德，以及他在學術上的精深造詣和傑出成就，永遠值得我們尊敬和懷念。

紀念我的學長李世瑜先生

李世瑜先生

世瑜學長生於一九二二年二月，二零一零年十二月二十九日仙逝。我在任何場合都尊稱他爲大學長，這不是客套，在我的內心中，他不僅是可敬的學長，而且是學術成就斐然的前輩。一是從年齡上來說，他比我年長八歲，是我的前輩；二是在學術上，他的建樹以及他的品格、風范都是我敬仰和學習的榜樣。

我與世瑜學長交往甚早，相知甚深，桃李春風，江湖夜雨，難述我們之間的情誼。我只舉一個例子：在半個世紀以前，我是天津著名的《歷史教學》雜誌的讀者和作者。至今我還保留着《歷史教學》雜誌從1951年1月創刊號起，到1966年文化大革命雜誌停刊以前的全部雜誌。據說今天的《歷史教學》社也沒有這套完整的期刊了。當時世瑜學長在《歷史教學》擔任中國史的編輯，我們之間就開始有來往交流。在學術方面，他給了我很多的教誨，這是我終生難忘的。此外，真是人生的緣分和歷史的巧合，他的公子厚聰文革以後讀高校時，我曾教過他。後來厚聰一度在天津實驗中學擔任中學語文教師，我的孫女又成爲他的學生。本來他們二人都不知彼此的關係。有一次我的孫女寫作文，題目是《我的爺爺》，內容是寫我讀書和寫作的一些情況。厚聰先生批改作文時，發現了這個情況，就把孫女叫去面談，證實她的爺爺就是我。試想，這是巧合還是天意？所以，我和世瑜學長交往之深是用無法用語言來表達的。

正因爲如此，當我得知世瑜學長仙逝的消息後，便萌生爲世瑜先生舉辦「追思會」，以茲紀念的想法。我想到，世瑜先生工作過的兩個單位需要出面參與和主辦這件事：一是世瑜先生退休前的工作單位「歷史教學社」；一是天津市文史研

究館，世瑜先生是天津文史館館員，並且是由天津市長聘任的終身館員。不過我又想到「歷史教學社」是出版單位，現在人人皆知出版單位工作非常繁忙，很難想象他們有時間和精力操辦此事。於是我與厚聰聯係，覺得是否可以家屬的名義要求文史研究館舉辦追思會。同時，我又親自給文史館一位副館長和副書記聯係，希望他們能舉辦世瑜先生的「追思會」。後來厚聰告訴我：文史館說舉辦追思會這種事沒有先例，所以難以舉辦。

得知這個消息，我內心有一種說不出來的難過和淒涼。實際上，文史館並非沒有先例。例如文史館館員張仲先生，他去世後，就由天津大學馮驥才文學研究院和天津文史館與天津市南開區政府共同舉辦了張仲先生的逝世「追思會」。張仲先生是我早年在華北大學的同班同學，所以我參加了這次追思會。這次追思會的主題發言是馮驥才先生，而大會的主持人正是天津文史館副館長崔錦先生，這怎麼能說沒有先例呢？面對這種情況，我想我還有需要說什麼嗎？祇有無言、無奈。

斯人不重見，心摧兩無聲。懷着對世瑜先生由衷的崇敬之情，我決定由我所在的天津理工大學經濟與文化研究所出面主辦「追思會」，我並無它意，祇是覺得李世瑜先生一生大部分時間在天津度過，我們天津的學術界應該銘記斯人，銘記他為我們民族文化所作出的貢獻。讓我欣慰的是，世瑜先生在學術界的很多親朋好友們也同我一樣，主張舉辦追思會。其中有天津建築文保志願團隊、天津語言學會、天津社會科學院輿情研究所等等。它們的負責人譚汝為、王振良、王來華諸位先生親臨寒舍，與我共同商定舉辦世瑜先生追思會事宜。這讓我非常感動，也更堅定了我的信念。在專家學者共同努力下，終於召開了「李世瑜先生逝世百日追思會」。

在這裡，讓我們一起緬懷世瑜學長在學術上對我們民族文化的巨大貢獻。首先是他對民間宗教文化的貢獻及其寶卷學的創立。宗教是一種文化，其經卷深富內涵和哲理。任何一種哲理，對於人們的信仰、理念以及對人類精神境界的昇華都有不

可低估的影響。正因如此，民間宗教史的研究已成為當今世界學術研究的重要課題。僅以2009年夏季在山東大學召開的「中國秘密社會史國際學術研討會」為例，當時我被邀請參加這次國際研討會，參與學術研討會的專家學者（不含出版社編輯、記者）有一百五十餘名。來自海外國家和地區的，則有美國、新加坡、韓國、日本以及馬來西亞和港澳台諸多大學專家和學者。提交的學術論文有百餘篇。可見當今對民間宗教研究的重視和熱潮。

世瑜先生是我國民間宗教研究的奠基者之一。先生從一九四零年開始即涉足此領域，半個多世紀，筆路藍縷，其成就得到世界的公認。其中，民間宗教寶卷學也是先生最早提出的。關於寶卷學，民間文學專家及民俗學收藏家鄭振鐸先生曾將寶卷歸屬於民間說唱文學體系（見《中國俗文學史》）對此，世瑜先生根據其自藏四百餘種寶卷及有關館藏寶卷，歷經十餘年的研究，提出「寶卷為民間秘密宗教的經卷」之說，並與鄭振鐸先生進行商榷。（見《文學遺產》增刊第4輯，1957年版）此後，先生於1961年出版了《寶卷綜錄》，又於2007年在台北蘭台出版社出版《寶卷論集》。此書的出版引起了海內外的重視。

對於歷史學的研究，先生提出「社會歷史學」的主張。他認為研究歷史，不僅要把考古學和社會學結合一起研究，還需要把方言學作為主要研究資料，而且還要運用田野工作方法，從社會各方面，使用各種手段，取得第一手的活的資料，以此作為研究資料。他把這種研究歷史的方法命名為「社會歷史學」。正因為他運用了這種方法對古代渤海灣西部海岸遺跡進行調查研究，發現了五千年前、二千年前、一千年前三道貝殼堤遺跡，發表了一系列文章，將傳統認為的天津地區在一千年前的唐代才由大海變成陸地的說法，在歷史年限上提前了四千年。

此外，世瑜學長對天津方言研究也做出了卓越的貢獻。正如我的老友，著名語言學家譚汝為先生所說，世瑜先生首創「天津方言島」的學說，同時尋覓到了天津方言的根。這些都為我們研究天津方言奠定了堅實的基礎。

世瑜學長為我們學術研究提供了重要的學術成果和研究方法，值得我們紀念。而真正打動我內心的還有他的精神。他的人生經歷是坎坷的，甚至可以說是悲慘的。當年，他為了深入研究民間宗教的內涵，不惜參加了中國民間的會道門「一貫道」，今天來看，這頗有「打入敵人內部」的味道，但卻使他因而成為「反動會道門的成員」而遭審查。另外，因為他的寶卷學說在海外引起了重視，蘇聯的專家不可避免地與他有書信往來，在蘇聯成為「修正主義國家」的特殊歷史時期，世瑜先

春夢一痕留給和音，李世瑜先生墨跡

生又作爲蘇修特務被審查過。這裡我想到一件事，在文化大革命發生前夕，我正在天津教師進修學院擔任副教務長兼歷史系主任。這所學校與當時的天津師範學院（今師範大學）兩校的分工不同：天津師院屬於學歷教育的高校；天津教師進修學院則是對在職中學教師的再培養和提高。歷史系當時舉辦了每週一次的系列學術講座，當時在學術講座裡，有一門課就是「中國農民起義與民間宗教」。我想很多的農民起義都與民間宗教有千絲萬縷的關係，所以這個課題李世瑜先生來講最合適。於是，我親自到「歷史教學社」拜見社長。當時就被拒絕，社長告訴我：李世瑜是內定的被審查的對象。文化大革命開始以後，由於他是一貫道徒，再加上與蘇聯教授有書信來往，就被定爲蘇修特務，由此遭遇了不可避免的浩劫——抄家，他所珍藏的全部寶卷被紅衛兵抄走銷毀。但是，他並沒有因此放棄他所深愛的學術研究。所以，我覺得，我們在追思世瑜學長的時候，不僅僅是懷念故人，而且更需要紀念他對於學術事業孜孜不倦的精神；期望年輕一代學者不僅僅是學習和繼承他的研究成果，而且學習和繼承他的人格！

　　世瑜學長安息吧！

世瑜先生對民間宗教文化及寶卷學建立的貢獻

　　民間宗教是一種文化，其經卷內涵也是一種哲理，任何一種哲理對於人們的信仰、理念以及對人類精神境界的昇華都有一定的啓迪和影響。正因爲此，民間宗教史的研究已成爲當今世界學術研究的熱門課題。

　　僅以2009年夏季在山東召開的「第二屆中國秘密社會史國際學術研討會」爲例：參加學術研討會的專家學者（不含出版社的編輯、記者）150餘名，海外地區和有關國家，有美國、新加坡、韓國、日本以及馬來西亞和港、澳、臺諸多大學專家和學者，提供的學術論文百餘篇。可見當今對民間宗教研究的重視和熱潮。

　　李世瑜先生是我國民間宗教最早的奠基者之一，先生從1940年開始研究民間宗教至今已50年餘年，其中主要的成果如下：

　　1.建立民間宗教學體系的貢獻。在中國歷史上歷來以佛、道；儒三教爲正統的宗教信仰。不可回避在中國下層民間社會，出於信仰和期盼的需要，不斷地創造自己信仰的民間宗教它與正統的信仰有所分野，但又有着吸取正統宗教佛、道、儒中對其有用的內涵。從而豐富了民間宗教內容，形成自己獨特的教派。如：漢代的五斗米道、太平道，唐宋時代的彌勒佛教，宋元時代的明教、白蓮教，明清時代的無爲教、紅陽教、大乘教、天理教、在理教以及民國時期的一貫道等。

　　不過對於民間宗教的研究，在學術界都以各自宗教或會道門名稱進行闡述。把這些民間宗教綜合稱爲「民間秘密宗教」，始於李世瑜先生奠基。先生於「文革」後1988年主編《民間秘密結社與宗教叢書》時，就提出了這一課題的論證。

2.用社會學、人類方法研究民間宗教學的貢獻。新中國成立後，宣佈「社會學」為資產階級學科而被砍掉。經三十年，改革開放的年代，國家又恢復「社會學」學科的研究。對此，李世瑜先生於1978年首次提出用社會學、人類學方法研究民間宗教。

先生認為用社會學、人類學方法研究，就是「以整個社會為對象，對某些人物進行調查訪問，對某些社會現象，社會變化，社會的結構以至自然環境進行觀察瞭解，對一些文物資料進行搜集，然後如實地、準確地、實事求是地記錄下來加以研究。在研究的過程中當然可以使用文獻資料加以印證、補充，使所得結論更為完美，這就是社會學、人類學方法」。

但是民間宗教被歷代統治階級視為妖教、邪教、教匪，極盡其查收剿之能事。故民間秘密宗教在民間社會下層中，多從事秘密活動，這樣很難瞭解他們的教義及內幕資料，這也是學者進行研究最困惑的難題。而世瑜先生歷盡各種艱險，用社會學和人類學的方法，為民間宗教研究取得了豐富的碩果。如：

《順天保明寺考（1981年——1982年完成）》

（注：此文曾以英文，在美國雜誌發表。）

《一貫道調查報告（1940——1948年）》

《現在華北秘密宗教》（1948年）

《皈一道調查報告（1945——1948年）》

《天津在理教調查報告（1940——1963年）》

《天津紅陽教調查報告（1957——1962年）》

《明明聖道調查報告（1948年）》

《萬全縣黃天道調查報告（1947年）》

《逐鹿縣普明大佛調查報告（2000——2004年）》

《一心天道龍華教會調查資料輯存（1945——1951年）》
《寶卷論集》台北蘭臺出版社，2007年出版等。

　　世瑜先生以身作則，用社會學和人類學方法進行民間秘密宗教的研究爲吾等後學樹立了榜樣，其貢獻有目共睹，爲民間宗教文化的研究提供了科學方法。

　　3.對民間宗教寶卷學建立的貢獻

　　「寶卷」是民間秘密宗教的經卷，從內容和時間劃分，清道光爲前期，道光以後由於佈道勸善的需要演變爲民間技藝的說唱；從名稱用語上也發生變化，前者寶卷多仿佛經冠以「佛說」或「銷釋」二字，後者直呼其名，如《繡鞋寶卷》、《富貴寶卷》等。

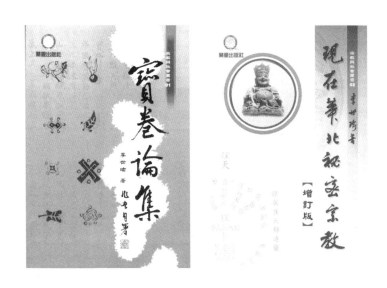

正因如此，民間文學專家鄭振鐸先生將寶卷歸屬於「民間文學」體系。（見《中國俗文學史》）對此，世瑜先生根據其自藏四百餘種寶卷及有關館藏寶卷，經歷十幾年研究，從寶卷的體制，特別是內容分析，寶卷在形式上雖然與變文有關；但內容與變文全然不同，寶卷是流傳於民間各種秘密宗教的經卷，它不僅有宗教的形式，還有各教派各自崇拜的「佛祖」、「教堂」及「壇訓」。第一次提出了「寶卷」為「民間秘密宗教的經卷」。（見《寶卷新研——兼與鄭振鐸先生商榷》，載《文學遺產》增刊第四輯，作家出版社1957年版）

此後，先生於1961年又出版了《寶卷宗錄》。此書的出版引起了世人的震動，並引起海外的重視，因為該書是第一部寶卷目錄總署，首先在日本是早稻田大學教授發表了書評。（載日本《大安》雜誌）蘇聯學者李福清與司徒洛娃也寫了書評發表在《亞非人民》雜誌。

由於受寶卷學的影響，引起國內和海外學者專家的重視，並進行可喜的研究，如揚州大學車錫倫先生在世瑜先生的支持下主編《中國寶卷目錄》在台灣出版。此外，方步和、譚嬋雪、陳俊峰、喻松青先生都在世瑜先生寶卷學的影響下出版了專著。

在台灣由鄭志明先生出版的《無生老母信仰溯源》、宋光宇先生的《龍華寶經》以及王見川先生的《明清民間宗教經卷文獻》（正續篇）等都是有價值的重要著作。

我和寶卷結緣

我喜歡讀書。就職業來說，我是一名教師，根據工作需要，我所收藏的書，第一類是與歷史和古陶瓷有關。這是工作所需，當然也是我的興趣所在。在上個世紀五十年代，那時書的價格，在今天看來實在是太便宜了。但是不要忘記，一個大學畢業生工資每月才57元。而當時的大學生又可算是鳳毛麟角。一般職員工資則是每月49.5元。所以在這樣的工薪情況下，一個教師每月要拿出錢來買書，也是相當不容易的。此外，我還要訂雜誌，必須訂的雜誌有《歷史教學》、《史學月刊》。至今我保留了《歷史教學》自創刊到文革「歷史教學雜誌社」解散前的所有雜誌。現在《歷史教學》早已復刊了，但是雜誌社自身也沒有保存下一套完整的雜誌。這並非是他們不想保存，而是因為除了紅衛兵的查抄外，出版社自身還有造反派，基本上都焚燒光了。我講這些說明我喜歡讀書，也喜歡藏書。但是對於寶卷及佛經的收藏，以前新華書店是不銷售的。因為在打倒四人幫以前，所有的商店工廠企業都是國營的。在國字號的領導下，怎麼可能出售佛教經書與民間寶卷呢？在學術界公開引用馬克思的話就是「宗教就是精神鴉片」，所以凡是信仰宗教的人在文革期間無一不受到批判。在那樣的時代是不可能有「經書」和「寶卷」的。

注：該書署「圓覺經」，首頁為觀音像，書夏天頭刊印「皇明萬曆寅庚刊」。按「圓覺經」最早為彭德源（浩然祖師）撰，多為清代刊本，該書卻到印為「萬曆」是做偽特考跡。

我結緣於寶卷，應該感謝我的母親和李世瑜先生。我和李世瑜相識很早。在上個世紀五十年代他就開始研究和收藏寶卷。他的公子李厚聰在大學讀書時是我的學生。世瑜先生是《歷史教學》雜誌編輯，我是作者又是讀者。由於我和他的關係比較密切，因此才知道有寶卷學。而我的母親是個虔誠的佛教徒。受文化條件的制約，她把寶卷和佛經都認為是同一種經書。出於虔誠，早年自己家建有佛堂，她有意收藏了不少這類經書和寶卷。若有化緣的僧尼或與她交往的信徒贈送她的民間行善說唱的寶卷小冊子，她都會一律收藏。由於她非常虔誠，所以無論在任何時期，即使冒着危險也要把寶卷收藏好，絕不丟失。若是丟失了，在她看來就是有罪，就是對神佛的最大不敬。她每次把花錢請來的佛經總是先放在香案上燒香跪拜，然後保存起來，根本不允許我們觸摸。更有甚者，在解放戰爭初期，她利用間壁墻中間兩面疊起來的辦法，把這些經書進行封閉。尤其是在戰爭期間，這若被人發現，肯定會遭到誤解，有生命危險。後來，母親住在天津，她就托她娘家弟弟用箱子（不走郵局）一部分一部分地親自運到身邊，然後由她封存好保留。直到母親去世，我清點母親遺物的時候，才發現大量的經書和寶卷。這個時期我已經開始對經書和寶卷進行研究了。

如果說我還能夠研究寶卷的話，這都是受母親和李世瑜先生的影響。

　　一般情況下，人們認為最早研究寶卷的是鄭振鐸和李世瑜二位先生。兩人的不同之處在於，鄭先生把寶卷歸為俗文學類中的民間說唱文學。而

李世瑜先生收藏400餘部寶卷，經過研究後，他認爲寶卷是民間宗教用來宣教的經書，所以在分類上劃分爲寶卷學。而寶卷學研究的興起也就是近五十年的事情，但是研究的學者較少。歷代封建王朝把民間宗教會道門列爲邪教而進行查抄，另外又經過文化大革命的「掃四舊」，所以寶卷至今流傳保存至多不超過數百種。母親留下來的，不僅有一定數量的寶卷，而且有一些明代折裝寶卷。

天津圖書館是收藏寶卷較多的單位。他們通過李世瑜先生知道我收藏寶卷，其中有的是孤本和善本。他們因此表示，希望我能支持他們圖書館能成爲寶卷收藏的重要單位，在全國獲有一定的地位。由於我和圖書館的有關人員是朋友，再加上李世瑜先生的介紹，所以就把我收藏的一些孤本和善本拿出來，請李世瑜先生進行了鑑定，然後把其中的二十本捐獻給了天津市圖書館。當然，他們對我表示非常的感謝，並且明確凡是該館古籍部所收藏的任何古籍圖書，祇要是我需要的（包括鎮館珍藏）都可以隨時查閱。當然了，我除掉會因業務上所需的資料時麻煩他們外，其它的我是不會利用這個特許的照顧而去干擾他們工作的。同時，我又將我收藏的古月齋珍藏部份寶卷彙編成《中國寶卷精粹》上、中、下三卷，由台北蘭台出版社出版。

由於我現在已經信仰佛教，在收藏寶卷和經書的整理過程中，讀這些古籍我自然產生了情感。所以也就想進一步地對寶卷進行研究。當然，在研究的過程中，我和世瑜先生、車錫倫先生探討較多，無論是就版本還是內容，都進行了交流。據我初步的體會，我認爲對於寶卷學的劃分不能局限於鄭振鐸先生所主張把寶卷劃分爲民間俗文學。世瑜先生提出「寶卷學」，寶卷種類豐富，可是他認爲從「寶卷學」角度來看，祇能是與民間宗教有直接關係的寶卷經書才是他所劃定的寶卷。他不支持把寶卷劃分到民俗學范圍的提法。我支持這種理論，但是把寶卷學再分爲兩類，我則覺得這種提法值得探討。我主張，寶卷學祇能是廣義的寶卷學，不分爲兩類。理由是，任何

的說唱的和把民間的傳說故事也以寶卷形式呈現的，我認為都屬於寶卷學的研究內容。因為無論是以什麼形式出現，包括民間故事，他們都與佛教或民間宗教有直接或間接的關係，雖然表現形式不同，但是目的祇有一個，就是「與人為善，脫離苦海」，同時，大多也是宣揚佛教的因果報應等思想觀念，所以寶卷不必劃分為兩類，祇是在表現形式上有不罷了。在學術研究方面我不太同意一花獨秀，我主張百花齊放。

由於學人的努力，寶卷學目前在研究方面，已經取得了較好的效果。主要體現在兩個方面：一方面是資料搜集和整理。在兩岸學者的努力下，現已經出版了很多寶卷資料彙編。這是一件可喜的事情。另一方面，對寶卷專題的研究也出現了較之過去更顯為人知的成果。也召開過具有國際規模的寶卷學學術研討會，顯示出寶卷學研究的世界視野。這些對今後推動寶卷學的研究無疑做出了巨大的貢獻。

目前為了深入開拓發展研究寶卷學，還有待於進一步開發幾個方面：

第一，高等學校和研究機關開設民間宗教的專業或研究機構還很少。因此，從學術研究的整體來看，從事寶卷學研究的人員數量少，比較薄弱。

第二，寶卷學的資料顯得不夠雄厚。這是有其特殊原因的。因為歷代王朝的統治者，都把民間宗教視作邪教，對其經卷查抄焚毀，所以在民間保留下來的寶卷資料就寥寥無幾。有些圖書館，也對寶卷的收藏重視不夠，甚至很多圖書館不收藏任何寶卷。特別是，中國大陸是寶卷研究和寶卷資料的收藏的發源地，但是經過文化大革命「掃四舊」，把寶卷幾乎都掃清燒光。所以當前需要的是，發揮研究者共同的力量，來挖掘保存寶卷。現在雖然已出版的寶卷資料的彙編等，大多都是根據原本影印。而這些原本有的都只剩下孤本，如出現歧異的時候，就很難找到最早的版本進行核實和校對。所以，當前收藏挖掘寶卷也是一項對寶卷學的研究具有重要意義和價值的使命。

附：《中國寶卷研究概說》

摘要：寶卷是一種產生於宋元時期的與宗教和民間信仰密切相關的具有信仰、教化與娛樂功能的說唱文本。自上個世紀二十年代始，寶卷進入現代學術研究的視野，並逐漸形成一門獨立的學科，即寶卷學。並在自身理論的建構，文獻資料的搜集、整理以及多視角的研究方面都取得了巨大成績。但也存有一些不足。若要建立一門獨立的綜合性的寶卷學，還應加大文獻整理規模，繼續深化自身的理論與研究方法，重視跨學科研究，加強區域、國際間的交流與合作。

關鍵詞：寶卷；寶卷研究；寶卷學

中國寶卷，產生由來已久，流布廣泛，影響深遠。它的形成有一個歷史過程，這使得歷來學者對其淵源的認識不盡相同。但就內容和功能而言，大家基本可以達成這樣一個共識，即寶卷是一種同宗教與民間信仰活動相結合的具有信仰、教化

及娛樂功能的說唱文本。一般認爲，是顧頡剛於上個世紀二十年代將寶卷納入了現代學術研究的視野。他在《歌謠週刊》全文刊載民國乙卯年（1915）嶺南永裕謙刊本《孟姜女寶卷》，並在《蘇州近代樂歌》一文中最早對蘇州寶卷進行了綜合介紹。幾乎與此同時，鄭振鐸將寶卷歸於俗文學研究體系。他於1934年發表《三十年來中國文學新資料的發展史略》專論寶卷，又於1938年出版《中國俗文學史》，將寶卷列爲專章加於討論。受其影響，從文學（包括民間文學、曲藝文學、宗教文學）角度進行解讀，成爲了寶卷研究的主要模式。直到上個世紀五十年代，李世瑜先生對鄭說提出商榷。他側重把寶卷視爲民間秘密宗教的專用經典。這一認識具有里程碑意義，進一步擴展了寶卷研究的空間，使得結合民間宗教來考察寶卷成爲新的研究潮流。新世紀以來，研究視野不斷開闊，寶卷研究呈現出多元化態勢，並出現了一大亮點，即不少學者在不同視角的觀照中更加強調寶卷的音樂特質。如王文仁、石芳《河西寶卷學科屬性之辯》即認爲「河西寶卷確源於敦煌俗文學，但本質上應是植根於河西民間的說唱曲藝，是我國曲藝藝術的重要組成部分。」這種認識反過來又推動着寶卷研究更加趨向多元化。而伴隨着寶卷觀念及理論的發展，文獻、資料搜集整理工作也在不斷展開，兩者相互影響，一門新的學科——寶卷學——逐漸形成，繁盛，並逐漸自足與完善。本文即擬以寶卷學的理論建構與文獻整理爲主要出發點，對多元化的寶卷研究狀況作一分類說明與整體概述，以期對寶卷學研究的推展有所裨益。

一、寶卷學理論的自覺建構

　　寶卷學理論的建構，基於寶卷研究的多方面開展。從顧頡剛、鄭振鐸等開拓者始，到今天爲止，人們對寶卷的名稱、學科屬性、淵源、形成與發展、分類、功能、價值意義以及研究方法都有了廣泛而深刻的認識。

其一，關於寶卷的名稱及學科屬性。

早在上個世紀初期，羅振玉《敦煌零拾》曾將敦煌莫高窟藏經洞中發現的說唱文學作品命之為「佛曲」。顧頡剛隨後指出，「佛曲」即「唐代的寶卷」。鄭振鐸則認為，寶卷實即變文的嫡派子孫，也即談經等的別名。1927年6月鄭振鐸又於《小說月報》號外《中國文學研究》專號上，發表《研究中國文學的新途徑》指出，變文和寶卷、彈詞、鼓詞、民間戲曲、民間故事、民歌等之前從未被納入文學史研究體系的俗文學作品，開拓了中國文學史研究的新領域。他將寶卷作為俗文學作品納入中國文學史研究的范疇，並給以極高的評價。其影響巨大，之後，許多學者多將寶卷作為俗文學作品納入所著有關中國文學的史論著作中，如胡行之《中國文學史講話》（1932年）、洪亮《中國民俗文學史略》（1934年）、譚正璧《中國文學史》（1935年）、楊蔭深《中國文學史大綱》（1938年）和《中國俗文學概論》（1946年）等。

隨着寶卷文獻的發現與整理，有學者發現文學並不能涵蓋寶卷的內涵。李世瑜先生首先對前人說法提出質疑，其《寶卷新研——兼與鄭振鐸先生商榷》，就寶卷的淵源、分類、發展諸問題，對鄭振鐸《中國俗文學史》中的結論提出商榷，認為寶卷是為流傳於民間的各種秘密宗教服務的，強調了寶卷與民間宗教的密切關係。濮文起承襲其說，進一步補充了鄭振鐸等人對寶卷的界定，認為「寶卷是中國民間秘密宗教的專用經典，是從事中國民間秘密宗教研究必不可少的基本資料；寶卷又是流傳在中國下層社會的一種通俗文學，亦是從事中國民間俗文學研究不可或缺的珍貴史料。」其實，在此之前有學者亦發現了這一問題。例如向覺明（達）《明清之際的寶卷文學與白蓮教》即曾指出：「這類作品總自有其宗教上的目的，並不能視為文學的作品」，「倒是研究明清之際白蓮教一類秘密教門的一宗好資料」。魏建猷亦視寶卷為白蓮教的各種支派所用的經卷。他們將寶卷研究歸入民間宗教研究的體系中。

寶卷關涉說唱，並涉及到儀式音樂等。所以將寶卷視作

一種曲藝，也是寶卷研究的一個重點。上個世紀三四十年代即有杜穎陶《牡丹亭與<天仙聖母源流泰山寶卷>》（程硯秋主編《劇學月刊》4卷4期，1935年4月）、孫楷第《唐代俗講軌范與其本之體裁》之一《講唱經文》（《國學季刊》1937年第6卷第2號）等。但是這類關注不多。真正大盛是在上個世紀九十年代。鐘思第、薛藝兵等於1993年對河北省中部和京、津郊縣農村作「音樂會（民間音樂組織）」的寶卷情況進行專門考察，並發表了一系列論著，如張振濤的《冀中鄉村禮俗中的鼓吹樂社》，薛藝兵的《神聖的娛樂》、《河北易縣、淶水的<後土寶卷>》，（英）鐘斯第（STEPHNEJONES）《PluckingtheWinds——LivesofvillagemusicianinoldandnewChina》以及曹本冶、薛藝兵的《河北易縣、淶水兩地的後土崇拜與民間樂社》等。近年來河西寶卷研究很熱，王文仁、石芳《河西寶卷學科屬性之辯》（《黃鐘》，2011年1期：111-120）對學界關於河西寶卷是「敦煌俗文學」的學科屬性的界定提出質疑，認爲如此界定「明顯反映了對河西寶卷說唱形式和曲藝藝術的認識不足。」提出河西寶卷「應是植根於河西民間的說唱曲藝，是我國曲藝藝術的重要組成部分。」

除將寶卷歸於通俗文學、民間宗教、曲藝學學科外，尚有學者將寶卷視爲「宗教文學」，例如趙建新《論宗教文學在中國文化史上的作用和地位》認爲，寶卷與歷史上曾出現的「志怪」、「變文」、「佛道曲辭」、「說經」、「說參請」、「道情」、「釋道劇」等一類文化現象，其主流是用文學的樣式敷演宗教的內容，屬於「宗教文學」范疇，「是一定歷史條件下人們的一種『審美—宗教』活動，具有純粹的宗教和純粹的文學難以具備與替代的功用和地位。」

結合寶卷的實際情況，我們發現上述各種說法都不免「片面的深刻」。寶卷本身內容豐富，涉及到眾多學科，要避免以偏概全，不應以已有的某一學科涵蓋之。寶卷古已有之，寶卷研究則是從上個世紀初始興起，從搜集到著錄，從整理到研究，實際上形成了一門獨立的新學科。九十年代李世瑜先生

明確提出了「寶卷學」一詞。可謂宣佈了寶卷學的成立。其論文開篇確定了寶卷學研究的兩大特點，一是寶卷為中國民間秘密宗教的專用經典，二是寶卷又是一種通俗文學。車錫倫先生數十年來勤奮從事於寶卷研究，對寶卷學科的建立功莫大焉。到今天為止，他對於寶卷的界定，幾乎可以說是最符合實際、最為完善的。其《中國寶卷研究》第一編第一章「寶卷概論」稱：「簡單地說，寶卷是一種十分古老的，在宗教（主要是佛教和明清各民間教派）和民間信仰活動中，按照一定儀軌演唱的說唱文本。」在某意義上，這一界定凸顯了寶卷學作為獨立學科的特性。

綜述歷來的將寶卷研究，將其歸於寶卷學，無疑是最為合適的。但我們承認，寶卷學要成為一門獨立、成熟的人文學科，還需要學者的繼續努力。

其二，關於寶卷的淵源、形成及結構、分類。

關於寶卷的淵源形成說法，影響最大、占主流的是鄭振鐸之寶卷為「變文的嫡派子孫」說。《辭源》、《漢語大辭典》等皆解釋寶卷為講唱文學的一種，由唐代變文與宋代和尚的「說經」演變而成。現在的諸多文學史、宗教史、音樂曲藝史也多採用此說。當初寶卷研究的開拓者並未結合文獻深入細緻地對寶卷的淵源進行考察，這為後人進一步研究留下了空間。支持者，如段平「寶卷和變文的關係是直承的，而內容上還貫穿著一條宗教的線索。因此，我們可以把它排成這樣一個發展序列：佛經—俗講—變文—寶卷。」高國藩《論寶卷的產生及宋代起源說——兼論日本澤田瑞穗先生的觀點》（《中韓文化研究》第三輯，韓國大邱市，中文出版社，2000年）及《論民間宗教寶卷》（《固原師專學報》，1996年第2期），論及寶卷與文學的關係，認為寶卷受通俗小說、古代神話、古代傳說三方面的影響，採用民間文學中的歌謠形式，是由唐代變文沿襲形成的一種民間文學形式。謝生保則以河西寶卷為例，將其與敦煌變文作了詳盡比較，其《河西寶卷與敦煌變文的比較》

分四大部分「變文與寶卷的文體比較」、「依據寶卷音樂對變文音樂的探討」、「依據寶卷講唱儀式、方法對變文講唱儀式、方法的探討」、「變文與寶卷宗教思想的比較」依次展開，最終得出結論：「寶卷與變文相比較，雖有變異，但從文體形式，講唱方法、宗教思想上，基本上繼承了變文的衣缽，確爲變文的『嫡系兒孫』。」

　　持反對論者又基本形成三種意見。一是以李世瑜等人爲代表，其從明清秘密宗教活動及其信仰的特徵和發展出發論證，認爲寶卷源於明末秘密宗教。其《寶卷新研》說「鄭著中根據一段關於《香山寶卷》的傳說和《銷釋真空寶卷》、《目連寶卷》兩種鈔本的寫繪形式就斷定了寶卷可能起於『宋崇寧二年』，不然就是『宋或元』，再不然就是『元末明初』，這樣的說法是不可信的」。故斷定「無生老母的崇拜是起於明末，無生老母是秘密宗教的中心崇拜，寶卷是秘密宗教的經典，所以也是起於明末。」二是以車錫倫等人爲代表，車氏認爲可供考慮的最早的寶卷有三種：南宋宗鏡編述的《銷釋金剛科儀》，並未以「寶卷」爲名；元末明初抄本《目連救母出離地獄生天寶卷》，可以確認是最早以「寶卷」爲名的；近年發現的民間抄本古寶卷《佛門西游慈悲寶卷道場》。他據此展開分析，《中國寶卷的淵源》一文更正了前人的寶卷是「變文的嫡派子孫」、是「談經等的別名」的結論，指出佛教的俗講是中國寶卷的淵源，認爲「宋代，在佛教信徒的法會道場、結社念佛的活動中，孕育和產生了寶卷。寶卷繼承了佛教俗講的傳統，而同南宋時期勾欄瓦子中出現的說唱技藝『談經』」等無關。」三是以劉禎等人爲代表。上個世紀八十年代末發了現存於日本的元刊《佛說目連救母經》，它正出現於目連文化和俗文學發展的斷裂期，並且還與初始的《佛說盂蘭盆經》遙相呼應，因而引起了學者的巨大關注。劉禎便將其與《目連救母出離地獄升天寶卷》作了詳細比較，並分析了後者的產生過程。認爲，寶卷與變文雖然很相似，但是「寶卷不是變文的嫡派子孫」，得出結論：「《升天寶卷》的形成過程說明，寶卷是宗

教懺法、科儀與文學（韻文）結合、俗化而直接產生的。」

　　針對反對者的觀點，韓秉方在認定《香山寶卷》迄今傳世的第一部寶卷（北宋崇寧二年（1103）杭州天竺寺普明禪師所編撰）的基礎上，又對李氏與車氏的觀點逐一反駁，重申了鄭振鐸的觀點：「寶卷起源於變文」。

　　諸多的分歧與論爭，恰恰表明了寶卷學研究的活躍與興盛。從各家的立論可以看出，影響大家結論的主要是新文獻的發現。最早的寶卷學意義上的寶卷刊本若不能確定，那麼基於其上的觀點亦隨之動搖。

　　對於寶卷的內容與結構，諸位學者的看法幾乎都是一致的。如謝忠岳《談談寶卷研究》（《上海高校圖書情報學刊》，1994年3期）、車錫倫《中國寶卷文獻的幾個問題》（《文獻》1998年1期）、濮文起《寶卷學發凡》等，概而言之，都認為寶卷一般由下列五種組成形式：一、寶卷一般是上下兩卷，卷下分品，或分、選、際、參。二、寶卷每卷開頭一般都有開經偈、焚（舉）香贊，結尾有收經偈。三、白文，即說白部分，在每品韻文之前，或在變換形式之間。四、十言韻文，即吟誦部分。句法為三、三、四。五、詞調（曲牌），即歌唱部分，多數在每品之末，一般為兩闋或四闋，但也有個別的翻至十數闋。

　　對於寶卷的分類，鄭振鐸《中國俗文學史》將其分為「佛教的」和「非佛教的」兩大類。前者又分為「勸世經文」和「佛教的故事」兩種。後者則分「神道的故事」、「民間的故事」、「雜卷」三種。李世瑜結合寶卷與民間秘密宗教關係密切的特點，將寶卷分為「演述秘密宗教道理的」、「襲取佛道經文或故事以宣傳秘密宗教的」、「雜取民間故事傳說或戲文的」三大類，指出明清秘密宗教的寶卷主要是前兩類。此外，其《江浙諸省的宣卷》又將明清秘密宗教寶卷稱做「前期寶卷」，而自清同治、光緒年間始，以上海、杭州、蘇州、紹興、寧波等城市為中心出現的寶卷是「後期寶卷」。後期寶卷

分為五小類，即經咒式的；佛道故事的；勸懲故事和勸化文字的；戲曲和民間故事的；最後一類又包括：改編傳統劇碼或其他曲種；改編傳統民間故事；時事故事；小卷或文字遊戲；謝忠岳《談談寶卷研究》則認為寶卷可從兩方面分類：一是按教派分，每個教派都有自己的經卷。二是按寶卷的內容分，又析出兩類，即民間宗教和民間故事。前者又分五小類：講教義的；講教首發跡的；講修煉的；講道統的；以宣傳民間宗教為目的而講佛道經文故事的；後者則析出兩小類：講民間諸神；講民間故事的。段寶林《活着的寶卷》劃分要簡單得多，他認為寶卷有兩種，一是講述宗教故事的「聖卷」（又稱「正卷」），如《三茅寶卷》、《大聖寶卷》、《目連救母寶卷》、《土地寶卷》等；另一類則為「草卷」（又稱小卷），是由民間戲曲、評彈、傳說故事改編而來的，如《說嶽》、《楊家將》、《薛剛反唐》等。車錫倫結合寶卷發展的階段性提出了新的分類法。其《中國寶卷的發展、分類及其社會文化功能》以清康熙年間為界，將寶卷分為前後兩期，前期是「宗教寶卷」，後期主要是「民間寶卷」。前期宗教寶卷又分為兩個發展階段：明正德以前是「佛教世俗化寶卷」，分為「演釋佛經」和「講唱因緣」兩類；正德後是「民間宗教寶卷」，分為「宣講教義」和「講唱故事」兩類。後期的民間寶卷分為「勸世文」「祝禱儀式」「講唱故事」「小卷」四類；其中「講唱故事」類寶卷又分為「神道故事」「婦女修行故事」「民間傳說故事」「俗文學傳統故事」「時事故事」五類。又按照寶卷的內容和題材，又可將寶卷分為「文學寶卷」（包括各個時期講唱故事的寶卷及民間寶卷中的「小卷」和部分「祝禱儀式」寶卷）、「非文學寶卷」（包括宗教寶卷中「演釋佛經」「宣講教義」的寶卷和民間寶卷中的「勸世文」及部分「祝禱儀式」寶卷）兩大類。這種分類法比較全面地反映了中國寶卷發展的實際情況。其他人論述寶卷時，亦基本不出以上所分之類。可以看出，因為認識觀念與劃分依據不同，所分類別也不盡相同。若要獲得既不過簡，又避免繁瑣，涵蓋性與區別性兼具的分類法，還需我們立足於寶卷學，並作進一步的探

討。

其三，關於寶卷發展的歷史分期。

鄭振鐸認爲寶卷形成於元末明初。李世瑜則又在九十年代重申了寶卷產生於明正德時期的看法。車錫倫的觀點上文已述。他們之後，又有三種代表性看法。一是謝忠嶽，其《談談寶卷研究》、《現存中華寶卷的收藏分佈和研究》（《圖書館工作與研究》，1997年3期）將寶卷的發展分爲三個時期：宋元到明初是寶卷的產生時期；明正德到清乾嘉時期是寶卷發展的高峰時期，是古寶卷時期也稱教派寶卷時期；清道光以後是演唱文學——宣卷時期。二是濮文起，其《寶卷學發凡》側重論述民間宗教類寶卷的發展演變：元末明初，佛教僧侶以寶卷宣揚因果輪回，以弘揚佛法。同時在明朝，民間秘密宗教開始以寶卷宣揚教義。自明中葉始，寶卷真正成爲了民間秘密宗教經典的載體。清康熙年間，民間秘密宗教刊刻寶卷達於鼎盛期。約從清雍正年間起，持續到嘉慶年間，清政府加大了取締、鎮壓民間秘密宗教的力度，寶卷便成爲「邪說」、「妖書」的同義語，寶卷的編寫和刊行得以遏制。進入道光朝以後，民間秘密宗教爲了自身生存與發展的需要，一方面繼續在各教門內奉讀寶卷，另一方面又發明了一種名叫「壇訓」的經卷，內容均爲扶鸞通神降壇垂訓的乩語。清末至民國時期，宣卷及作爲宣卷腳本的寶卷，在江浙一帶頗爲流行，繼之傳到華北、西北等地，在民間影響巨大。三是韓秉方，他也分三個時段，但更爲具體：初創期——是從北宋崇寧二年（1103）到明正德四年。此時，因緣故事性和闡明宗教教義兩種類型寶卷均已初創完成。成熟期——則是從正德四年（1609）至清朝後期道光初年（十九世紀二十年代）。此階段，民間宗教教派經典類寶卷大量湧現。擴展期——即從清道光一直到1949年新中國成立。此階段，眾多教門的經典寶卷多數已創立完成。

其四，關於寶卷的功能、價值及意義。

寶卷內容豐富，涉及面廣，其作為一大宗民間文獻，是我們研究宋元以來中國宗教（特別是民間宗教）、社會生活、民間信仰、農民戰爭、俗文學、民間語文等多方面課題的重要資料寶庫。鄭振鐸對寶卷的文學價值給予了高度評價：「寶卷裡有許多是體制弘偉，情緒深摯的，雖然文辭不免粗率，其氣魄卻是雄健的，特別像《香山寶卷》、《劉香女寶卷》一類充滿了百折不回的堅貞的信仰與殉教的熱情的，在我們文學裡殊罕其匹。」「而像《土地寶卷》描寫大地和天空的爭鬥的，也是具有極大的弘偉的聲氣；恐怕要算是中國第一部的敍述天和地之間的衝突的事的。」他將寶卷等與周秦諸子、兩漢文章、唐詩、宋詞，一同作為研究物件，並認為中國的寶卷等俗文學作品，可視為中國的民間敍事詩，可以同印度、希臘的史詩、敍事詩相比並。李世瑜則認為寶卷通過秘密宗教，在社會中既「幫助統治者愚化了人民」，同時，「在農民起義中起了號召和組織的作用」。謝忠岳將寶卷的研究價值概括為三：一是對於民間演唱文學有較高的參考價值。二是寶卷是宣揚教義的工具。三是研究民間宗教的重要史料。張振濤《冀中鄉村禮俗中的鼓吹樂社》重點強調了寶卷的音樂價值，提出「寶卷不但是瞭解民間樂社信仰體系的文本，而且為鼓吹樂的原始表演方式提供了活的樣本」的觀點。陸永峰《論寶卷的勸善功能》（《世界宗教研究》2011年3期）認為在滿足民眾宗教、娛樂需求的同時，寶卷也對民眾有着突出的勸化作用，在很大程度上儼然成為民間的道德教科書。而車錫倫《信仰·教化·娛樂——中國寶卷研究及其他》從寶卷實際出發，總結前人觀點，將寶卷的功能與作用概括為「信仰，教化，娛樂」，言簡意賅，最為精闢。

二、寶卷文獻的搜集與整理

寶卷研究者對研究之初就非常重視寶卷文獻的搜集與整理，並做了多方面的工作，到今天為止，其成就是巨大的，很

好的保障了相關研究的開展。具體而言，又分以下幾個方面。

（一）著錄與編目

繼顧頡剛、鄭振鐸諸人之後，上個世紀三、四十年代國內許多學者注意搜集寶卷，如傅惜華、杜穎陶、馬愚卿（廉）、趙景深、惲楚材等，使得一大批珍本寶卷保存在國內。傅惜華編出第一部寶卷綜合目錄《寶卷總錄》（北京：巴黎大學北京漢學研究所，1951年版），共收寶卷246種，對已發現的寶卷及時做了總結。胡士瑩出版《彈詞寶卷目》（上海：古典文學出版社，1957年版）收寶卷200餘種。此外尚有《寶卷續錄》（1964年）、《寶卷續志》（1947年）、《訪卷偶識》（1947年）。李世瑜《寶卷總錄》（上海：中華書局，1960年版）共收國內公私收藏寶卷618種、版本1487種，用表格的形式分別著錄每種寶卷的「卷名」「冊數（卷數）」「年代」「收藏者」「曾著錄篇籍」「備考」等項內容，對「同卷異名」的寶卷也做了整理歸納，書前有長篇「序例」，介紹了寶卷的發展、前人整理研究寶卷的文獻、寶卷的流通及本書的編例等。它著錄的寶卷遠遠超過前人所編的寶卷目錄，成為此後涉及寶卷研究者必備的工具書。

近年來，各地大型圖書館，對寶卷清點與搜集越來越重視。天津圖書館在館藏舊資料中發現整理了大批寶卷，計103種，其中古寶卷64種。這些寶卷包括了明代主要民間宗教各教派寶卷。其中孤本很多。謝忠岳編輯有《天津圖書館館藏善本寶卷目錄》。北京圖書館藏寶卷270餘種，其中包括鄭振鐸藏明清寶卷91種。程有慶、林萱編輯有《北京圖書館館藏寶卷目錄》。北京大學圖書館共藏寶卷186種。李鼎霞、楊寶玉編輯有《北京大學圖書館館藏寶卷簡目》。上海圖書館藏寶卷360餘種，主要是清末民初的演唱文學寶卷。中國社會科學院世界宗教研究所藏寶卷100餘種。另外如中國社科院文學研究所、首都圖書館、復旦大學圖書館、東北師範大學圖書館、北京師範大學圖書館、南開大學圖書館、河北大學圖書館、中國戲曲

研究院等單位也藏有大量的寶卷。2000年，北京燕山出版社重版車錫倫編輯的《中國寶卷總目》，這是目前收入寶卷最多的類書目錄，共收入國內外公私收藏寶卷1585種、版本5000餘種。

但近年來又有不少新發現。王昊《<中國寶卷總目>補遺》（《文獻》2002年4期）在《中國寶卷總目》基礎上增補30種。李國慶《新見明末還源教全套寶卷「六部六冊」敘錄》——附<三教聖像泥金手繪圖冊>》（《世界宗教研究》2005年4期），這是至今所知僅存的一套完整的明末還源教經典作品。濮文起陸續發表《<如意寶卷>解析——清代天地門教經卷的重要發現》（《文史哲》，2006年1期）、《<董祖立道根源（支排記）>解讀———一部記載天地門教組織源流的經卷》（《浙江社會科學》，2008年9期）、《<天地寶卷>探頤———清代天地門教經卷的又一重要發現》（《貴州大學學報》，2008年6期）、《<杓峪問答>探析———清代天地門教經卷的又一重要發現》（《南開學報》，2009年2期）、《<聖意叩首之數>鉤玄———清代天地門教經卷的又一重要發現》（《世界宗教研究》，2009年3期），等。孔慶茂《新發現明末長生教寶卷考》（《學海》，2008年5期）。關瑾華《粵板寶卷與粵地善書坊初探》（《圖書館論壇》，2010年6期）則介紹了新發現的廣東省立中山圖書館藏的7部9種粵板寶卷。車先生自己在張家港港口鎮調查時也新發現寶卷152種，是為《江蘇常熟地區的「做會講經」和寶卷簡目》（《河南教育學院學報》2009年6期），此外，尚有《山西介休「念卷」和寶卷》（《民俗研究》，2003年4期）發現民間教派寶卷3種。《新發現的清初南無教<泰山聖母苦海寶卷>》（《河南教育學院學報》，2009年1期）、《<佛說王忠慶大失散手巾寶卷>漫錄》（《韶關學院學報》，2007年4期）等等。河西寶卷的整理工作近年來進展也很突出，王文仁《河西寶卷總目調查》（《絲綢之路》2010年12期）稱：「截止2010年3月，調查搜集的寶卷有361個版本，凡150種，其中有63種為《中國寶卷總

目》所沒有。」

　　大型編目的形成，離不開諸學者不斷的關注、發掘與零散敘錄的積累。自上個世紀初開拓者寶卷著錄始，到今天為止，這項工作仍在持續中。如1957年張頷《山西民間流傳的寶卷抄本》（《火花》，1957年3期）介紹介休地區手抄本寶卷31種。車錫倫先生《寶卷敘錄》系列論文分別發表於《東南文化》（1985年1期）、《揚州大學學報》（1987年3期、1988年1期）、《揚州大學學報》。又有《民間宗教的兩種寶卷》（《蘭州學刊》，1995年5期）與《新發現的江浙民間抄本<古今寶卷彙編>》（《藝術百家》，1995年3期）周紹良《記明代新興宗教的幾本寶卷》《中國文化》，1990年3期）、謝忠岳《寶卷考錄兩種》（《圖書館工作與研究》1998年2期）、桑毓喜《蘇州宣卷考略》（《藝術百家》，1992年3期）等。

　　私人藏寶卷的也不少，如傅惜華就藏有寶卷134種。吳曉鈴、周紹良、路工、車錫倫、李世瑜、李正中等專家、學者也藏有寶卷，而且很多是孤本，珍本。

（二）考辨與彙編

　　寶卷文獻本身存有托古作偽、不署著者、作者失考、錯訛頗多以及版本紛雜等現象，進行相關研究時，必須加於鑒別和考辨。此類研究有車錫倫《<破邪詳辯>所載明清民間宗教寶卷的存佚》（《世界宗教研究》1996年3期）、濮文起《三教應劫總觀通書》再探——兼與李世瑜先生商榷》（《求索》，2007年4期）等等。

　　在搜集、考辨、敘錄、編目的基礎上，寶卷的彙編工作取得了不小的進展。張希舜等主編《寶卷初集》，由1994年太原山西人民出版社出版，凡40冊，186部。遺憾的是這部書，再沒能出續集。2006年黃山書社出版周燮潘主編的《新編中國宗教歷史文獻集成》這是國內第一部彙集國內存在的各主要宗教的歷史文獻的大型影印古籍叢書，全書共180冊。其中《民

間寶卷》編，輯寶卷20冊。近年來河西寶卷的整理出版，很引人矚目。如郭儀、譚蟬雪等編《酒泉寶卷（上編）》收寶卷8種（蘭州：蘭州大學出版社，1992年版）、方步和編著《河西寶卷真本（校注研究）》（收寶卷10種。蘭州：蘭州大學出版社，1992年版）。此外，還有王奎、李學輝《涼洲寶卷》（武威：武威天梯山石窟管理處編印，2007年版）武威作家協會《涼州寶卷》（《涼州文學》增刊，武威：武威天石彩印公司，2007年版）、何登煥《永昌寶卷》（永昌：永昌縣文化局印，2003年版）李中鋒、王學斌《民樂寶卷》（張掖：民樂縣文化文物出版局，2009年版）、張旭《山丹寶卷》（蘭州：甘肅文化出版社，2007年版）、徐永成《金張掖民間寶卷》三冊（蘭州：甘肅文化出版社，2007年版）宋進林、唐國增《甘州寶卷》（香港：中國書畫出版社，2009年版）；程耀祿、韓起祥《臨澤寶卷》（臨澤：臨澤縣華光印刷包裝有限責任公司印刷，2006年版）酒泉市文化館《酒泉寶卷》（酒泉：酒泉市印刷廠，2001年版），等等。此外還有，中共張家港市委宣傳部、張家港市文學藝術界聯合會、張家港市文化廣播電視管理局編《中國‧河陽寶卷集》（上海市：上海文化出版社，2007年版）、李淼編著《觀音菩薩寶卷》（長春市：吉林人民出版社，1995年版）、夏林梁主編《中國靖江寶卷》（南京市：江蘇文藝出版社，2007年版）、包立本、韋中權《影印<常州寶卷>》（溫州：珠海出版社，2010年版）

讓人無奈的是，大陸許多寶卷只能在臺灣出版。如段平整理、編纂的《河西寶卷選》、《河西寶卷選續編》、《河西寶卷續選》、林立人整理、編纂的《五部六冊經卷》等。

（三）列為「非物質文化遺產」

近年來，在寶卷搜集、整理方面出現了新動向。也即寶卷作為古老的「民間文學」或「民間曲藝」，越來越受到關注，並被列為政府「非物質文化遺產」。把寶卷和宣卷列為非物質文化遺產，尤其強調了其文學性和說唱表演藝術性，重在保存

寶卷的民間信仰、語言形式以及藝術形式。在第一、二批公佈的國家級「非物質文化遺產名錄」和「副檔名錄」中，甘肅的「河西寶卷」和江蘇的「靖江寶卷」列入「民間文學」類，浙江的「紹興宣卷」列入「民間曲藝」類。各省級的「非物質文化遺產名錄」中，也列入了一些地區的寶卷。

相對於其他省市，靖江市對靖江寶卷的宣傳與保護工作較爲重視。《民族藝術》2007年第三期曾發表一系列關於保護靖江寶卷的文章。王廷信《靖江寶卷的非物質文化遺產價值——以<三茅寶卷>爲例》、段寶林《靖江講經寶卷的傳承與保護研究》、陶思炎《靖江寶卷的文化價值與保護方略》、高小康《靖江寶卷與非物質文化遺產的空間轉換》、廖明君《靖江寶卷與非物質文化遺產保護》等，此外還有孔慶茂《論非物質文化遺產的文本保護——以靖江寶卷爲例》（《尋根》，2009年6期）、宣靖《民間藝術的「活化石」——靖江寶卷》（《神州》，2007年12期）等。

三、多元化的研究視角

寶卷研究之初，人們多從俗文學、曲藝文學、民間文學的視角，進行觀照。直到五十年代，許多學者將寶卷置於民間宗教研究體系中。近二十年來，寶卷研究更是趨於多元化，或是分別從文學藝術、曲藝音樂、民俗學、民間宗教、女性主義、人類學、歷史學等角度，或是從綜合角度加於觀照，呈現出了研究的多樣性。隨着研究的開拓與深入，很難用現有的某一學科來涵蓋這些內容，學者在自覺與不自覺中逐漸建構起一門新的學科——寶卷學。

（一）文學藝術視角

將寶卷視作文學藝術（包括俗文學、民間文學、曲藝文學、說唱文學及宗教文學等）而加於研究肇始於鄭振鐸，這也是一直以來寶卷文本研究的主流。段平《論「寶卷」的宗教色彩和藝術特徵》（《蘭州大學學報》，1985年3期）、《用河

西寶卷透視當前的俗文學》（蘭州大學中文系民族民間文學研究室，1986年油印稿）認爲寶卷屬於通俗文學，是說唱文學的一支，與民間文學有着千絲萬縷的聯繫，文章主要探討了「寶卷」的宗教色彩和藝術特徵。方梅《江浙寶卷中神鬼信仰體系及其內涵淺探》《東南文化》，1993年3期）認爲，寶卷是一種集教化、信仰和娛樂爲一體的特殊的民間講唱文學樣式，並依據職能將江浙一帶寶卷中的神明分爲天庭神、人間神、地獄神及其它等類。李豫、李雪梅《<趙二姑寶卷>與清代山西叩閽大案山西檔案》2003年3期）則是將流傳在民間的說唱文學《趙二姑寶卷》與清道光年間轟動的全國發生在山西榆次的趙二姑案件與結合起來分析。雷逢春、孔占芳《<白鸚哥弔孝>創作管窺》（《青海師範大學民族師範學院學報》，2009年1期）分析了作爲西寧賢孝中最精彩的曲目之一《白鸚哥弔孝》的在思想、藝術方面有獨到的成就。李武蓮《涼州寶卷淵源及其藝術特色》（《絲綢之路》，2009年10期）認爲，涼州寶卷作爲民間說唱曲藝，內容多以宣揚佛教故事，反映譴責忤逆、規勸孝道、隱惡揚善等爲人處世、立言立德標準爲主要題材，具有故事情節曲折離奇、形式靈活多樣、語言樸素生動、內容題材廣泛等特點。王文仁又把河西寶卷作爲曲藝文學，其《河西寶卷的內容分類及結構特點》（《歌海》，2010年4期）將其內容分爲社會生活、人物傳奇、神話傳說、寓言童話和佛教等。形式則是由開頭、過渡、散說、韻文和結尾組成。同樣，申娟也把寶卷當作一種流行於民間的說唱藝術，其《酒泉寶卷藝術價值初探》（《廣播歌選》，2010年9期）重點分析了酒泉寶卷的藝術特徵，並揭示出其豐厚的藝術價值。

（二）民間信仰與宗教視角

寶卷中記載了民間信仰及宗教的歷史、教義、傳承、儀式、修持方法等。結合民間信仰與宗教，對寶卷進行研究，是繼文學視角之後的一大潮流，也是寶卷研究的一個重鎮。1934年向達首先發現了寶卷的宗教性質，並發表了《明清之際之

寶卷與白蓮教》（《唐代長安與西域文明》，三聯書店1957年版，第600頁）論述了白蓮教的根源、流派、及明、清間的寶卷體例。直至李世瑜先生將這項研究推向高潮。在《銷釋大乘寶卷》、《銷釋圓通寶卷》、《銷釋顯性寶卷》、《銷釋圓覺寶卷》、《銷釋收圓寶卷》等西大乘教經卷基礎上，李世瑜撰寫《順天保明寺考》（《北京史苑》，北京出版社，1985年3輯）介紹了西大乘教的宗教思想；韓秉方《羅教「五部六冊」寶卷的思想研究》《世界宗教研究》，1986年4期）、徐小躍撰《羅教・佛教・禪學：羅教與<五部六冊>揭秘》（南京：江蘇人民出版社，1999年版）、閔麗《羅教五部經卷的基本教理探析》《宗教學研究》，2001年2期）等論著，分別闡釋了無爲教的宗教思想。利用《佛說利生了義寶卷》、《普明如來無爲了義寶卷》等黃天道經卷，馬西沙撰《黃天道源流考》（《世界宗教研究》1985年2期）、喻松青撰《明代黃天道新探》（《明清白蓮教研究》，成都：四川人民出版社，1987年版）論述了黃天道的宗教思想。韓秉方、宋軍利用《弘陽苦功悟道卷》、《弘陽歎世經》、《弘陽悟道明心經》、《混元弘陽臨凡飄高經》等弘陽教經卷，相繼撰寫《紅陽教考》（《世界宗教研究》，1985年4期）、《清代弘陽教研究》（北京：社會科學文獻出版社，2002年版）講述了弘陽教的宗教思想。馬光星《略論方四姐寶卷》（《青海民族學院學報》，1990年2期）分析了《方四姐寶卷》中複雜的宗教因素。馬西沙《寶卷與道教的煉養思想》（《世界宗教研究》，1994年3期）認爲道教最根本特點是把深奧的哲理與煉養的實踐活動融爲一休，並指出明清時代民間宗教的寶卷深受這種特點的影響，逐漸成爲道教影響下層民眾的仲介物之一。此外，還分析了道教與民間宗教在煉養思想上的異同。濮文起《<家譜寶卷>表徵》（《世界宗教研究》，1996年3期）對《家譜寶卷》不同版本、所屬教派、問世年代以及形式與內容，作了較爲全面系統的考證與論述，並揭示了該部寶卷在中國民間秘密宗教發展史中繼往開來的歷史地位，和對封建社會下層民眾信仰世界與世俗鬥爭的深遠影響。其《<定劫寶卷>管窺》（《世界宗教

研究》，1998年1期）考證出《定劫寶卷》是《家譜寶卷》的姊妹篇，亦為中國民間秘密宗教經卷中的稀世珍本，並對該部寶卷的所屬教派、問世年代以及濫觴於《家譜寶卷》、定型於該部寶卷的民間秘密宗教讖緯思想體系，作了較為縝密的考證與論述，同時昭示了該部寶卷對清代民間秘密宗教及其反清鬥爭巨大而深遠的影響。韓秉方《觀世音信仰與妙善的傳說——兼及我國最早一部寶卷<香山寶卷>的誕生》（《世界宗教研究》，2004年2期）運用大量的文獻史料和碑刻，闡明了傳入中土的佛教觀世音菩薩，是如何在中國人的信仰心理影響下，由原本生於印度的男身菩薩，逐漸演變成在河南汝州香山寺出家的妙善三公主所修化，從而實現了觀世音中國化的過程。吳光正《何仙姑寶卷的宗教內涵宗》（《宗教學研究》，2004年1期）考察得，何仙姑寶卷是明清時期民間宗教的宣傳品，系統地宣揚了民間宗教關於收元、敦倫、魔考、煉丹的理論知識。周凱燕《<太郡寶卷>和五通神信仰的變遷》（《常熟理工學院學報》，2009年3期）考訂《太郡寶卷》編成於清末民國時期，並確定了在「五通神」轉化為「本堂」神的歷史過程中起到了去邪返正、重塑信仰的聯結作用。清同治年間，浙江金華人潘三多創立的「覺性正宗派」，是江南無為教發展後期的重要教派。劉正平《<問答寶卷>解析——江南無為教覺性正宗派的傳世經卷》（《世界宗教研究》，2008年4期）通過《問答寶卷》，梳理了掘覺性正宗派歷史，揭示了潘氏宗教思想，這推進江南無為教歷史研究具有重要意義。此外，還有王歡《中國民間的財神信仰與財神寶卷研究》（車錫倫指導，揚州大學碩士論文，2010年）等。

（三）跨學科視角

寶卷自身內容豐富，涉及到了眾多學科，同時，跨學科研究在今天越來越被人們所接受。在這種學術背景下，將寶卷與其他學科作比較、交叉的研究開始興起，並取得了不菲的成績。高啟安：《<四姐寶卷>與<方四娘>》（《青海社會科

學》，1988年1期）將流傳在青海西寧及東部農業區的民間說唱文學作品《方四娘》與散夥在甘肅河西地區的抄本《四姐寶卷》加以比較，認爲二者之間有一定的淵源關係。虞卓婭《<雷峰塔>傳奇與<雷峰寶卷>》（《浙江海洋學院學報》，1999年4期）將作爲宗教文學和民間文學的《雷峰寶卷》與文人作品方成培《雷峰塔》傳奇的比較，展示出不同的思想文化因素如何造就着不同的審美價值。朱恒夫《<竇娥寶卷>與北雜劇<竇娥冤>》（《戲曲研究》第63輯）經過比較，認爲《竇娥寶卷》比起北雜劇《竇娥冤》，在內容上有較大的差異，它降低了原作的思想性，消磨了批判社會的鋒芒，並使得竇娥的形象，幾無美感可言。郭淑雲《敦煌<百鳥名><全相鸚哥行孝義傳>與<鸚哥寶卷>的互文本性初探》（《敦煌研究》，2002年5期）以敦煌詞文《百鳥名》、說唱詞話《全相鸚哥行孝義傳》與《鸚哥寶卷》爲例，探討了中國說唱文學作品中的交叉與層疊式的互文本性關係。陳泳超《故事演述與寶卷敍事——以陸瑞英演述的故事與當地寶卷爲例》（《蘇州大學學報》，2011年2期）將陸瑞英演述的民間故事與白茆當地流傳的寶卷文本進行對照研究。吳清《敦煌<五更轉>與河西寶卷<哭五更>之關係研究》，《青海民族大學學報》2011年2期）將敦煌寫卷中的歌辭《五更轉》與河西寶卷中的《哭五更》進行比較，分析了二者的源流關係，並對其形式和表現主題的異同提出了一些看法。此外，還有車錫倫《寶卷中的俗曲及其與聊齋俚曲的比較》（《蒲松齡研究・紀念專號》2001年1期）、謝生保《河西寶卷與敦煌變文的比較》（《敦煌研究》，1987年4期）、李麗丹《源同形異說差別：漢川善書與寶卷之比較》（《湖北民族學院學報》，2006年6期）等。

　　中國傳統小說體現着古人豐富的民間信仰與宗教思想，有的文本中甚至直接提到了寶卷，許多學者於是依據這個特點，以小說爲切入點展開寶卷研究。就《金瓶梅詞話》而言，蔡國梁著有《寶卷在<金瓶梅>中》（《河北大學學報》，1981年1期），此外，楊子華《<金瓶梅>所描寫的佛教文藝———宣

卷》（《鄖陽師範高等專科學校學報》，2006年2期）以文中頻繁描寫薛、王兩姑子宣講寶卷的情節爲據，證明了明末說唱宣卷文藝的興盛。董再琴、李豫《<金瓶梅詞話>中尼姑宣卷活動本事來源地考索》（《北京化工大學學報》，2008年4期）認爲《金瓶梅詞話》中有很多描述尼姑宣卷活動的情形，在山西介休一地實際存在着。論文將這一書一地的特殊性聯繫起來做對比研究，由此認定山西介休當是《金瓶梅詞話》中尼姑宣卷本事來源地。對於《西遊記》，劉蔭柏曾寫有《<西遊記>與元明清寶卷》（《文獻》，1987年4期），之後，陳宏《二郎寶卷>與小說<西遊記>關係考》（《甘肅社會科學》，2004年2期）認爲《二郎寶卷》晚於萬曆二十年出版的百回本《西遊記》，但並非是小說《西遊記》影響的產物。胡小偉《從〈至元辯僞錄〉到〈西遊記〉》（《河南大學學報》，2004年1期）、《藏傳密宗與〈西遊記〉》（《淮陰師院學報》，2005年4期）、苗懷明《兩套西遊故事的扭結》（第2006屆《西遊記》文化國際學術研討會《〈西遊記〉研究學術論文集》，淮海工學院學術期刊社編輯）、萬晴川《〈西遊記〉與民間秘密宗教寶卷》（同上《論文集》）、《西遊故事在明清秘密宗教中的解讀》（《淮陰師院學報》，2006年3期）王學均《第2006屆<西遊記>文化國際學術研討會學術研討綜述》，《淮海工學院學報》（社科版）2006年4期）、蔡鐵鷹《論宋元以來民間宗教對《西遊記》的影響》（《民族文學研究》，2008年2期）經考察，認爲宋元以來的民間宗教，對《西遊記》的取經故事形成過三次重大影響，直接導致了取經故事由西域的宗教宣傳品向民間娛樂形式的過渡。

孫小霞的碩士學位論文《酒泉寶卷與話本小說的文體共性初探》（胡穎指導，蘭州大學，2010年）討論了酒泉寶卷與話本小說的關係。賽瑞琪《文學敍事在民間信仰語境中的生成、變異與展演形態——以蘆墟劉王廟會爲個案》（鄭土有指導，復旦大學碩士論文，2009年）則通過對蘆墟劉王廟會的民俗學田野考察，將與之相關的文學敍事進行展演的情境分析和靜態

的文本解剖，探討民間神靈信仰與文學敘事關係，闡釋地方性神靈信仰敘事系統中文學敘事的生成、變異過程，及其在祭祀儀式上的展演形態。

（四）音樂學視角

從音樂學的角度來看，寶卷既屬於宗教音樂，又屬於儀式音樂與說唱音樂。從20世紀50年代開始，人們對寶卷中音樂形態給予關注。蘇南文聯組織文藝工作者對江蘇南部地區的民間歌謠和民間音樂進行了普查，並出版了《江蘇南部民間戲曲說唱音樂集》（北京：音樂出版社，1955年版）其「宣卷曲調介紹」一節，詳盡地介紹了江蘇一帶寶卷宣卷的基本曲調;宣卷曲調的特點以及宣卷與戲曲音樂、民間小調的關係，並在書的後面附有蘇南地區宣卷曲調45種，為研究蘇南地區的寶卷音樂提供了豐富的資料。中國音樂協會1979年制定《關於收集整理民族民間音樂遺產計畫》，將宣卷納入整理對象。《中國曲藝音樂集成·江蘇卷》收集宣卷音樂35首。《中國曲藝音樂集成·上海卷》收29首。1993年，鐘思第、薛藝兵等在河北省中部和京津郊縣農村作「音樂會（民間音樂組織）」考察，並對所發現的寶卷的音樂做了細緻研究。此外，單篇論文有金天麟、唐碧（車錫倫）《浙江嘉善的宣卷和贊神歌》（《曲苑》，揚州，第二輯，1986年5月）、喬鳳歧《蘇州宣卷和它的儀式歌》（《中國民間文化》，1994年3）、車錫倫、侯豔珠《江蘇靖江農村做會講靖的「醮殿」儀式》（《民俗研究》，1999年2月）等。

進入21世紀，寶卷音樂形態的研究，成為一大亮點。如薛藝兵《河北易縣、淶水的<後土寶卷>》（《音樂藝術》，2000年2期）對河北易縣、淶水縣一帶民間樂社中保存的《後土寶卷》的文本結構、音樂結構的分析和對其與民間秘密宗教寶卷的關係、曲目源流等問題的進行考證。王文仁、柴森林《河西寶卷的分類、結構及基本曲調的初步考察》（《星海音樂學院學報》，2009年1月）以河西寶卷中的曲子為物件，從內容

分類、結構功能及其曲調特點等方面加以闡述。楊永兵《山西河東<楊氏寶卷>音樂初探》（《黃河之聲》，2009年12期）對《楊氏寶卷》的唱腔、樂器、伴奏及班社進行研究。史琳集中探討江南宣卷的曲藝音樂，發表了一系列論文：《蘇州勝浦宣卷研究》（《蘇州大學學報》，2010年4期）、《論江南宣卷的音樂文化淵源》（《常熟理工學院學報》，2010年3期）、《江蘇太湖宣卷的文化淵源和藝術特徵》（《中國音樂》，2010年1期）。馬韻斐主要對靖江寶卷的音樂儀式進行解讀，其《象外之象：靖江做會講經儀式之二元解讀》（《藝術百家》，2010年8期）描述了江蘇靖江做會講經的儀式音樂所具有的程式及程式之外的活變雙重特性，並對程式內外二元結構多重關係進行剖析。《靖江做會講經儀式中觀念之解讀——以一次梓潼寶卷儀式爲例》（《藝術百家》2011年1期）通過對靖江做會講經儀式的調查，洞察其個性形成背後的意識層面，深描儀式隱含的多重觀念，剖析不同觀念即決定型觀念與關聯式觀念對於儀式本身的不同意義和功用。此外，還有錢鐵民《江蘇無錫宣卷儀式音樂研究》收錄於曹本冶主編《中國民間儀式音樂研究·華南卷》（上海：上海音樂學院出版社，2005年版，第279－441頁）程海豔《寶卷音樂美學思想探微——以<臨澤寶卷>爲例》（《音樂天地》，2007年2期）、傅暮蓉《論寶卷及其演變》（伊鴻書指導，中央音樂學院碩士論文，2004年6月）、王延泓《南北高洛寶卷研究》（崔憲指導，中國藝術研究院碩士論文，2006年6月）、宋博媛《燕趙多慷慨，笙管奏華章——高洛「音樂會」、「南樂會」的調查研究》（齊易指導，河北大學碩士論文，2006）、郇芳《河西寶卷音樂歷史形態與現狀》（楊滿年指導，西北師範大學碩士論文，2009年12月）等。

（五）女性主義視角

隨着女性主義思潮的興起，許多學者開始關注寶卷中的女性，包括女人與女性神，此類研究方興未艾。濮文起《女性

價值的張揚——明清時期民間宗教中的婦女》（《理論與現代化》，2006年5期）較早對寶卷中的婦女記載進行關注。他認為，民間宗教寶卷反映出來對女性的關注與同情，乃至極力讚美謳歌。成千上萬的勞動婦女掙脫封建禮教枷鎖，勇敢地融入社會生活的洪流之中，與男性一起從事宗教活動與反抗鬥爭，構成了一道封建時代女性企羨通過信仰途徑訴求人身解放和思想解放的獨特景觀。許允貞《父權世界中的女性宗教——以《觀世音菩薩本行經》爲中心》（《河南教育學院學報》，2009年1月）站在女性主義的立場上探討了《觀世音菩薩本行經》的文本。丘慧瑩《民間想像的西王母——以世俗寶卷中的王母爲例》（《河南教育學院學報》，2010年1期），經分析得出：世俗寶卷中的王母不僅職能上仙味盡失，性格上也越來接近凡間俗婦，可以說是一位以民間的想像建構出的王母形象。李豫等撰著《山西介休寶卷說唱文學調查報告》（北京：社會科學文獻出版社出版，2010年版）揭示了一個晉商研究的重要問題，即家眷問題。並就晉商家眷文化群體和尼庵文化群體之產生互動的原因及其目的進行了探討，這對明清晉商婦女方面的研究將會產生積極的影響。

（六）其他視角

除以上視角外，尚有不少人還嘗試以其他角度來研究寶卷，這一方面豐富了寶卷學的研究，同時也爲我們提供了盡可能多的研究思路。如結合人類學理論來分析寶卷文本，劉永紅《二元對立與狂歡——河西寶卷中的女性人類學解讀》（《師範大學民族師範學院學報》，2011年1期）即是運用人類學的理論，對河西寶卷中二元對立的人物形象和狂歡性特點做瞭解構。尹虎彬《河北民間表演寶卷與儀式語境研究》（《民族文學研究》，2004年3期）從神話敘事角度分析，認爲後土寶卷已成爲人們民間意識形態的一部分。

（七）自覺的寶卷學視角

寶卷屬於歷史存在，學者通過整理、研究，試圖對其加於把握，這就逐漸形成了寶卷學。很多人做了大量的屬於寶卷學體系的工作，但他們不一定是出於自覺的寶卷學研究。隨着研究的深入，有學者開始有意識以寶卷學爲本位，將其作爲一個獨立的學科展開整體上研究。這種自覺體現在三個方面：一是不斷地建構寶卷學的理論，本文第一部分已有論述。二是不斷回顧、反省一直以來的寶卷研究，指出其學術趨勢，並針對所存在的問題提出對策。三是儘管廣泛吸取、借鑒其他學科有效的理論或方法，但是研究中始終堅持立足於寶卷學本位，而不是將它作爲其他學科的附屬。

對於第二點，在李世瑜先生提出「寶卷學」一詞之後，許多學者開始對以往的寶卷研究加於回顧與梳理。謝忠岳《寶卷漫談》（《圖書館工作與研究》，1989年4期）專門談了寶卷的淵源與形成和寶卷的稱謂、形式和內容、結構以及寶卷的發展演變。其《現存中華寶卷的收藏分佈和研究》（《圖書館工作與研究》，1997年3期）對現存中華寶卷的收藏與分佈進行了統計與分析，並歸納了以往寶卷研究的狀況。濮文起《寶卷學發凡》與《民間宗教經卷的搜集、整理與研究》（《貴州大學學報》，2011年1期）一則宣佈了寶卷學的成立，一則梳理了自1920年代以來中國民間宗教經卷的搜集、整理與研究歷程，並對當前的研究狀況提出建議。其《寶卷研究的歷史價值與現代啓示》（《中國文化研究》，2000年4期）則再次指出寶卷研究是20世紀20年代出現的一種新興學科。論文在前人研究的基礎上，旨在揭示寶卷研究對於洞悉中國古代社會、特別是明清時代下層民眾的道德情操、倫理信念、求索取向與理想境界所具有的重要歷史價值。同時闡釋寶卷作爲民間宗教思想與民間通俗文學載體在現代社會的流傳與影響，從而發掘寶卷所蘊藏的倫理傳統與靈性資源，爲全球的倫理建設與人類幸福服務。車錫倫先生也在自覺梳理寶卷學研究史，其《現代中國寶卷研究的開拓者》（《固原師專學報》，1997年4期）詳細

地梳理了上個世紀五十年代以前中國學者對寶卷的研究。而《中國寶卷研究的世紀回顧》（《東南大學學報》，2001年3期）則本文回顧了上個世紀中國寶卷研究的情況，並指出三大研究中心：一是對寶卷的淵源、形成、分類和發展過程的一般研究外。二是作爲俗文學（民間文學）的寶卷研究。三是作爲民俗文藝的寶卷研究。

　　近年來出現了不少以寶卷學爲本位的研究。車錫倫的《中國寶卷研究》（桂林：廣西師範大學出版社，2009年版）堪爲代表。此外，且以研究物件的演變時間爲軸將其他論著依次羅列如下：車錫倫《最早以「寶卷」命名的寶卷———談<目連救母出離地獄生天寶卷>》（《寧夏師範學院學報》2007第2期）推斷最早以「寶卷」命名《目連救母出離地獄生天寶卷》可能產生於金元之間。內容是目連救母的故事。形式上，除結卷部分外，其結構由許多基本相似的散文加韻文組成的演唱段構成，是在祭祀祖先、追念亡靈的活動中演唱的。本寶卷的故事情節及某些細節描述繼承了變文和緣起文，但在形式上與變文和緣起文有明顯差別。李豫《元代的寶卷》（《殷都學刊》，2002年4期）元代寶卷與唐宋俗講、變文及明清寶卷的關係，從講唱形式、語言文字句式方面進行了探討，旨在闡明元代寶卷在整個寶卷文學發展史上所處的承前啓後的重要地位。增加通俗性、民眾性、生動性、音樂性、內容豐富性，是元代寶卷對傳統變文的發展。明代的寶卷則繼承了元代寶卷的形式、內容、傳統並不斷變化，使得明清時期寶卷這種講唱文學發展到了頂峰。明清大量刻本的出現，標誌着寶卷傳播層次進一步向廣泛化、通俗化發展，從帝王到百姓，從寺院到家庭，均成爲其宣講的場所。雖寶卷也曾作爲秘密宗教宣教的工具，但那只是其末流細節。它運載民眾的情感與價值觀念，才是其真正的主流。車錫倫《明代的佛教寶卷》（《民俗研究》，2005年1期）指出明代的佛教寶卷，主要指明正德以前（約西元1500年前）產生和流傳於民間的佛教信徒中的寶卷，其中有些可能產生於宋元時期。《明清民間宗教與甘肅的念

卷和寶卷》《敦煌研究》1999（4）及《明末、清及近現代北方的民間念卷和寶卷》（《文化遺產》創刊號，2007年1期）稱，明代後期，寶卷已隨着民間宗教傳人甘肅地區。編刊於張掖地區的《救封平天仙姑宣卷》說明清康熙末年河西地區存在宜卷和寶卷，它們的傳播方式和演唱形式與內地的宜卷和寶卷相同。河西寶卷的來源，和敦煌變文並無直接關係，在演唱形式和儀式特徵上，更近於唐代俗講，而它們之間也只是源淵關係。河西寶卷和中國寶卷發展的一般過程一樣，有一個從宗教寶卷向民間寶卷的發展過程。其他尚有翟建紅《對河西寶卷中民間精神的認識》（《河西學院學報》，2008年第4期）等。翟文從寶卷文本入手，對河西寶卷的形式和內容加以概括，並通過其家所抄《鸚哥寶卷》、《葵花寶卷》文本，探討其中所蘊含的民間精神，最後對河西寶卷的社會和文化功能作以總結。

值得特別指出的是，車錫倫先生二十年調查靖江做會講經的過程，對靖江寶卷的口頭演唱和「文本」、靖江寶卷的形成和發展、靖江寶卷「小卷」的出現、靖江的「做會講經」與常熟的「做會講經」的比較及其與明清民間教派的關係等問題作了長期深入的探討，並積累了大量原始資料和寶卷文本。終成《靖江寶卷研究》一書（與陸永峰合著）（北京：社會科學文獻出版社，2008年版）儘管此書尚有一些遺憾，但仍為我們提供了一個寶卷學意義上的研究典範。首先是一種執著的學術精神。大陸寶卷研究的環境並不樂觀，車先生《後記》中曾自敘其中甘苦，但是他並未放棄，而數十年如一日，堅持對靖江寶卷進行調查與研究。其次是為我們提供了一種寶卷研究的基本原則，即文獻整理與田野調查相結合，歷史記載與現存形態相發明，積極吸收其他學科的理論，以寶卷學為本位，展開廣泛而深入的研究。第三是展示了一種有效的寶卷研究方法——結合前人研究，通過田野調查廣泛搜集資料，詳盡敘錄，然後分析其文化背景、歷史淵源、形成過程，並劃分類別，然後展開文本研究與宣演儀式研究，分析其信仰、教化與娛樂功能，揭

示出存在的社會歷史價值。

四、存在的不足及建議

　　自顧頡剛刊發第一篇有關寶卷的論文起，距今已近90年，其間諸多研究者耕耘於斯，甚至有學者窮其一生奉獻於斯，研究成果十分豐富。今對之前的研究狀況稍作梳理，可以說，無論是寶卷學自身的理論建構，還是文獻資料的搜集整理，其成就都是巨大的。但是也存有一些遺憾和不足，展望寶卷學的明天，依然任重而道遠。

　　首先，對於寶卷文獻資料的搜集與整理，在兩岸學者的努力下，現已經出版了很多寶卷資料彙編。這是一件可喜的事情。但是尚有許多工作需要做。一是，相對於大陸民間豐富的寶卷收藏，現在被整理出版的只是其中一部分。這需要社會與政府轉變觀念，而給予更多的支援。組織專業人員清查目前我國各地圖書館與個人的民間宗教經卷收藏情況，並盡可能將港澳臺及國外圖書館與個人的民間宗教經卷收藏情況收攬在內。在此基礎上，編纂出包羅更廣的《中華寶卷總目》，進而撰寫《中華寶卷提要》，終整理出版《中華寶卷集成》。二是，寶卷學包羅廣泛，涉及眾多學科。對於寶卷學的綜合研究來說，需要加強各學科間的資訊溝通，共同合作，將分散於全國、全世界的文獻資料整合起來。為適應科技時代的要求，我們需要建立寶卷資料庫，實現數位化與網路化。一方面，使分散文獻資料集中起來，形成資源網，使資料資訊得到共用，研究資訊得到溝通。同時也方便研究者們迅速地掌握與瞭解全球寶卷學研究的動態，從而更好的推動寶卷研究。三是，將寶卷列為「非遺」，極大調動了各地推薦、介紹、調查、整理寶卷的積極性，這是一股難得的力量。但是，現在的「非物質文化遺產名錄」，片面強調了寶卷和宣卷的文學性和說唱表演藝術性，限定了其對象主要是「民間文學」和「民間曲藝」類的寶卷和宣卷。這就把事實上大量存在的宗教寶卷排除了在外。排除了宗教寶卷，又脫

離了民間信仰活動的寶卷保護工作，這是不符合歷史事實與事物自身規律的。

其次，伴隨着寶卷專題研究的開拓與深入，作為一門獨立的學科——寶卷學，已經形成。但是還需要在以下幾個方面進一步努力。一是大力借鑒、吸取相關學科的新知識、新方法、新理論，進一步建構與完善寶卷學科的理論體系和歸納總結基本的研究原則與方法。二是擴大研究隊伍和增加研究機構，並形成自己的刊物陣地。現在大陸高等院校與研究部門很少設有相關專業或研究機構。從學術研究的整體來看，寶卷學的研究的人員數量少，比較薄弱，後備力量也不足。如此下去，將會影響寶卷學的發展。此外，相對於楚辭學有《楚辭學研究》，敦煌學有《敦煌研究》、《敦煌學輯刊》、《敦煌吐魯番研究》等，寶卷學沒有一種自己的專業刊物，不能不說是一種缺憾。而只有專業機構健全，人員充足，並擁有自己的出版物陣地，寶卷研究才能向縱深發展。三是要有一批體現學科體系的論著。這些年來，雖有一些寶卷學著作問世，但是太少，根本與這門學科的不相應。這仍需要有志之士，耐住寂寞，在這片土地上繼續耕耘。

第三，重視跨學科的綜合性研究。

寶卷本身就是歷史、文化、宗教、曲藝的資料寶庫，其內容廣泛，涉及到行業店鋪、園中花卉、醫藥知識、裝束服飾、農業災害、禮俗儀仗、三餐食譜、儒典知識、巫術信仰、周邊國度等。同時，其形式多樣，包括詩歌、民謠、故事、傳說、諺語、謎語等多種文體。許多學者因此採用跨學科視角進行觀照，現已做出了令人矚目的成績。此不贅述。因此，應繼續推進這方面的研究，在更廣闊的視野中，對不同學科中相互關聯的資料做綜合分析。

第四，加強區域、國際間的交流與合作。

寶卷出自中國，但寶卷學卻屬於全世界。除臺灣及港澳地區的學者外，日本也出現了一大批寶卷研究者，如澤田瑞穗、吉田義豐、倉田淳之助、塚本善隆等。西方代表學者則有維梅爾等，維氏研究課題為「變文後的中國民間文學寶卷、彈詞、諸宮調、子弟書」。加拿大歐大年則著有《中國封建社會晚期民間文學——寶卷》、《中國各宗教派別的文學——寶卷》等。可以說，有關寶卷學的學術研討早已出現了國際規模與世界視野。而作為一個現代研究者，也必須具有一種世界性的眼光，一方面學習與借鑒國外的最新成果，來推動自己的研究。一方面將自己的研究推向世界，使其成為一種世界性的學問。所以，開展廣泛的國際學術交流與合作，對於推動新世紀寶卷學的縱深發展，無疑是十分必要的。

李正中、羅海燕於2010年桂月於古月齋

寶卷學奠基人李世瑜先生的遺憾

　　世瑜先生是我的大學長，不幸於2010年12月29日仙逝。他生病期間，我第一次見到他是在秋天。當時天津社會科學院輿情研究所所長王來華研究員想見世瑜先生，找到我。我與來華是忘年交，他在「輿情學」上很有造詣，爲人淳樸、善良，與人爲善，我很喜歡他。雖然我晚年離開了社會科學院，被聘請到天津理工大學經濟與文化研究所工作，可是我還擔任王來華先生的輿情所顧問。實際上，僅僅是掛名而已。真實的目的，是互相都有情感，利用這個名義，可以經常聯係。來華先生的業餘愛好是收藏「糕點模子」。在這方面，經過長期的搜集和研究，他也可以算是專家了。不過，他很謙虛，他總是請我找這方面的研究專家，對他的「模子」收藏加以審評。爲此，我曾經幫他找過天津文史研究館的兩位副館長，一是曾擔任過天津博物館館長的陳雍，一是曾擔任天津市藝術博物館的館長崔錦。由他們審定他的「模子」，並給予鼓勵和好評。

　　這次，來華請我跟他一起去世瑜家，主要是向世瑜請教「模子」問題。因爲世瑜先生不僅是研究寶卷學專家，還是民俗學專家。世瑜沒對外說過他的病情。這次見到他，我才知道他身患重病。在這種情況下，來華祇是禮節性地與世瑜交談。我與世瑜家是老關係，我很隨意。他們之間的談話我沒介入。交談時間不長即告辭回家。也正是因爲這次造訪，我才知道他病了。不過，我覺得他精神還很好。相信和以前幾次生病一樣，經過治療會很快痊愈的。

　　大約又經過了一個月左右，我接到了世瑜先生的電話。他希望我能到他家去。因爲他知道我的習慣，生活很簡單。由於年齡較大，已至耄耋之年，一般不看望親友。接到電話，我知道，若是一般事情，電話就可以交流，而這次專門請我到家裡，肯定有更重要的事要談。我立即趕到他家。見到他，發現他精神很好。與上次所見變化不大。他見我先說：「有件事，

我必須向你交代。我考慮到衹有你能替我做到。」因為，我們是半個世紀的契友。當時，我聽了之後，感覺他很嚴肅。

他說：「他的『愛徒』某某某（恕我在這裡不提這位『愛徒』的名字）背叛了我。這是我終生痛心的事。正中，你是知道的。我把畢生的研究寶卷的體會，毫無保留地傳授給他，同時我還親自帶領他到外地民間宗教場所進行考察，並教他如何分析研究及調研成果。同時，我也把我文革以後僅有的寶卷等圖書全部給他。可是我萬萬沒有想到，他欺騙我，並私拆我的信件。比如，美國一位青年名叫杜博思（ThoinaeDuBoic），給我來信要求向我學習寶卷學。信件寄到天津社會科學院我工作的科室。過去是由他代我收信。可是他卻私拆這份信，使我最終也沒見到這封信。他卻給對方回覆說我重病住院，不帶任何學生。說我委託某某某來教他。這樣他和那位美國學生以我的名義達成協議，並收了學費三千美金。這些事情，我一概不知。是事後杜博思來天津時一定要見我，雖某某某一再阻攔，可是美國學生通過我的單位知道了我的住所，並到我家拜會『祖師爺』。當美國學生拜訪，並把上述情況告訴我，就不能常來拜見我向我道歉。這時我才恍然大悟，明白了一切。我這時告訴那名美國學生，我沒有生病也沒有住院。這時，他也知道自己上當受騙了。為此，他給我寫了一份上當受騙經過的材料。」

說到這裡，世瑜先生自信封取出三封信：一是杜博思的受騙上當經過信；二是一位叫陸仲偉的先生揭發某某某欺騙劣跡的信；三是世瑜親筆書寫的《關於某某某的材料》，共七頁稿紙。其中載有對某某某的劣跡及判決——將某某某開除門戶。

李世瑜先生把這三封材料交給我，並動情地對我說：「我病的真實情況沒有告訴你們，是怕你們惦念。」原來世瑜先生得的是癌症，不治之症。世瑜先生說：「我在世的時間不會太久。我的獨子厚聰是厚道有餘聰明不足，況且他在學術界除了你們幾位和我最近師長外，其他人他不熟悉。而你在學術界跟朋友們都非常熟悉，第一，告訴大家，某某某已被我清理出門

戶，不再是我的學生。第二，爲避免他在學術界招搖撞騙，要把他的劣跡公佈於眾。這就是我今天特地請你來並拜託你要做的事。」

當我聽到李先生的這番話，我想到了我和世瑜半個世紀的情誼以及他對我的幫助和支持。特別是他在那種心境下托我做的事，我含着眼淚跟他講：「您不要想得太多，您不會離開我們的。當今的醫學是完全可以治療的。當然，您囑託我的事情，就是您健在的時候，我照樣會告訴有關的朋友。」我沒想到，這是我和世瑜學長最後的一次談話，也是永別的一次談話。

在世瑜先生逝世追悼會上，在那裡不僅有親朋，而且還有世瑜自外地來的家屬，我要宣佈世瑜告訴我的事情，是不合時宜的。百日時，由我所在單位及其他三個單位聯合舉辦了「紀念世瑜先生逝世百日追思紀念會」。與會者，除世瑜家屬外，基本全部是學術界的朋友。我在會上，除了追思世瑜先生在學術上的貢獻外，我提到了世瑜先生的遺憾。把世瑜先生囑託我宣告開除弟子的事，不點名地做了說明，並把三封信示於眾人。會後，與會者紛紛向我表示，他們其實早已知道世瑜先生要開除的人是誰，說這位學生早就應該被開除。

我在會上，衹是把世瑜委託我辦的事情講了。我並沒有講我對被開除的這名學生的評價。實際上，我對此人的品行早有察覺。比如，他在研究所裡曾編造了一個故事，向兩位同仁講，他認識上海的一位老先生，是古陶瓷收藏家，因爲年邁想把自己收藏的陶瓷拿出一部分來出售，而且價格很便宜。他本人也想利用這個機會買一點古陶瓷文物。他問這兩位同仁買不買，機會難得。當然，這兩位也覺得機會難遇，就各自買了一部分。其中一位購買者是我的朋友，他知道我懂得古陶瓷鑒定，就請我看看他所買的古陶瓷。我個人早有決定：不給任何人鑒定。因爲據我所知，現在很多陶瓷都是贋品。若經我鑒定講了真話，必然會引起買賣雙方的爭執，甚至發展到法院起訴。我一再明確，我不鑒定。推薦他們到國家專門部門鑒定，

還可獲得證書，費用也很少。可是，總有人寫信到單位，信中附照片，請我鑒定。爲此，我的辦公室專門印了一批信，推說我到外地講學不能鑒定。目的很明確：不介入鑒定。可這一次是我的朋友李超元研究員，已買兩批，打算買第三批。我一再推辭，這次難卻，怕朋友上當受騙。我去他家看了他購買的瓷器，心中很清楚全部贋品，無一是真。我只跟朋友與他太太說，「一件也不要再買了」。他太太很聰明，說：這是以女兒準備結婚陪嫁的錢買的。若再買第三批，女兒的嫁妝錢將全部賠進去，你這是救了我們。關於某某某，我想只舉這一件事，已經足夠了。

至於這位先生參加編寫的一部民間寶卷的資料來源，據世瑜告我，其來源主要有三個途徑：一是世瑜先生建立民間宗教研究所時，將自己所藏的寶卷，放在所內，供同仁參閱。二是向私人藏書者借閱。三是向天津市圖書館借用。按說借用資料在學術界無可厚非，關鍵是借用時許願條件，如發表時將對方名稱如實填寫，并贈送出版書籍。世瑜先生告訴我此項許願一項也沒有落實。我只能安慰學長說「世間自會有公道在，何苦論是非」這也是我對世間的態度，得饒人處且饒人。

身去音容在，光啟照後人：
回憶張仲同窗

　　我和張仲不僅在華北大學是同班同學，而且同住在一個宿舍，睡在一個土炕上。當時校長是吳玉章吳老，成仿吾、范文瀾二位先生擔任副校長。上課的特點是一門課集中講，然後再集中講另一門課。如《社會發展史》、《中國革命史》、《新民主主義革命》等課程。其中也根據需要穿插名人、學者的講座。

　　作息時間很緊張，上午集中聽大課，下午小組討論，晚間集中自習。當然，討論時，這些青年學子們發言或爭論也非常熱烈。回憶當年給我印象較深的是，張仲很有個性。學習《社會發展史》這門課討論時，大家不約而同地提到，最早接觸、閱讀的武俠小說，如《三俠劍》、《雍正劍俠圖》等，然後是偵探小說，後來就是看所謂張恨水的社會言情小說以及文藝作品巴金先生的《家》、《春》、《秋》等。當時按學校的意圖，討論的目的是讓大家批判這些小說的情調不健康，對個人有影響，要按照馬列主義的觀點，批判小資產階級思想，樹立正確的革命的人生觀。討論時張仲他認為，就是社會言情小說對社會的有些習俗也應值得研究和肯定，也不見得一無可取。支持他的觀點是少數派，記得當時祇有我和孟氧兩個人同意這種觀點。1957年「反右」，當時在中國人民大學工作的孟氧和在天津的張仲都沒有躲過這一劫，我由於當時生了一場病，沒有趕上發言機會慶幸躲過這一劫。「諛言順意而愉悅，直言逆耳而觸怒」，這是時代的需要。

　　我在學校工作，張仲在房管部門工作，後來兩人相逢時，說實話，相見無言……無言……，面部相互都掛有笑容，不知道這種笑容是苦笑，還是難得的相逢，而淚水卻都忍不住地流下來，在笑容中又不約而同地唱起了青年時代華北大學的校

歌：「華北雄壯美麗的河山，是我們民族發祥的地方……」。我想個性是很難改的，但命運和個性總是糾纏不清。

張仲的個性是認真，追求真理。所以他無論是對待工作和研究民俗學都是鍥而不捨。因為他是一個有才華的人，又擔任過報社的編輯，他的文筆功力很深，他發表的民俗小說《龍嘴大銅壺》並被改編電視劇，受到人們的好評和祝賀。但張仲在喝彩面前並不動搖他自己的信念和自尊。我深深理解他，他是人，他也要求有人的尊嚴，為了爭這口氣，證明自己的人格和價值。我和張仲都是天津文史館的館員，有時見面的時候常講一句話，支持你的人是朋友，將你推倒在地，再踏上一腳的人，也是你的朋友，不然你怎麼會憋上一口氣呢，這口氣也是動力！可以說，張仲用實踐證明了他的尊嚴。

張仲不僅是民俗學專家，而且是民俗學的開拓者和奠基者，他當之無愧。試想在那「抄四舊」的特殊年代，民俗早已劃歸為四舊，被掃地出門，連幾百年民間保留的中秋節喫「月餅」也改名為喫「豐收餅」。張仲為了自己的理想和自尊，卻兢兢業業，一絲不苟地研究民俗，不僅提倡民俗學，而且著書立說，你說他不是民俗學的開拓者和奠基者嗎！我在理工大學

（左一）張仲（左二）李正中（右二）中共天津市南開區委書記（右一）馮驥才

擔任經濟與文化研究所所長，爲了豐富學生文化知識舉辦了文化學術講座，也請張仲講「中國民俗文化與傳承」受到學生的熱烈歡迎。遺憾的是在今天重視學銜和職稱的年代，由於歷史原因，他失去了很多機遇，這不僅是他個人的遺憾，也是時代不公的遺憾。我不是出於我們是同窗和摯友，而是我對他的學術水平深深瞭解和敬佩，他應當成爲教授是當之無愧。爲此，我聘請他爲理工大學經濟與文化研究所客座教授。

爲了請他擔任客座教授，這裡還有一段小小的插曲。事情是這樣：當年舉辦經濟與文化研究所成立大會的時候，有關市領導和專家、學者也都前來參加。在這次會上我深感責任重大，說實話，人貴有自知之明，我確實覺得有壓力，力不從心，當時研究所剛剛成立沒有幾名專家，爲了辦好研究所，在會上我公開向學校領導提出要借用外力的支持，即允許我聘請「客座教授」，共同辦好研究所。同時我提出不以學銜、學歷論高低，而以真才實學論英雄。我還舉出徐悲鴻爲例，徐悲鴻主持北平藝專時，請齊白石老人任教授，當時學校從國外回來的洋博士都不以爲然，但歷史證明了白石老人的價值。正因如此，我得到校領導的首肯後，第一批我就聘請南炳文和張仲二位先生爲客座教授，他本人也很高興，欣然接受。爲此，他還在有關北方市井文化圖書這部書上介紹個人「簡歷」時，也把這一職稱寫上。

張仲有人氣，因爲他謙虛，不恥下問，從不把自己當作專家、學者自居，在一些學術論證會上，也是以謙虛的口氣提出自己的觀點，從不以長者、尊者的態度「應該如何，應該如何」，或以權威的架式來烘托自己。張仲還特別關心青年一代學術的成長，有很多年青人，都受過他的指導和幫助，特別是關於天津民俗學方面，可以說有問必答，有求必應。

學校舉辦的文化學術講座，不僅請老一代的專家學者來校講課，有時也請年青的專家來講課與學生進行交流。如天津社科院倫理學的年青專家楚麗霞來校講課，由於她非常敬仰仲老的爲人和民俗學，她也和學生一起聆聽張仲有關民俗學的講

座。由此她和仲老的接觸機緣較多，受益匪淺，成爲忘年交。由於對仲老的敬佩，有一次她向仲老提出，她的書齋名叫「小古月齋」，期盼仲老能爲其題字，仲老不僅答應，而且寫了兩幅字讓她挑選，同時還配詩一首，可見張仲對年青一代的關懷支持和有求必應。

張仲使我敬佩的是對榮譽的謙恭，說實話，張仲這種人，不是爲追求榮譽而追求，更不會爲榮譽而作秀。因爲我們在一起常常提到「不自見故明，不自是故彰」。但他需要榮譽是爲了證明自己的人格和價值。因此，當他爲評爲「山花獎」的得主時，他從內心裡感到高興，我們感謝大馮先生對他的關懷。幾十年來辛勤耕耘的張仲，證明他是熱愛自己的祖國，熱愛自己的民族，也是有能力肯於付出爲民俗學建功立業的人，作爲老同學我爲他由衷地高興。爲了慶賀他得主山花獎我當即爲他題了一幅賀聯，祝賀他爲民俗學的發展而奠基，在人生坎坷的道路上終於耕耘出山花怒放的果實，並拜託老友書法家閻紹民的公子、青年篆刻工作者閻珩送到張仲府上。事後我們在電話聯係中他鄭重地告訴我，這個獎項不是國家級獎項，國家級獎項是「國家政府獎」，這祇是中國民協的最高獎項。我說這是有關媒體報道的是「國家級獎項」。他開玩笑地說這是媒體捧我，別認真。他又打了個比喻說，你老兄現在是在香港的「世界華文文學家協會」的顧問，這個協會發的獎項能是世界級的獎項嗎？我們相互間都笑了，不再爭論和解釋。

通過這件事，使我深深地再一次認識到我這位同窗的品格和情操，正如老子所說「知者不博，博者不知」。當今有多少人，自己不是教授，卻自稱教授，自己並無專業，卻天上地下，唯我獨尊。張仲的境界真可謂風儀與秋月齊明。

張仲對我的幫助和支持以及我們之間的情誼，用語言和文字是很難表達的。例如由我和《天津日報》文藝部主任宋安娜高級編輯共同主編的《南市文化風情》一書，是「天津市哲學社會科學研究領導小組辦公室委託項目」。這個項目30多萬字，任務要求高，難度大，不可避免地包括有大量的天津民俗

文化。爲此，我找了我的大學長文史館館員歷史學家李世瑜編審和張仲。因世瑜學長年事已高不便過多打擾，我請張仲屈就副主編，他不僅與我共同通稿、審稿、改稿，還親自撰稿《老三不管的小喫》。此書由天津人民出版社出版後，承蒙海內外讀者的厚愛，不到半年的時間就已售罄，這與張仲辛勤的付出和關懷是分不開的，祇能說交情老更深。這裡很自然地想到：「世人相交須黃金，黃金不多交不深」。相比之下，反差多麼不同。

我和張仲的情誼幾天幾夜是說不完的，他已經走了，「故人入我夢，明我長相憶」。我對張仲的人生太理解了，我祇能說「君歌聲酸辭且苦，不能聽終淚如雨」，對此我還能說什麼呢，「一夜思量十年事，幾人強健幾人無」！我祇能說：張仲你太超負荷了，我們活着的人，會健康地做我們應該做的事。張仲你走好！身去音容在，光啓照後人，安息吧！

鐵肩擔正義，驚世著文章：
回憶同窗孟氧教授

　　孟氧和張仲都是我華北大學的同學，所不同的是，畢業後，張仲參加工作，我和孟氧都繼續留校。華北大學改為中國人民大學後，我們繼續學習。當時，新校址還沒有建成，臨時安排在鐵獅子胡同。當時為了全面向蘇聯學習，主要由蘇聯聘請來的教師教俄文，統稱為俄文大隊。在學習的過程中，我們這些學員，其中包括在華北大學時期擔任行政工作的幹部，都參加學俄文。同時，還分別找學生談話。我被分配到歷史專業繼續學習。當時主要是學習中國革命史，由胡華老師擔任。根據國家經濟建設的需要，其他同學很多都分配到有關經濟學和經濟管理專業學習。孟氧就在經濟學專業學習，其中部分同學，經過簡短的學習以後就分配到研究生專業班學習。這是由於大學事業發展較快，需要大量的教學人員。孟氧於一九五二年在研究生班畢業，留學擔任教學工作。

　　遺憾的是，我沒有完成研究生學業。是因為家庭發生了巨大的變化：我的父親由於過度的生活壓力，不到五十歲得了肝病而去世，留下我母親和三個兒女。當時由於戰爭的原因，我結婚早，併生下我的第一個孩子。我的兄妹還都在學校讀書。父親在世時，家庭已經徹底破產，父親從一個富有的家有萬貫的企業家破落為一個行商小販。後來母親告訴我，當我在華北大學學習時，父親為了維持家庭的生計，得知天津與山東濟南生薑的價格有差距，就在天津買了兩大麻包生薑，有百餘斤重，親自背扛乘車運到濟南出售。即使是這樣付出了勞動，仍然沒有賺到錢。原因很簡單，當父親到濟南的時候，各地來的販薑商販都早已到了濟南。應了商人的一句話：「貨到地頭死。」父親去世後，家庭的巨大變化，使我無法再繼續學習，我祇能要求工作。由於我是一個優秀學生，學校領導也同情我

的處境，決定按照我的希望分配我到外地擔任教學工作。學校萬萬沒有想到，當地人事部門滿足了學校的要求，確實分配我作教學工作，分配我到一個東北地區「蘇聯專家招待所」，為僅有小學文化的服務生擔任教師。我的命運從此發生了使我一生都無法挽回的遺憾。我曾在由我的學生為我整理出版的《不敢逾矩文集》中《八十抒懷》一文，說過一句：「人生最大的痛苦就是他內心的痛苦不能向任何人講……」

　　我的同學孟氧對於《資本論》的研究是深入的，是有獨到的見解。他認為《資本論》中提到的剩餘價值學說，是在階級社會中提高人們覺悟的不可缺少的真理。他對《資本論》中的歷史典籍進行深入的註釋。可以這樣說，孟氧是《資本論》歷史典籍註釋第一人。但是，一九五五年中共中央提出，為了加強黨的戰鬥力，決定進行「整風」。毛澤東親自主持這次運動，並號召為了愛護黨，為了加強黨的戰鬥力，要求提意見的人要「知無不言，言無不盡。」「言者無罪，聞者足戒。」在這樣的形勢下，各個單位都開展了整風運動。這時，文藝界是整風重點。這是由作家胡風而起的。胡風大家都知道，他是

孟氧教授與政治經濟學系書記交談

一個早年追求進步的青年。胡風本名張光人，又叫張光瑩，湖北省蘄春縣蘄州鎮下石潭村人。1927年加入共產主義青年團。1933年在上海與魯迅相識，任左翼作家聯盟宣傳部長，後改任書記。抗日後，1943年在重慶擔任文協常務理事。解放後，被選爲第一屆全國人民代表大會代表。在1955年幫助黨整風的時候，他公然提出意見反對毛澤東主席的指導全國文藝戰線的著作《在延安文藝座談會上的講話》。他指出，毛主席的這個講話，是插在文藝工作者頭上的五把刀子，是窒息中國文化發展的一部文件。這個言論一旦發表，引起全國爆炸式的影響。於是，毛主席化名親自寫對胡風評論的文章。在周揚具體領導文化戰線對胡風文化批判的鬥爭中，進而發展成爲，胡風不僅是文藝問題，而且是一個向黨進攻的反革命集團。於是把這場幫助黨整風運動發展爲「肅清反革命的運動」。

於是，全國各單位把批判胡風集團的運動，發展成爲揭發反革命分子的運動。做法是背對背互相揭發。誰能肯於揭發別人，誰就是進步的表現。誰在這次運動中不肯揭發別人，誰就是落後分子。所以有一批人在這次揭發反革命運動中光榮地參加了中國共產黨，也叫做火線入黨。當然，胡風成了反革命分子的首領，被捕入獄服刑。和他有關的人，人人檢查過關。有的入獄，有的被剝奪了一切應有的做人的權利，如詩人魯藜等。

由於孟氧是研究《資本論》的專家，所以他在1955年「肅清反革命運動」中沒有受到牽連，躲過了一劫。可是，事情出於人們意料之外，僅僅兩年後，中國共產黨又發動了整風運動。這次運動，開始也是讓大家提建議，說是幫助黨進行整風。由於人們有過1955年的經驗教訓，所以人們不肯再提出意見。這時候爲了打消顧慮，毛主席親自談話，說這不是引蛇出洞，讓大家放心提意見。這次，孟氧發表了意見，實際上他的談話在當時看來也是沒有什麼尖銳的地方，他祇是要求進步而已。他說，像他這樣的人，申請入黨這麼多年，都沒有被批准。相反，有些素質條件並不太合適的人卻入黨了。這種意

見，本身並說明不了對和錯。可是，孟氧卻忘了一條，他提出有些黨員條件不夠卻入黨，這些人在當時正是在學校有關部門佔據領導地位的人。他抨擊了當權者，所以他被定爲「右派」。這是不可抗拒的必然。

他在「右派」期間必然不能再上講堂。他所研究的成果也不能印孟氧的名字，而是必須以「集士」化名發表，說明這本是集體寫作的。在孟氧「右派」期間，我借機到北京看望他。當時，他已經留下一撮羊胡，我明白他的心意。他是以這種形象告誡自己。我呢，準備住到人民大學的招待所，他不同意。我也願意和他徹夜長談，所以住在他家。因爲他的寶貝女兒小燈上夜班，夜間我就在小燈的房間住下。我兩個進行了徹夜的長談。我告訴他，我1955年已經出事了。這種情感的交流，互相間的信任，這也是人生中難得的幸福。時至今日，雖然已經過去了若干年，但還是談虎色變。現如果有人向我介紹新朋友，說他是有資歷的老同志，早在57年就參加成爲了中共黨員。我聽此言必然對這位老黨員敬而遠之。試想，在那個反右的年代，火線入黨的人，是如何踏着別人被整的血跡，成爲中共黨員的。真是不寒而慄。

沒想到，1966年史無前例的文化大革命運動爆發了。1968年，孟氧被捕下獄。原因是孟氧「要組織暴動，推翻以毛主席爲首的革命政權」。後來，粉碎四人幫後得到平反，他第一件事就是來天津看我。他住在我家，我們又有機會徹夜長談，這時我才瞭解，所謂的暴動是經人告密的子虛烏有的事。事情是這樣的：文革大革命爆發以後，孟氧跟幾個同仁坐火車到外地串聯。在車上，幾個人有些個互相吹捧玩笑。有的人說你的才華可以擔任部長，別的又說可以擔任公安局長。有的說孟氧這水平要是你幹一個領導也是綽綽有餘。說實話，就是在那裡開玩笑。但是，這幾人中有一位，回到北京後便向組織告密揭發。於是把這個玩笑昇級爲以孟氧爲首的企圖奪取政權的組織。孟氧因此被判爲死刑。當然，孟氧絕對不承認有這樣的事實，最後最高法院判他爲「死緩」。這就是所謂孟氧組織暴動

並判爲死緩的真實情況。

不能忘記的還有孟氧入獄後的兩件事：孟氧鋃鐺入獄，離開北京被押到山西臨汾監獄。臨汾監獄的男監守所和女監守所之間有個空地。這個空地就是男女囚犯於不同時間放風的地方。每當男犯人放風時，女監二樓隔窗鐵欄下有女監用手指孟氧，並示意孟氧，在男監窗臺上有喫的乾糧。這是什麼原因呢。這是因爲不少女犯人都知道男犯人中有一個知名學者，是一個滿頭白髮的老人。他家裡的人不知道他押在山西，不像當地的犯人有家屬來探監，並且能帶入食品，所以長期無人探監。這次窗臺留下的食物，就是女犯放風時特意要給孟氧的。孟氧在放風的時候，排着隊走。由於極度的飢餓，他就大膽地跑到窗臺處，把女犯放的食物拿回來喫。當時的獄警也采取視而不見的態度。所以，孟氧在和家中沒有取得聯係以前，他經常得到女犯人給予的食品。當我聽到他講給我這些情況，我無法分析人的本性是什麼。

另一件事情是，孟氧入獄兩年後，監獄給他寫了一個要求減刑的申請。申請書是這樣寫的：「該犯在勞改期間，能夠認罪伏法，予以減刑。」他斷然拒絕接受。他強調說：「我沒有罪，也從來沒有認過罪。」由於他再三堅持，最終孟氧改判書上的「認罪」二字，被取消了。粉碎四人幫後，由於他的女兒孟小燈不斷上訪。終於徹底以無罪釋放。這裡我還要補充一點，孟氧告訴我他在監獄裡怎麼完成了一百多萬字的寫作。這是一種難於想象的奇跡。這時，在牢房裡，夜間有一盞徹夜不滅的小燈，在馬捅上方，這是爲了方便囚犯如廁的小燈，也是夜間整個牢房裡惟一的一點明亮。孟氧特地將自己的鋪蓋搬到馬桶旁，他到這個人人嫌髒的角落裡，目的是爲了利用昏暗的燈光閱讀馬列主義的書和寫作。他用一塊木板擱在腿上，奮筆疾書，日復一日，完成了《評梅林的〈馬克思傳〉》，還有《法典時代與中國法家》、《郭老史學見解初探》等論文。可以說，一百萬字書稿是字字皆心血。這就是孟氧在監獄中的傑作。

從文革到出獄，前後十三年，歷經坎坷後，孟氧又重新登上大學的講檀。孟氧在人民大學第一次公開講演的題目就是獄中的成果《現代工人階級狀況和馬克思主義的全球戰略》。可見孟氧在和時間賽跑。終於，他用行動表明他對馬克思主義的堅定的信仰。後來，完成了夙願，他加入了中國共產黨，同時被評為優秀黨員。又被學生評為中國人民大學最佳教師，也是最受歡迎的博士生導師。隨着他辛勤的付出，他榮獲了「全國五一勞動獎章」。他還被評為「北京市十大新聞人物」。這時，有關出版雜誌的封面，不是美人像、明星像，而是孟氧的彩照。當然我是第一個收到這份雜誌的人。欣悅不言而喻。

他出獄後到天津來，一共是三次。第一次就是他剛出獄不久，跑到天津來看我，住在我家，和我徹夜長談。第二次是南開大學資深教授經濟學家谷書堂先生請他到校講《資本論》。這時他住在南大的專家招待所。每天在專家招待所喫完晚飯後，並不睡在招待所，而是睡在我家，與我同床，徹夜長談，天天如此。第三次來天津，當時是由任人民大學經濟學所黨委書記的一個年輕人陪同他到天津，為天津市委黨校作學術報告。因為有書記陪同，他祇能住在賓館。在我們三次深談中，使我印象最深的就是他告訴我，在他所有作品裡祇有大量的引證馬克思著作，「卻沒有引證過毛澤東著作中的任何一句話」。他沒有向我作任何解釋。我也沒有機會再問他為什麼。

他走了，我的同窗張仲也走了。我的心境是流淚，還是因他們在社會上留下的巨大成果而高興……我自己也不清楚。

我的道兄、肴名書血篆刻家華非先生

　　華非是天津著名的篆刻家、書法家、畫家和陶瓷藝術家，也是一位卓有成就的文物收藏家、鑒賞家和研究家。他收藏十分廣泛，包括書畫、印章、陶瓷、古琴、古籍、碑帖、文房用具、蟲具、泥模、瓦當等，幾乎涉及中國傳統收藏的所有領域。他的藏品爲海內外矚目，台灣地區和新加坡等國的媒體多有報導，著有《中國古代瓦當》，主編《泥模藝術》、《鄧散木印譜》、《寧斧成印譜》、《寧斧成篆隸百家姓》等。

　　華非和我都是天津文史館館員，我之所以稱他爲道兄，不是謙虛，實際有兩個原因。一是他於一九九五年被天津市長聘請爲文史館館員，我於一九九六年被聘爲館員。二是他在文化、學術研究方面的巨大成果都是我學習的榜樣，況且我們都是皈依佛教的居士。可是，他無論在什麼場合下或送我大作的題詞上都稱我爲「道兄」。他說，我比他年齡大三歲，這是無法變動的，當然我是兄長。我們之間的友誼是君子之交，在內心中是互相關懷。

　　華非先生生於民國二十二年（1933）農曆七月二十四。據說，他的母親臨產時有火球破屋而進，驚醒之下，華非降臨人間。故其乳名大來，這是根據《易經》「否極泰來」之意。他出身於書香世家，祖父是職業畫家，名爲李荷笙，是當時著名花鳥畫家張和庵的入室弟子。祖父開辦畫館課徒，同時爲各報紙做插圖。外祖父華世齡，清廷內閣閣臣，是著名書法家華世奎族兄弟。華非的父親李玉堂由祖父投資曾經開設德華馨鞋店，後因不善經營倒閉。

　　一九三七年抗日戰爭爆發後，天津發生瘟疫霍亂，母親去世，當時華非年僅四歲。這時父親外出未歸，華非由外祖父撫

養。這時由於日寇的侵略，外祖母家也已經破落，自此國破家亡。他小學讀書的時候，因為在這個期間都由外祖母和三個姨母照顧，從此改姓華。青少年時代，生活坎坷，成為他的「煉獄」。

一九四九年天津解放，他隨從表姐到山西謀職，於是他在太原參加了人民解放軍。把原來上小學老師給他起的名字「國富」及自己的取字「野餘」都拋掉，入伍時更名為「非」。自此，「華非」之名用至今日。一九五七年轉業到天津新華區（今和平區）文化館工作。此後他又開始書畫、書法、篆刻的研究，並師從老畫師馬達。又拜寧斧成為師，學習篆刻及隸書。拜鄧散木為師，專攻篆刻。同時，結識段無染先生，他們之間一見如故，談文論藝，在學術上進行互補。後來，他又投拜天津著名書法家吳玉如門下，授文字學及古典散文。

華非在各位名師的教導下，通過自己辛勤的鑽研，在書法、繪畫、篆刻，特別是經他辛勤不斷的探討和挖掘，在工藝方面又進行了刻瓷的新創舉。在上述幾方面他都有驚人的成果，他舉辦過海內外的大型的書法、篆刻、圖畫展，受到海內外文藝界的專家、學者的好評。有些知名的學者、專家都在有關報刊發表過評論。如方凌先生對華非先生金石書畫展提出評論《要敢於自稱一家》，又如天津民俗學家、文史館館員張仲對他的成果贊為「鐵筆華非」，又如中國文藝家協會副主席、天津文藝家聯合會主席馮驥才先生參觀了《華非書畫陶藝展》後，對華非的成果評為「藝術難得赤子心」。有關對華非先生的讚譽，在公開發表的書刊上提出的評價和讚許，應有數十篇之多。所

我的遠兄著名書畫篆刻家 華非近照

以，華非先生被稱譽爲一代著名的書畫篆刻家，是當之無愧的大師。

華非也搞收藏，數量多，品質高，收穫大。他收藏明清時期的善本碑帖多達三百多種；收藏郭沫若、茅盾、趙樸初墨跡每家非止一幅，華世奎、鄧散木、寧斧成書畫作品各有數十幅，吳玉如書法作品有五六十幅，梁崎繪畫作品有一百多幅。他收藏的一件宋代古琴是「文革」期間從全家幾個月生活費中擠錢買下的，如今價值可觀；他收藏的一把清代「曼生壺」代表着紫砂文化的最高品位。

他從藏品中參悟古人的書畫筆墨，借鑒古人的陶瓷造型，提陞自我。由華非擅長的以魚爲題材的作品，如瓷雕《長宜子孫》，陶藝壁掛魚瓶，指畫《撫八大山人畫魚》，國畫《紫綬金章》、《魚樂昇平》、《秋蓉浮錦》以及篆刻，可以看出他博收廣取的胸懷和全面精湛的功力。最近出版的3冊6卷巨制《華非藝蹤》，除選錄華非的畫、書、印、陶、文外，還特意收入了他收藏的部分書畫。當然，他出版的三冊六卷巨制大作，簽名送我，使我先睹爲快。

張仲多年前曾撰文回憶說：「大約二十年前，臘盡春回時分，畫家華非突過寒舍小坐，只見他攜帶一捆舊報紙卷。他說，買了幾百元的吊錢、窗花，報紙卷的就是這些剪刻紙作品。那時，正是改革開放之初，民族文化剛脫下『四舊』帽子。華氏喜見這些民間工藝品，頗有聞韶之感，於是大大收藏了一批。當時所費也是不少的。」可是，華非並沒有將這些珍貴的藏品視爲私有財產，他把與李叔同有關的文物供有關單位公開展示，甚至還把梁啓超書法作品捐給了天津梁啓超紀念館。

我與華非的交往是心有靈犀。例如，我於1996年出版了拙著《中國古瓷銘文》，他當即在《天津日報》發表了對此書的評論《瓷海精徵——喜讀<中國古瓷銘文>》。他在文中不僅對古瓷發展的歷史及其價值進行了深刻的分析，並對拙著給

予鼓勵，對我本人獲益匪淺，而且對於圖書的發行起到了推動作用。由於他的介紹和讚許，拙著出版發行不到六個月就已售罄。於是，天津人民出版社又忙於印刷第二批。試想，我這本微不足道的小冊子為什麼會這麼大受歡迎？這也是和道兄華非的推揚分不開的。

我們之間，祇要有個人作品出版，必定互相交往。這裡我想到另一件事，由於我喜歡藏書，所以有關古籍圖書的拍賣會會寄給我圖錄，若有條件購買時，也會到現場去競拍自己喜歡的書。有一次，我在圖錄上發現了華非磚拓的《唐昭陵六駿圖》，無底價。無底價，就是最低價起價，一般為一百元。我看了這個圖錄之後，心想華非不至於缺錢而在拍賣會上如此低價出售吧？應該是不可能的。據我所知，華非雖非大款，但也不至於賣畫為生吧。於是，在預展時期，我去看了這六幅磚拓。我想這六幅畫，極有可能是作假，應為贗品。但不管如何，我覺着這對我老兄有影響。我決定買下來，於是我用一百元買了下來。當時無一人競價。我想華非先生的作品是相當有價值的，所以大家都心照不宣，認為這是贗品，祇有傻瓜才會去買。我之所以要買，也認為這是贗品，但我不能讓贗品玷污了道兄的名譽。買回以後，我把這六張磚拓交給華非，沒想到他笑着說：「你撿了個漏兒。《唐昭陵六駿圖》就是他三十年前的拓片。當時一個醫生來天津，住在了友誼賓館。由於慕名，非要我的畫。因為他是海外來客，出於友誼的交往，我把這《唐昭陵六駿圖》磚拓送給了他。沒想到三十年後又回來了。」他開玩笑說：「我只好割愛送給道兄了。」於是，他又書寫了「盛世遺韻」並在這四字旁落款處用小字作了三十年後這幅畫去而復還的題記。

我想，我們交往的很多要說的事，以及共同參加有關會議的感想很多。我講幾天幾夜也是講不完的。我祇能還用這句話：「心有靈犀，何必多談？」

我的學長、明史學家南炳文先生

南炳文，生於1942年，河北省廣宗縣人，是著名的明史學家，現為南開大學學術委員會委員，歷史學院教授、中國古代史專業博士生導師、歷史研究所所長，天津市政協常委、天津市政協文史資料委員會副主任，中國明史學會會長。著作宏富，有《明史》（上、下冊，合著）、《中國封建王朝興衰史（明朝卷）》（合著）、《南明史》、《佛道秘密宗教與明代社會》（合著）、《20世紀中國明史研究回顧》、《清史》（上冊，合著）、《清代苗民起義》、《清代文化》（合著）、《中國古代史》（合著）、《中國古代圖書事業史》（合著）、《中國反貪史》（明代部分，合著）、《中國通史》（第8冊合著）、《天津史話》、《天津古代人物錄》（合著）等。編有《明史研究備覽》（合編）、《明清國際學術討論會論文集》（合編）、《中國歷史大辭典》（明史卷，合編）等，並譯有《日本學者研究中國史論著選譯》（第6卷，合譯）。此外出版有論文集《明清史蠡測》、《明史新探》、《輯校萬曆起居注》以及校注國家課題《二十四史‧明史》等著述。

我與南炳文先生相識是在文化大革命以後，當時我剛剛從農村改造後回到市裡，暫時被安排到天津河西區業餘大學工作。當時，全國的形勢百廢待興，在職的工作人員由於十年來只讀一部紅寶書，只看八個樣板戲，只聽一個中央廣播電臺，自我封閉，與世隔絕。這種情況下，人們都渴望補充知識，特別是年輕人需求很強烈，業餘大學是他們一個很好的學習途徑。報名的人非常多，學校根本滿足不了這種需求。我當時在學校擔任教務處長，負責全校的教學科目的安排和教學質量的管理工作。不到一年的時間，上級黨委領導和當時學校的校長，都準備安排我擔任副校長，也算是落實政策。經歷了多次運動，尤其是文化大革命，我終生追求的目標就是完成我改理從文的夙願——做學術教育工作，絕不擔任領導工作。在當時

臨時做教務長非我本願，還想辭掉，所以我對此堅決推辭。當時校長與我曾經是同事，她瞭解我的能力和個性，我們之間配合很默契。她就把學校的教學和學科設計工作都交給我。

當時，各區業餘大學開設的都是理科的數理化，文科則是為適應要求開設中文、外語、政治，這是各區業餘大學的共性。

（左）南炳文 南開大學資深教授（中）李正中 本書作者（右）王偉凱 天津社會科學院研究員，哲學所所長、博士後。
（攝於天津理工大學經濟與文化研究所）偉凱學生時代為炳文先生和正中的入門弟子。

既然讓我籌畫開設新的學科，我就增設了歷史學科與中醫學科。當然，這時學校還沒有專職的歷史與中醫教師。在這種形勢下，我想到了請有關的專家、學者及中醫老大夫來學校講課。在歷史專業，我聘請了南開大學陳振江先生和青年教師南炳文先生以及天津人民出版社有關的資深編輯來學校任課。由於有著高深的學識與造詣，教學工作認真負責，比如在大學課堂上，教師的板書一般都是隨意隨時的書寫，即使是在民國時期的大學教師也不很注意板書，而南炳文先生的板書就非常認真。對歷史問題分析得深入而獨到，他們都受到了學生的熱烈歡迎。時隔幾十年，我再見到當時的學生，他們還津津樂道當時老師的授課與板書。許多這所學校的畢業生進入了南開大學，並成為了南炳文先生的研究生。

後來我離開了業大。我與南先生的第二次相遇，是在我去聽鄭天挺先生課的時候。鄭先生是中國明清史學家、教育家。又名慶牲，字毅生。福建長樂人。北京大學畢業後，參與廈門

大學籌建與教學，兼任圖書部主任。後入北京大學研究所國學門。1924年畢業後，任教於北京大學、浙江大學，曾擔任過北大胡適校長的秘書長。抗日戰爭爆發後任西南聯合大學教授、總務長，北京大學教授、文科研究所副所長。他是元明清史研究領域的權威，編著有《列國在華領事裁判權志要》、《清史探微》、《探微集》、《清史簡述》、《中國通史參考資料》（與翦伯贊合編）、《史學名著選讀》等；先生在學校深受學生的愛戴。解放後，中華人民共和國爲向蘇聯學習，一是對教師進行思想改造，二是對高校院系進行調配，即院系調整。說具體點，就是減少教授在社會上的影響與作用。鄭先生此時被調出。同時清華大學學者雷海宗也被調離本校。兩人都進入南開大學。當時南開大學成立一個在職講師歷史專業培訓班。我雖然是教務長，但我深深希望向專家學者學習，就混進了學習班。這樣，我有緣聆聽鄭天挺先生的教誨。鄭先生態度和藹可親，而且所講的清史內容必有考證。確實體現出一代大師的風采。讓聽課者無不受到教育，而心懷敬仰。他在講古籍版本介紹時，實物教學，親自拿出唐人寫經給我們講授。正因爲如此，當時南炳文先生畢業後留校成爲南開大學鄭老的得力助手。當時，鄭老還擔任歷史研究所的所長。南炳文先生這時是從鄭老的助教開始，在鄭老的親自培養下擔任講師、副教授、教授、副所長、所長。因爲我與鄭先生的這段緣分，我與南炳文的交往加深，他也就成爲了我學習歷史的楷模和學長。

恭賀

李正中先生論文集出版

學界巨擘 杏壇名師
德高行景 世人楷則

后學南炳文敬題 庚寅年 孟秋

世界史教授雷海宗先生也是深受學生歡迎。先生聲音洪亮，講課極有條理，深入淺出，鞭辟透裡，內容豐富，生動活潑。他講解歷史事件時，既材料翔實，又說明前因後果，更揭示性質意義，娓娓動聽，使人獲益匪淺。每節課他計時精確，下課時恰好講完一個題目，告一個段落，下節課再講新的，前後銜接自如。並且記憶力極強，走上課堂，只拿幾支粉筆，但講得井井有條，滔滔不絕，人名、地名、史實年代準確無誤。他學問淵博，口才好，思路清楚，教學認真負責，又講究教學方法，使講課成為一門藝術，揮灑自如，引人入勝。當代著名的畫家范曾先生，他家本在北京，卻不考北大、清華，而一定要考南開的史學系，他講得很清楚：「我之所以要考南開大學史學系，就是因為南開有兩位知名教授：雷海宗先生與鄭天挺先生。」所以他是在南開讀了史學，後來又到北京讀藝術系。現在范先生世界聞名，但是他對兩位先生念念不忘。一九五七年，雷海宗先生給共產黨提意見，結果被打成「右派」，沒有熬到改革開放，就含冤而死。關於雷海宗先生臨終前背着「右派」的包袱在南開大學堅持講課的情景，《光明日報‧史學週刊》總編、史學家肖黎先生有發自肺腑、感人至深的回憶：

上課鈴響後，只見一位小老頭挂着拐杖，一步一步地挪動着雙腿，喫力地坐在講檯後的一把椅子上。看着他那痛苦的樣子，我不覺生出幾分惻隱之心。在那一瞬間，階級鬥爭的觀念就像是斷了線的風箏，無影無蹤。此刻，教室裡異常安靜。突然，洪鐘般地聲音響起，只見他腰板直了，精神也振作起來了，與他剛進教室時簡直判若兩人。三十七年過去了，講課的具體內容早已忘記。只依稀記得他講的是印度的寡婦殉葬。他上課什麼也不帶，卻對歷史事件、人物、地名、年代都十分熟悉，脫口而出。他的外文極好，一會兒是希臘文，一會兒又講一個詞語如何從希臘文演變為拉丁文、英文的，斯拉夫語係有什麼特點，侃侃而談。

另外，鄭天挺離開北大後，由進步的共產黨員翦伯贊先生擔任北大史學系主任。因為祇有這樣，黨才放心。翦伯贊，生

於1898年，卒於1968年，是中國著名歷史學家、社會活動家，著名馬克思主義史學家，中國馬克思主義歷史科學的重要奠基人之一，傑出的教育家。著作宏富，至今仍為史學界所推崇和頌揚。他是馬列主義新史學「五名家」（郭沫若、范文瀾、翦伯贊、呂振羽、侯外廬）之一，運用馬列理論研究中國的社會和歷史問題。特別是在中國古史分期的研究上，主張的西周封建論，獨樹一幟。我和翦伯贊先生祇有書信往來，當時先生的大作《中國史綱》第一冊早已問世，拜讀後深受啓發，我向先生寫信，問第二卷的內容及出版的時間。先生親筆回信，使我深為感動。遺憾的是這樣一位有才能，深受學生愛戴，刻苦鑽研，擁護共產黨的歷史學家，在文革中也被打入牛棚，與其他知識分子一樣受到非人的待遇和侮辱。1968年10月中共八屆十二中全會召開，毛澤東在全會的講話中提出對「資產階級學術權威」也要給予出路，而「不給出路的政策不是無產階級的政策」，並且以翦伯贊、馮友蘭為例，他說：「翦伯贊是講帝王將相的，我們要想知道一點帝王將相的事，也得去找他。」因為主席的一句話，於是翦伯贊從牛棚回家。12月4日四人幫指使的「劉少奇專案組」的副組長巫中，繞開學校的「軍管」當局，帶着幾名副手，在歷史系「翦伯贊專案組」幾個人的帶領下找到翦家逼問有關劉少奇的問題。12月18日夜翦伯贊夫婦服下了積聚起來的安眠藥。12月19日早晨人們發現翦伯贊夫婦服用了過量的「速可眠」離開了人世，只見翦伯贊夫婦各睡一

張床，揭開被子，兩人都整整齊齊地穿戴着嶄新的衣服和鞋子。在翦伯贊中山裝的兩個下衣袋裡，各搜出一張二指寬的紙條，一張寫着「我實在交不去來走了這條絕路我走這條絕路杜師傅完全不知道。」（所寫的杜師傅就是守候他們的杜銓。另一張上寫着「毛主席萬歲毛主席萬歲毛主席萬萬歲」。他曾有遺言：在牛棚嚴刑拷打之下，他完全可以自殺。但是若在那個時期自殺，證明我有問題，是畏罪自殺。現在黨向我明確，我沒有問題。那我和我的夫人心甘情願自殺。這就是黨爲了培養翦伯贊而故意將鄭天挺調出的結果。

南炳文先生在學術與教學工作上都給了我很大支持和幫助。例如南開大學召開的明清史國際研討會，主要是請國內外知名的明清史專家來參加。由於受名額的限制，天津每次僅邀請一兩位明清史專家，南炳文先生爲了給我學習的機會，每次研討會都邀我去。我心裡很感激。參加前，爲了不丟我這位大學長的面子，我總要認真寫一篇論文。記得是第三次研討會，我提交的論文就是《<紅樓夢>瓷器考辨與史證》。之所以要寫這篇論文，是因爲當時社會上《紅樓夢》熱。文革期間，因毛澤東喜歡《紅樓夢》，他特別提出《紅樓夢》這本書的政治價值，又因爲毛主席的話一句等於萬句，又因爲「爹親娘親不如毛主席的恩情深」，所以出現了《紅樓夢》熱，這是必然的。我也認爲毛主席的話一句等於一萬句，我也讀《紅樓夢》，理解《紅樓夢》，學習研究《紅樓夢》。我深深感到人們把《紅樓夢》的作者曹雪芹當作一位了不起的百科全書式的人物，對他書中的詩詞歌賦以及日常生活、舉手投足描寫，無一不視爲典范，加以考證。既然胡適已經考證出作者是曹雪芹，現在人們又考證曹雪芹的舅舅是誰，姥姥是誰，家住在哪，都一一考證出來。甚至有人提出，中國的「五經四書」應加上《紅樓夢》成爲「六經四書」。我們真是個偉大的民族，祇要是偉大領袖毛主席一句話，全國人民都去研究。但我則想，曹雪芹也是人，享年不永，除掉童年時期，他有多少時間精力去懂得世界上所有的一切，真是一點也沒有不懂的地方嗎？對於曹雪芹

是反封建者，說他是醫學家，我同意，但是又說他是文物鑑定家，我就有些懷疑。想看看他到底懂不懂，據我僅有的知識，我去進行考證，結果發現《紅樓夢》中有不少贋品。有幸的是，我這篇論文還在《紅樓夢學刊》上發表了，至今我還沒見到曹雪芹粉絲們的反駁文章。

這裡呢，我又想到一件事。當時多虧南炳文先生幫助而沒有犯大錯。這就是，我們的討論小組有人提出來現在《紅樓夢》的研究者簡直是離開了歷史的真實，比如說當時有一本紅得發紫的大作叫《紅樓解夢》。著者提出，「雍正之死是死於雍正的孝儀皇后的毒藥，孝儀皇后，入宮前是曹家的侍女，入宮後成爲皇后，與宮外的曹雪芹合謀將雍正毒死。」這改變了史學界對與雍正之死的紛紜眾說。無論是在文學界還是史學界，都引起了轟動，有的大學還請作者去做報告，一時間成爲學術界的一件大事。所以，會上要求澄清此問題。當時有日籍華人、著名學者、楊啓樵先生。他最早提出雍正之死是由於誤食道士之丹藥。此外，還有國家第一檔案館研究院張書才研究員，都希望我寫一篇文章把這個問題澄清，且王先生爲我提供了第一手資料。盛情難卻，我只好會後查閱《玉牒》、《清皇室四譜》等清宮檔案記載，知孝儀皇后確有其人，係正黃旗包衣管領清泰之女，乾隆初入宮，乾隆二十五年十月生永琰，即後來的嘉慶帝，四十年正月二十九日薨，六十年立嘉慶爲皇太子，其生母特冊封爲「孝儀皇后」。可見，孝儀皇后是乾隆的后妃，應該是雍正的兒媳婦吧。爲什麼作者會出現這樣的錯誤呢？《紅樓解夢》作者明確指出該書是根據《紅樓夢》研究專家、大師、泰斗周汝昌《曹雪芹小傳》中的注而寫的，並且得到周汝昌先生的支持和祝賀。《紅樓解夢》第二輯第417頁，作者附有周汝昌先生的信。第一句話就是：「感謝送我新書，向你的《解夢》增訂本問世，表示我祝賀之忱。」可見，周先生對《紅樓解夢》是看過的，且並沒有發現引轉的小注的錯誤。對此，我在《天津日報》1996年12月1日發表了《名家筆誤與誤導》，指出《曹雪芹小傳》小注的錯誤是周先生「筆

誤」，因爲我想周先生不會出現這樣的硬傷。我指這一點來，祇是不想由此而產生關於雍正之死在社會上產生混亂的看法。結果，周先生在《天津日報》上解釋說，那不是他的筆誤，是排字工排字的錯誤。我想，若是排字的錯誤，周先生閱讀了增訂本《紅樓解夢》後，爲何不更正？這不是一個學者的風格吧。我自不量力，又在《人民政協報》1998年4月27日發表了《方法的自覺值得借鑒》，目的是說明任何一個專家學者都有筆誤的情況，要能夠向胡適先生那樣對待《紅樓夢》的研究態度，肯於改正自己的不足。周先生看到這篇文章以後，非常惱火，寫了一篇回敬我的大文《贊同方法的自覺》。其主要內容是說，他已經明確是排字工人的錯誤，而李文還堅持是筆誤而非排字錯誤，這「完全是做人論學的心術道德問題」，並以長者的口氣告誡我說「此風確不可長」。當然這篇文章，許多朋友看過後，都很氣憤。認爲一個長者不應沒有教養，不能人身攻擊。他們讓我揭發他在《紅樓夢》研究上的其他一些問題。例如他寫的小傳封面是胡適先生早已論證過的不是曹雪芹本人的畫像。這說明他的《紅樓夢》研究是存有問題的。

　　關於這個問題的始末緣由，南炳文先生全部瞭解。他認爲，否定了《紅樓解夢》的雍正之死因說，也就把《紅樓解夢》的根據即周汝昌先生的立論徹底否認了。周先生怒火三丈是可想而知的。南先生告訴我，民間有句俗語「老虎屁股摸不得」，你要知道周汝昌還有很多「粉絲」，你又何必去惹這些事情呢。我聽了南先生的勸告，我的心態開始平靜下來，試想一位研究幾十年的《紅樓夢》大師，難免有失誤之處。爲了避免給社會和讀者，造成雍正死因的誤導，我敢於根據史料，糾正其錯誤，足矣。又何必要追究其產生根源是筆誤，還是排字錯誤，把雍正排成乾隆？中國有句俗話：「要給人臺階下」，何況對待權威和大師。我深感炳文學長在我不冷靜時的點撥和氣勢。我也祇能一笑了之。我回憶這件事，是告誡自己，凡是權威肯定之事，不要去爭論是與非。我忘記了妻子生前告訴我的悄悄話。

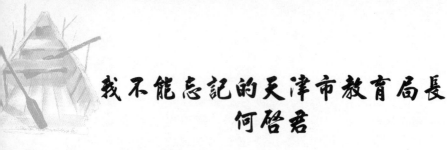

我不能忘記的天津市教育局長
何啓君

　　天津市解放後，新建立了天津市第四中學。我從達仁學院
分配到該校，擔任歷史教師。不久，又擔任史地教研組組長。
當時教育局長何啓君親自調研並聽我課堂教學。我在四中僅僅
工作兩年，一日突然被教育局人事處找去談話。原來是何局長
對我的教學很滿意，對我的工作很肯定，明確任命我到天津市
第十二中學擔任教務處副主任。經過一年，又被市教育局任命
到天津市第十六中學（耀華中學）擔任教務處副主任。這所天
津名校具有很長的歷史，是一所教育、教學工作質量都相當優
秀的學校，在國內，甚至在國際上都有一定影響。由該校培養
出來的學生，可謂人才輩出，其中作爲國家最高學術領域的院
士即有數名。

　　當年，我才二十幾歲，到這所學校後，下定決心向老教師
學習，努力工作，嚴格要求自己，不辜負自己當年的夙願——
做好一名教育工作者。當時，原有一位女副教務主任，叫金秉
貞，正主任由副校長高鐸遠兼任。校長由延安老解放區進城的
教育家韓峰擔任。在這期間，使我不能忘記的就是何啓君局
長。由於這所學校是天津市很重視的一所中學，所以何啓君局
長幾乎最少每周下午都要到學校聽教師講課。當時，天津市的
各所中學都規定下午上課前的午間學生必須趴在書桌上午睡。
所以一到中午全校都是靜悄悄的，非常安靜。這時候，何啓
君局長中午總要提前二三十分鐘到校，就是爲了避免影響學校
的工作和學生的休息。他總是靜靜地到教務主任辦公室見我，
根據學生上課的課表，事先和我研究，然後由我陪同到有關教
室聽教師講課。他一般每次都聽兩節課，不同學科各一節。因
爲兩節課以後學校不再安排上課。課後學生一律不准在室內做
作業，必須自願選擇各種課外活動小組，如化學課外活動小組
（在化學教研室進行各種實驗）以及音樂小組、美術繪畫小組

耀華中學解放後，1952年改名十六中學1988年又恢復原名「耀華中學」
（上世紀五十年代在耀華中學工作時攝影）

等等合適不同學生愛好的小組。這些小組雖然是課外活動，但卻激發了學生的愛好，培養了很多人才，如現在歌唱家蔣大為都是該校的畢業生。該校當時不設教導處，教務教導統一歸教務處負責。我和金秉貞主任的分工不同。由於金是中共黨員，她負責學生思想的教導工作，此外教學、教務、學生課外活動都屬教務工作，由我負責。

　　每聽課後一個月左右，何啟君局長一般都會讓我去市教育局。他的局長辦公室，非常簡陋，除了辦公桌外，有一個長條的舊沙發和一個沙發桌，此外還有兩三把桌椅。每次和我談話時，他不是坐在辦公桌，而是一定讓我坐在長條沙發上，和我肩併肩的交流。說真心話，我當時深深地感到一種溫馨、親切。他總是要把一個月來聽課的內容和每位教師的優點以及需改進的地方，都作出認真親切的點評，然後告訴我回到學校要分別和這些教師談話，以鼓勵為主，提出改進意見。同時告訴我一定不要說是他的意見，而是以我的名義和教師商榷。我當時並不理解他是培養我，只知道自己在分析教學、教材和教學質量上，每次都有提高和新的收穫。正因如此，我在學校的工作受到了師生的好評。

我不能忘記的一件事就是，何啓君局長給我提出來，針對教師的課堂教學能不能總結出來一些規律，例如教師進入教室講課前首先進行組織教學，把學生的注意力集中在教師身上，要把上一次講課的內容進行復習檢查。在復習檢查的基礎上，進行新的教學內容。當新的教學內容講到最後，要進行總結，最後給學生留下作業，於是就總結出來在教學規律上的「五段教學法」：組織教學——復習檢查——講授新課——總結歸納——佈置作業。當時全市還沒有任何一所學校統一設計教案的格式，根據這五點教學的規律，於是我自不量力地在學校實行統一教案的要求。但是我心裡明白，由私立學校統一改為公立中學，各校的教學都有不同的特點，很難完全統一。比如十六中學與南開中學一樣，是由原有私立中學改為公立中學的。這種授課的程序，衹能設計出來作為一個參考。經過一段時間的實踐後，這種做法受到學校教師和學生的歡迎。何啓君局長因為經常到學校來調研，他對於教學規律中的五段教學法比較滿意，於是召開了一次全市教務主任工作的座談會，由我作了主題發言，他作了表揚肯定。之後，在全市中學進行推

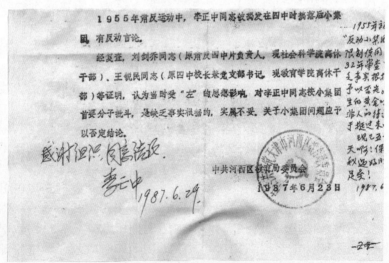

「關於李正中同志『反動小集團』問題的結論」

廣。如果說，這是我參加教師職業的一點心得和體會的話，我不可回避說句真心話，這是何啓君局長對我啓發幫助，甚至可以說是關懷的結果。

這裡我需要說明的是，這與受到蘇聯教育專家的啓發，也是分不開的。當時，我記得在嚴寒的冬季，由何啓君局長親自去北京師範大學請來當時在中國講學的蘇聯專家，叫巴拉答金教授。據說他是在蘇聯很有名的教育專家。當時他正在北京師範大學講學。何啓君局長利用每週日休假的時間，把他請到天津，到當時的天津外國語學院，在學生喫飯的大飯廳裡給我們這些中學的有關教師和領導進行講課。持續了大約有兩個月，介紹蘇聯中等學校教學的寶貴經驗，我們提出的五段教學法是與巴拉答金教授的講學有着直接影響的。這一點在我的教學生涯中，收益很大。

特別是巴拉答金的那種對教學的執著和優雅的教態使人欽慕。在冬季寒冷的飯廳中，沒有任何供熱設備，他講學一直是站立着，不中斷的，在上午連續講三個小時。現在，我聯想到我們聽報告，不知從何時開始，報告人都是坐在那裡的，還有服務員茶水伺候。相比之下，我不勝感慨，蘇聯專家的這種對教學的認真態度，表現出的師德師風確實是值得我們學習的。

何局長在和我的交流談話中，還有意無意地提醒我要嚴謹。他曾經給我講了一個小故事。他說他早年是搞青年運動的，有一次在南方學習，黨內都組成不同的小組，其中他的小組內有一個南方的老者，在開展批評和自我批評的時候，他對這位老同志提出了要求，可是在小組內他沒有得到共鳴，相反還有人替這位老同志開脫，他覺得不可思議。會後有同志告訴

他，對於這位老同志，我們對他的生活和工作習慣要求都不一樣。為什麼呢？同志告訴他，老者是越南共產黨主席胡志明。這時我才明白，何局長是要告訴我在不瞭解對方的情況下，發言要嚴謹。我當時在學校還是很嚴謹的，但是意想不到的事情發生了，就是1955年反胡風運動開始了，我不瞭解也不認識胡風，祇是見到過由中央文件上發表的胡風思想和言論以及毛主席化名進行的評論文章。我認為這就是一次理論提高的文章，必要時要聽報告。我記得有一次是全市教師到天津第一文化宮大禮堂聽取揭發、批判大會。先後有幾位代表在會上發言。至今不能忘記的是，有一位我非常敬仰的前輩，走路都有些困難，當時用拐杖輔助，在臺上慷慨激昂地揭發，他就是顧隨先生。因為他是我敬仰的前輩，所以我對他的發言聽得很認真。對於他講的內容，印象最深的就是，用口號談口號。因為顧隨先生發言的內容，好像他不認識胡風也沒有交往，他是為了口號而發言的。所以我今天就想起一句話來：有的人的發言是被發言。這就是我曾經參加批判胡風會議的情況。

更使我想不到的是，隨着運動的不斷深入，進而發展成為了肅清反革命分子的運動。胡風集體從文藝思想的錯誤，發展定性為反革命集團。這位被選出來的全國人民代表大會代表，在沒有被解除人大代表的情況下鋃鐺入獄。之後，在全社會開展了背對背的揭發運動。這時有人告訴我，學校文科教學組有人在背對背揭發中跳海河自殺了。據說，那人在國民黨時期擔任過部隊裡的文化教員，後隱瞞了身份，所以他現在畏罪自殺。我當時聽了非常驚訝，因為該校的各學科組長都是全市本學科內最優秀的教師。同時又聽到數學組的組長，是一個女教師，在全市數學教學上具有重要影響的人物，也被列入反革命審查的對象。理由是，她隱瞞了她年輕時期一段私人的生活，沒有向黨交心。在這樣一個人人自危的情況下，誰能揭發別人就能成為積極分子。就在這個時期，我參加的那個學習小組突然間來了一位新參加的人員。這名教師姓馬，據說是擔任過教務副主任，已退休在家。這次是退休人員也必須參加學習運

動。就是這次，他在小組會上公開揭發我，說我是隱藏的反革命分子。罪名有兩點：第一點就是自殺的語文學科組組長是我最欣賞的人，特別是他的父親去世時，我代表教務處和率領文科組的全體人員到他家，為他父親進行祭祀點香，參加追悼。這說明我和死有餘辜的反革命有聯係。第二是我在剛參加工作的天津市第四中學，組織反革命的小集團，帶頭說江青是演電影的，煽動大家，污衊毛主席。這樣的結果可想而知，我被安排在反省室交代寫書面檢查。這時我才想起來，因為平日我在教師心目中還是有好感的，無法面對面對揭發我，而且我也沒有任何的反動言論和行為，所以找一個不相識的人來揭發我。但是不可思議的事情太多了，在第十六中學揭發不出我任何問題，於是他們送我到第四中學去交代問題。我就成了大家都熟知的「一句話的反革命」。這使我在內心對何啓君深感愧疚，覺着辜負了他的培養。

當時學校比較少，當運動即將結束的時候，天津市所有中學就召開了一次全體教師的肅反總結大會。在這個大會上，何啓君作了總結，同時也做了檢查。他說教務主任屬於局管幹部，凡是從教師提陞為主任者，首先由學校基層黨支部推薦，然後經教育局黨組任命研究。而我是他唯一的沒有經過基層黨組推薦，而親自點名提拔的耀華中學教務主任。我卻是一個隱藏在革命隊伍的反革命集團的首領，這是他應該做檢查的。經過這次大會，全市都知道耀華中學出了一個反革命分子李正中。當然最後經過審查，我又重新回到教育戰線工作了。

何啓君局長後來被調到北京，擔任國家體委宣教司擔任司長，當時國家體委的主任是賀龍同志。恢復工作後，有一次我和學校有關領導去北京的展覽館，遇到了老領導何啓君局長。我有意回避他，他發現了我，便主動和我握手，並拍着我的肩膀說：「正中同志你受委屈了。」在那樣的場合下，我含着眼淚和他告別。

文化大革命以後，他整理的史學前輩顧頡剛講述的《中國史學入門》出版。出版後，他親自簽名給我寄來。當我捧

讀這本書的時候，我想到了過去和他在一起的時刻，也想到了我的人生遭遇，我回避了任何人，更回避了家屬，我無法控制自己，躲在一隅失聲痛哭。此後，我在《天津社會科學》雜誌上，發表了一篇對《中國史學入門》的書評，文中也談到了我與何啓君的關係。文章發表後寄給了他，他還回信告訴我說：他把我的書評轉給出版社，出版社說書評不僅是對書公正的評價，而且寫出了人世間的真情。（附信件）

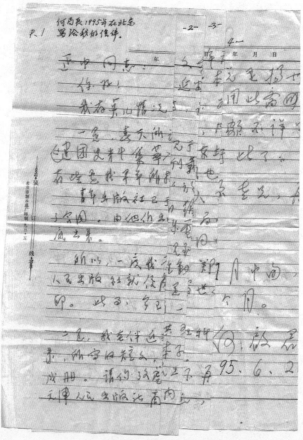

何局長1995年在北京寫給我的信件

緬懷前賢天津文史研究館首任
館長王襄先生

　　文史研究館是具有中國文化特色的統戰性與榮譽性的文史研究的國家機關單位。在建國初期，國事紛繁、百廢待興的情況下，周恩來總理高瞻遠矚，禮賢下士，提出在中央和各省市、自治區、直轄市建立文史研究館。文史研究館的命名是周總理親自擬定，以廣納文史界的宿老名流，敬老崇文，共圖中華文化的繁榮和昌盛爲宗旨，具有深遠的內涵和歷史意義。

　　天津市文史研究館在周總理的關懷下，在天津市委市政府領導、市統戰部指導下於一九五三年六月二十七日正式成立。歷屆館員均由該屆市長親自聘任，而且是終身制。文史館在貫徹執行共產黨的統戰政策，敬老崇文，發展館員，挖掘文史資料，開展海內外學術交流方面，發揮了不可替代的作用，作出了不可磨滅的貢獻。我於一九九六年被時任市長的張立昌聘任爲天津市文史館館員。聘書全文如下：

（左）南炳文所長（右）李正中教授

天津市人民政府聘書：（聘自第108號）

茲聘

台端為本市文史研究館館員

此致

李正中先生

市長張立昌

一九九六年十二月二十五日。

　　此外還有天津市人民政府所發、上有館員照片的「館員證」。文史館的工作人員均為公務員，其中設秘書處、人事處、文史處，各處室並各設處長，每處下設若干工作室。機關的領導部門由中共黨組的書記，一般由市委統戰部副部長兼任，日常領導工作由駐會黨組副書記負責。行政部門設館長和副館長，多由學術界資深學者擔任。王襄先生（1876-1965）即天津文史館第一任文史館館長，是我發自內心崇敬和緬懷的一位長輩。

　　王襄先生字綸閣，號簠室，天津市人。早年其宅進大門，門楣上高懸「太史第」、「經魁」、「文元」、「賢士」五塊匾額，說明王襄是科第聯翩世家。王襄讀書時的書房，名為「怡怡齋」，室中懸掛金石家吳大澂的篆書「吉金樂石」條幅，也是王襄先生啟蒙學篆書最早的臨摹之本。此後，1894年，王襄師從書院講李桐庵、戊戌進士王守恂學古文及近體詩。1899年秋，王襄從范壽軒手中購得甲骨文，從此進行甲骨文研究，自稱「大卜世家」，題書齋為「古龜軒」。於此可見先生對於甲骨文的熱愛。

　　王先生著述很多，他的《簠室殷器類纂》是我國第一部甲骨文匯，開創了甲骨文字典之先河。王襄編輯此書歷經十餘年之久，1918年完成初稿，1920年12月由天津河北第一博

物院出版。全書有《正編》14卷，《附編》1卷，《存疑》14卷，《待考》1卷。這部書最突出之處，在於編訂體例方面的創見，不僅按《說文》摹寫甲骨文，在每一辭條下既有考釋文字，又有臨寫卜辭原文，使讀者既能瞭解甲骨文的結構特點，又便於探究卜辭反映的社會歷史內容。甲骨學者陳夢家先生曾評價說：《類纂》是「值得我們重視的創作性的字彙。」日本甲骨學者島邦男先生的專著《殷墟卜辭綜類》，也借鑒了《類纂》相仿的編輯方法。他的另一部重要甲骨文專著是《簠室殷契徵文（附考釋）》，1925年由天津河北第一博物院出版，該書為石版印刷，有圖版12卷，考釋12卷，著錄自藏甲骨1125條，全書按天象、地望、帝系、人名、歲時、干支、貞類、典禮、徵發、游田、雜事、文字等12大類劃分，基本上概括了甲骨卜辭的全部內容。依據甲骨文中所貞卜的事項而分門別類的加以著錄，此書實為首創。此後，甲骨學研究者著錄甲骨時，雖有多種方法，但基本上未能超出《徵文》的范圍。《徵文》的「考釋」，以古籍為依據，將金文與卜辭相互印證，論說有據，且富有獨特的見解，便於檢索，有利於研究，至今仍為甲骨學界諸多學者引用和稱讚。1931年，王襄編寫《秦前文字韻林》，全書按《佩文韻府》韻次分為五編，廣收上自殷商，下至七國的契文、金石、石鼓以及陶、璽、幣等器物的文字3102字，按時序排列，脈絡十分清楚地廓清了文字的源流、衍變的蹤跡，是一部開創性的著作。在74歲高齡的時候，他還寫成《古文流變臆說》，全書就甲骨文、金文推論、考證我國文字演變的規律，列舉了甲骨文69個字，金文75個字。全書以甲骨文、金文文字為例，闡述了我國文字演變的規律，是古文字學的一部重要著作。《殷代貞史特徵錄》也是王襄的晚年代表作之一。全書共八節，采用卜辭斷代之法，舉貞人87名，將每一貞人及相關活動予以排比。除甲骨文研究外，王襄在金石、陶器和簡策等方面均有專深的研究，並取得重要成果。主要專著有：《古陶今釋》分上、下兩冊，收集2304件有銘文陶器。《古陶今釋續編》上、中、下三冊，所依據之墨本以建德周霖陶文及萍鄉文民瓦削文為多，共1370件。《兩漢文物舉例》收

錄580餘件兩漢、新莽時期文物，另有新出土的文物。該書把不同時代的文物集中起來，集中排比、分析，提出每個時代的文物特徵，這種研究方法正是現代考古學的基本思路。《古鏡寫影》草擬於天津淪陷時期，收周代至明代銅鏡579面，考證翔實，文字精煉，序言中論證了周代已有銅鏡的見解。此外還有《毛公鼎釋文》、《滕縣漢石刻畫記》、《三體石經考錄本》、《宋錢志異錄》、《綸閣所撫金石文字》、《古陶殘器絮語》、《流沙墜簡勘誤記》等。除上舉有關古文字專著外，王襄還有自己的詩文別集和多部雜著，主要有《綸閣文稿》、《綸閣詩稿》、《簠室題跋》、《簠室筆記》、《簠室雜抄》、《簠室課餘雜抄》、《簠室叢錄》、《叢錄備誌》、《入蜀瑣記》以及《簠室楹聯集》等。

先生是國內外公認的甲骨文研究的奠基者。而關於誰是甲骨文最早的發現者，不言而喻，學術界歷來有爭論：王懿榮與王襄，誰是最早發現者？關於王懿榮先生如何開始發現和收藏甲骨，至今未見到他自己的記載。他的兒子王漢章在《古董錄》（河北第一博物館畫報）有一段簡記：「回憶光緒己亥（1899）、庚子（1900）間，濰縣估人陳姓，聞河南湯陰縣境小商屯地方有大宗商代銅器，至則已為他估席載而去，僅獲殘鱗勝甲，為之嗒然。乃親赴發掘處查看，惟見古代牛骨龜版岌其間。詢之土人云：牛骨可以肥田之用，龜版則藥商購為藥料耳，估取其一稍大者，則文字行列整齊，非篆非籀，攜歸京師，為先公述之，先公索閱，細為考訂，始知為商代卜骨，至其文字則確在篆籀之前，乃畀以重金，囑令悉數購歸。」此段記載刊於1933年，乃王之子王漢章事後追記。其中談到王懿榮見到甲骨的年代為1899年與1900年之間，這是準確的。

關於王襄發現甲骨的記載是在光緒年間，山東古董商人叫范壽軒的最初售古器物來津到王襄家。范與先生早有來往。談到有甲骨板出版不知何物，徵詢先生是否欲得。當時在場還有書法家孟廣慧，聞之，促其訪求。1899年秋來津帶來甲骨片求售，但因索價昂貴，王襄和孟廣慧僅選若干，未能全購。從此

王襄致力於甲骨學的研究。

值得注意的是王襄在《簠室殷契（代序）》中提到「知殷契自公元1898年始，即前清光緒二十四年。濰有范壽軒守古器物來，言河南湯陰出骨版，中有文字，徵詢吾人欲得之否？時有鄉人孟定生共話，極慫惥其往購，且言欲得之。」（《王襄著作選集》上，第1頁，天津古籍出版社，2005年版）同時記載購買的時間和地點。可見范壽軒沒有徵詢過其他人，王襄是第一人。

按上述有關王漢章與王襄的記載，二者發現甲骨均在1899年，而具體時間上王襄是在當年秋季，而王懿榮卻沒有記具體時間，有的資料提到是因為王懿榮從藥店買到甲骨而發現。從藥店買到甲骨之說，這樣重要的發現，王漢章卻沒有提到，可見從藥材店買到甲骨之說不確切。

誰是最早發現甲骨之爭，目前還缺少更充分的論據。我認為在目前還缺少更充實的論證情況下，不必過早地下結論。是否可以說王懿榮與王襄二者皆為甲骨文的最早發現者？

關鍵的問題是能夠找出王襄先生購買甲骨的最早的地址和時間，就可以使二王是誰最早發現甲骨的問題迎刃而解。值得注意的是，王襄先生在《簠室殷契（代序）》稱於「天津西門外馬家店」購買，其載：「翌年（1899）十月，范君來，告以得古甲版者，期吾儕到彼寄所觀覽。彼寓西門外馬家店，店甚簡陋，土室壁立，窗小於竇，炕敷葦蓆，群坐其間。出所謂骨版者，相共摩挲，所見大小不一，沙塵滿體，字出刀刻。既定其物，復審其文，知為三古遺品。與之議定價格，骨之巨者，一字一金，小以塊計值。孟氏與襄皆寒士，各就力能所及者收之而已。所餘之骨版，據雲盡售王廉生，得價三千金，言之色喜。」

人們都知道，文字是文明的重要標幟，且前國際公認的「五千年中華文明史」，就是以殷墟甲骨文字的出現為標幟的。某種意義上甚至可以說，王襄和孟廣慧發現辨識甲骨文的

馬家店，與出土甲骨的殷墟同樣重要。因此，尋找最早發現辨識甲骨文的天津馬家店，就成為津門學者一個揮之不去的情結。

值得慶幸的是，經過專家學者多年不懈的調研和考證，終於得出結論：馬家店的遺址是現在的古物場大街1號院。這一發現對於甲骨文最早的發現的時間和地點終於得到明確答案。是一件具有甲骨文研究劃時代的價值。特別是，天津文史研究館主辦《天津文史》（2010年第二期，總第44期）刊發了「尋找馬家店專欄」，其篇目如下：

> 馬家店遺址調查報告——王襄與甲骨學課題組
> 甲骨文發與天津馬家店——王成
> 這就是王襄發現甲骨文的馬家店——王錫榮、王宗發口述，樊恒整理
> 百歲老人范貴林談馬家店——范貴林口述王振良整理
> 馬家店確認顛末記？——王振良
> 尋找馬家店——師健英
> 我與叔叔尋找馬家店——王成
> 尋找和保護馬家店述略——樊恒
> 馬家店遺址大事記——穆森編輯

我對天津的專家學者為甲骨的發現而付出的研究精神從內心中感到敬佩和祝賀。

不過，出於我搞學術研究的不自覺的習慣，我覺得有些論斷還有必要做細化補充。我考慮到王襄先生提出的馬家店是賣者來天津居住的大車店，是確實無疑的。王襄先生來過，且與店主交談過，也是確信無疑的。但是，是否是在這裡進行買賣交易，卻值得考慮。因為據王襄先生介紹，大車店是一些行商來往的暫居地點，而環境惡劣，都是大通炕。試想，甲骨是很珍貴的而且售價昂貴，「一字一金」，怎麼可能在這種簡陋雜亂的環境下進行交易？我們都知道，王襄先生是世家，像

這樣重大的交易，按理應在王襄府邸進行交易。所以，在這個問題上還需要進一步的考證。此外，按學術研究習慣，「孤證不立」，而關於王襄先生所提出的去馬家店交易的說法，據載一共是四位，但是其他三位均沒有找到。是否可以推論，王襄對馬家店的回憶時，已是耄耋之年，有些問題還需要進一步研究，聊記於此，算作存疑吧。

我和王輝院長結緣

（左）王輝院長　　（右）李正中教授

　　王輝先生是天津社會科學院黨組書記兼院長、社會學家，筆名「王老漢」。我們是同齡人。解放前他是中共地下黨員。1945年在天津參加地下學運，1947年參加共產黨，曾任天津第一中學地下黨支部書記，1949年進城後長期在天津黨政機關工作，曾任天津市委辦公廳主任、市政府辦公廳主任、副秘書長等職。1986年至1998年任天津社會科學院院長，1988年任研究員，享受國務院特殊津貼。1998年離休，現為天津社會科學院名譽院長。1982年起先後兼任天津市社會學會會長、中國社會學會副會長多年，後來一度兼任市老齡委副主任，從上個時期八十年代後期兼任市老年學會會長至今。

　　他是一個「大筆杆子」，其文章有理論深度，文采飛揚。文化大革命以前，中共天津市委書記的一些文稿多出自他手。他在文化大革命當中，所遭受的非人待遇就不過多介紹了。文革後，他深深體會到，學術研究的價值和它對社會文明所起的作用。新中國建國后學校取消社會學，文革後當全國恢復社會學專業建設的時候，他是第一批參加南開大學社會學學習的在

職學員。他離開市政府工作以後，到天津社會科學院擔任書記和院長。

　　我和他的結緣是在上個世紀九十年代初。我當時從天津冶金大學分校剛剛被退休。當時的社會雖然有退休制度，但是在社會上嚴格執行這一制度的單位是少數。多數單位都是由於工作的需要延長退休。不僅是延長一年兩年，甚至是十年八年。我所在學校的王校長必須要我退休，使我難過的不是我的退休，而是那些與我同齡的人，他們有着真才實學，在學術和工作上有着巨大貢獻，而王校長為了讓我退休，不得不采取「一刀切」，將這些人全部辦理退休。而在我們這一屆退休後的第二年，天津大學冶金分校從此再沒有嚴格按退休年齡辦理過退休事宜。我在內心中，我的這些同仁因為「沾了我的光」而「被退休」，每每想到這裡我都深感內疚，很對不起他們。

　　退休時，我的一個學生是天津市冶金局人事處長，他認為由於工作的需要我不應該退休。於是，他親自到學校與校長交換意見，希望學校成立一個「中國文化研究所」，經費及人員配備由冶金局提供（因為這所學校的人事歸冶金局領導，業務歸天津教委負責）。在這種情況之下，王校長召集有關副校長開了一個會後，正式給冶金局寫了一個報告給予拒絕。理由是學校屬於工科院校，不適合辦文科研究所。因為這是領導集體決定，我不能不離開學校。當然，在內心中，我也不想再在這裡工作。

　　試想我當時的心境，我對退休沒有任何意見，心情平靜。但是，別的同仁幹得很好卻因為我而退休，我心情很沈重。就在這個時期，王輝院長親臨寒舍，邀我到社科院工作。社科院自己有「高評委」，所以請我去成立中國文化研究中心，擔任主任、研究員。那時候，普遍沒有私人汽車，學院也衹有院長級配車。他卻要汽車接送我上下班，並實行年薪制。當時，有人能請我工作，我已是內心滿懷感激，我當時的願望就是為了工作，於是堅決拒絕年薪制。在接受上述兩條的情況下，到天津社會科學院上班。

我在社科院工作期間，深深感到王輝院長給我巨大的支持和信任。在我理解，被信任就是得到了尊嚴。父親曾教誨：「做人要有尊嚴。」中華人民共和國建立以後，到今天，我第一次得到了真正的尊嚴。所以，我不能辜負院長對我的信任。我的許多著作、論文和國家課題、天津市課題以及在台灣出版的著作參加德國法蘭克福國際書展、美國ABA國際書展等，都是這一時期完成的。不僅如此，由於院長對我的信任，包括學院需要外來人才的聘任都希望我給予提供。這本身就是對人的一種信任。所以，我原來在冶金分校的助教張培鋒先生就是這個時期來到社科院的。王輝院長是一個善於培養人才的領導，大力支持年輕人在學術上的創新，而且敢於提拔年輕幹部。像張培鋒先生來此兩年，就因學術突出被委命為科研處副處長。這是一個重要部門，這為培鋒的發展提供充分的條件。我經常與培鋒說，我們都應該感激王輝院長。

　　沒有比較，就沒有鑒別。我在天津大學冶金分校工作的時候，擔任繁重的教務處長工作，在這樣的條件下，我當時出版了四部作品。當時剛打倒四人幫各高校尚未有統一歷史教材的情況下，我首先撰寫了《中國近現代史簡明教材》，並受到全國人民代表大會副委員長、著名學者周谷城的好評。同時，為了協助講新課教師的教學，出版了參考用書《中國近代史資料研究與介紹》，得到了天津市常務副市長的題詞。期間，我還主編了《幹部道德教材》和《幹部倫理學》等著作。在這期間，同仁們說：「李先生是打到『四人幫』以後，在社會上最早出版的『四個第一部』的專家，而王校長在沒有一本專著，沒有發表一篇學術論文的情況下，卻被評為力學正教授。」我在當時就跟同仁們講，任何事情不要攀比，這是工作需要。因為校長與教師根據需要不同，工作不同，沒有可比性。

　　同樣，我在社會科學院也發表了不少著作，受到了院長的充分肯定。正因為如此，有些院外的工作或學術會議都由我作為學院的代表參加。為了使社會科學院開門辦院，院長聘請我與社會上的大企業聯合辦所。在院長的信任和委託下，我

又建立了天津社科院華聯研究所。這在當時成為科學院和社會聯合辦所的典範。在當時歷史背景下，社會上出現了很多個體的特色的經營店，它們與國企的大型企業進行競爭。這時大型國企如華聯商廈如何在新形勢下發展，於是為此，我策劃召開了「大型國企商業零售在新形勢下如何發展」學術研討會。這次研討會是全國性的。邀請了全國各大學的商學與經濟學的教授，以及各大企業的董事長。在這個會議上，國家商務部的負責人以及全國商業協會的有關負責人也都前來參加了這次研討會，由我做主題發言，會議討論很熱烈，在社會上產生了較好的效果。正由於和天津華聯商廈雙方結合的效果比較好，所以該商場董事長願意在天津社科院建立「青年學術研究成果獎」。由我負責組織專家評委會，對四十五歲以下的青年研究員每年舉行一次成果評選，用基金給予獎勵。這在當時的歷史背景下，對青年的學術研究起到一定的促進作用。經過個人努力，當年的研究員已經成為知名的專家，或研究部門的領導，至今相遇還不忘我當年設立的「青年學術研究成果獎」。這也使我倍感榮幸。

後來，王輝院長和我都分別地離開了天津社會科學院，但至今我們還經常聯繫、交往，情誼不變。有人問，什麼是摯友？我常想，我們就是摯友。唉……王輝是一個非常謙虛、真摯的人。他出版的任何書，我幾乎都是第一讀者。他在2009年出版的五卷本《王老漢文集》，首先我有緣看到他在書頁上對自己有一個自我描述，我願意抄錄下來，作為這次對王老漢回憶的小結：

「王輝，年屆八旬一老漢。青少年時期投身革命，四十年一覺官場夢，官未就，權充一僚耳；復廁身學界，二十年一覺文壇夢，學未成，實去初衷遠矣。自題詩云：『年屆耄耋復何求，電腦為伴度春秋。搜索枯腸寫拙作，語不驚人死不休。』有苦有樂的人生是充實的，有成有敗的人生是合理的，有得有失的人生是公平的，有驚有險的人生是多彩的，有生有死的人生是自然的。」

我所認識的高級官員
——天津市市長張立昌

　　因爲我是普普通通一介書生，平平淡淡的幹了幾十年教育工作，所以沒有條件也沒有機會，更不敢奢望和高級官員相識。但命運常常使得一些你所想不到的機緣來臨。

　　文化大革命以後落實政策，因爲我是文革前教師進修學院的副教務長兼系主任，所以有個落實政策問題。文化大革命以後，天津市的大學，除了天津大學、南開大學兩所屬於國家教育部直接領導的學校外，像輕工業學院、紡織學院、河北工學院等高校，也屬於中央部屬院校。而天津市，祇有像教育學院、美術學院這類學校而沒有自己的市屬理工科高校。記得文革以後第一任天津市委書記、市長是林呼加同志，他是一位深受天津市民喜愛和擁護的有魄力、有水平的市領導。他認爲，天津市應該有自己的理工科高校，但辦幾所大學何談容易，所以他提出在現有的大學裡掛靠一些分校。這樣就出現了天津大

學理工分校、天津大學冶金分校天津大學化工分校、天津大學紡織分校等高校。為了解決這些學校的校址，市裡決定徵用有關中學和中專作為分校校址，並且吸納該校的幹部和教師。於是這些作為高校的分校紛紛建立起來了。市教委為了落實我的政策，希望我到分校去工作，當時天津市也已經恢復了各個區的為培養幹部學歷而開設的高校暨「職業大學」。沒有落實政策以前，我在文革期間，被下放到農村勞動六年，回到市內，當時被安排在天津市和平區新華職業大學擔任教務處長併兼文史課。當天津市教委落實政策時，希望我到分校去工作，提出的條件是讓我挑選分校，因為我不願意回到我文革前的教師進修學院（文革後改名為教育學院），所以想去分校。我就提出兩個條件：一是我去距離市區最遠的學校。這是因在內心中經過歷次的運動，我已經神形俱疲，只想做一個布衣教師足矣，離市區最遠，也就離政治鬧市比較遠。二是我不做行政幹部工作。經過市教委的考慮，答應我去市區最遠的北郊區（今北辰區）天津大學冶金分校報到。出人意料的是，報到後兩週，分校黨委書記兼校長叫孫濤找我談話。孫濤校長是一位老同志，解放前是北洋大學畢業，文革前擔任天津市市長李耕濤的秘書，是一個很有水平的領導。我們之間的談話，很明確，很誠懇。我接受了他的建議，擔任教務處長。

在分校工作過程中，我除了給本科學生講課外，還要給天津市冶金局部分幹部及冶金局所屬的工廠有關的廠長講課。所以有機會，不僅和冶金局的有關學員相識，也有機會和冶金局長張立昌接觸。但這一時期，祇是相識沒有任何交往。後來，張立昌局長擔任了天津市副市長（市長是李瑞環）。在這期間，突然間他找到我。我知道，他是一個很謙虛的很受市民擁護的市長。他見到我很熱情，希望我抽出時間，儘快給他講講歷史課。這是因為他知道，文革以後「天津市和平區委中心學習組」和「天津市河西區區委中心學習組」的學習課程——中國史的教學由我來擔任，所以也希望我給他也講講中國史。他的這種謙虛和好學的精神感動了我。我用最短的時間向他講述

了中國歷史方面的主要概況和研究動態。這樣呢，我有機會和市裡的高級領導相識。

在這期間，為了解決打倒「四人幫」以後的遺留問題，學校將中共黨史課改為中國近代史，由我主編了高校參考教材：《中國近代史簡明教程》。立昌市長為了鼓勵此書正式由天津人民出版社出版，親自寫了題詞：「弘揚祖國文化，在馬克思主義理論指導下挖掘歷史材料，把近代史的研究推向新階段。」由當時謙虛謹慎、工作樸實認真的青年秘書苟利軍同志親自送給我。他也是我校畢業的校友，他和過去一樣，尊我為老師，使我感動。立昌女兒小紅告我，這是她爸爸首次寫題詞。我感到欣慰。從內心中把這作為鞭策自己學術研究的一種力量。

立昌副市長給我的印象不僅僅是謙和。他從局級昇到市長不是偶然的。他畢業於冶金分校前身的天津市鋼鐵專科學校。嚴格的講，他是我們的校友，他在擔任冶金局局長以前，是冶金局屬下的無縫鋼管廠的廠長。他在擔任廠長期間是受到全廠工人擁護和愛戴的。我舉個例子，春節大年三十晚上，鋼鐵廠煉鋼爐春節期間不停火，每年逢三十晚上，張立昌都要親自到煉鋼廠值夜班，並且和值班的工人師傅在一起喫年夜飯，喫餃子。一般來說，三十晚上有些廠的領導都願意回家自己過團圓年，而張立昌在他擔任廠長期間，年年如此。

我又想到一個例子就是，在炎熱的夏季，煉鋼廠的廠房溫度極高，所以有關的工廠，在夏季都給工人預備消暑飲料，這種飲料不僅消暑而且好喝。於是就發生了一個情況，就是有些工人在下班的時候用各種辦法將飲料帶出廠去，拿回家去。我們知道在敵偽時期工廠裡的工人出廠都有搜身制度。解放後，工人成了工廠的主人。他們私自帶出的飲料，不能再依靠搜身制。對於這個問題，後勤部門對張立昌作了彙報，於是一些領導就研究如何制止這種情況。大家研究之際，張立昌提出，可告訴後勤按照全廠人數購買塑料方壺，在工人下班前，一律把飲料灌進塑料壺內。下班後每人領一個回家，次日拿回，再裝

滿。這樣既滿足了工人的願望，又不用搜身。這件事體現了他的才幹，也受到了大家的擁護。之後，全冶金局就在夏季高溫廠推廣這種經驗。

李瑞環調到中央任政協主席，天津換屆，張立昌被市人民代表大會選爲常務副市長至市長。在他擔任市長期間，天津是全國大城市「米袋子和菜籃子」最豐富和價錢最低的城市。他不是官二代，更不是博士生，他是真正瞭解老百姓，憑真才實力幹出來的，百姓有目共睹。沒有比較就沒有鑒別，在今天物價飛漲難於控制的情況下，有的老百姓還懷念這位老市長。不過，他晚年擔任了中共中央政治局委員、天津市委書記。他平日身體過多勞累，使他患有重症。這個時期，在用人問題上，他也出現過失誤。我想這是不是由於他的性格造成？對有的部下過於信任，所以造成他終生的遺憾。

我和市級有關領導的機緣，從來不向任何人講，所以外界不得而知。現在他們知道後，都贊揚說，這是知識分子的「自尊」。我卻真誠的說：「這是『愚蠢』。但是，我還是願意作愚蠢的人。」

讓人感動的事啊——記黃興國市長

　　我以前與現任天津市市長黃興國先生沒有見過面，只通過媒體，知道他的一些情況。特別是，自從黃市長就任以來，天津市的經濟發展或城市建設都有了突飛猛進和日新月異的發展。沒有想到和他第一次見面就給我留下了深刻的印象。事情是發生在去年，2010年9月25日，天津市文史館和天津市參事室召開館員與參室聘任大會。天津文史館館員是由市長聘任的終身制館員，參事也是由天津市市政府、市長聘任，所不同的是

左△第二排第九人黃興國市長
左△第一排第六人李正中先生

這並非終身制，乃本屆參事。本屆新館員、參事聘任大會在市政府召開，由市長親臨講話並頒發聘任證實。所以，作爲文史館來說，是一件大事。有幸，我作爲文史館的老館員，被邀請參加出席，聆聽黃市長的講話。這是我第一次見到黃市長。

黃市長給人的感覺是溫馨和藹，具有很高的理論和文化修養，主要是說明了天津市的發展和對未來的要求，使人感到振奮和具有信心。在這次會議上，使我尤其難忘、也是最受感動的是照團體相。照相時黃市長堅持把第一排座位讓給年事已高的老館員，而他卻和其他館員或參事站立在後邊。我有幸被安排在第一排就坐。這一「站」和一「坐」，體現了市長虛懷若谷、禮賢下士的精神。這使參與會議的所有人無不深受感動。

沒有比較就沒有鑒別。我的文史館館員朋友有的是民主黨派的成員。他給我講，一般說來，民主黨派在一定時間要召開黨派成員代表大會。這種會議層次較高，他們選擇會址，一般選在較高檔次的賓館。因爲，除開會外，還要住宿喫飯。這是應該的。會議即將結束時，例行的公事是全體代表成員集體照相作爲紀念。由於會議召開，常常是在暑期或假期，天氣比較炎熱。可是照相的時候，慣例是第一排爲坐席，中間要空出幾個座位。這是留給本市民主黨派的正職和副職領導以及從中央來的本黨派的領導或代表領導。其他人坐在兩側或站在坐席的後邊。這樣安排也無可厚非，不僅是民主黨派，據我所知，所有的單位集體照片都是要把領導放在座席中間。這是應該的，因爲上下級有別，符合中國慣例。問題是，當大家都整整齊齊安排好了以後，這時服務人員才開始去請領導出席照像。這可能是由於地方領導見到了中央領導有千言萬語難以說盡，所以留其他人在炎炎烈日之下，汗流浹背，耐心等待，直等服務人員數次懇請，他們才姍姍而來，坐在既定的位置上合影。

我不懂得級別排位，僅是一介書生。但是黃興國市長此舉讓我有了不同的感觸。所感觸的不是有無座席，最大的感觸是我們天津市一定會日新月異。我爲天津的老百姓有這樣的市長而高興。

我遇到了「官二代」

近些年來，一個新的名稱「官二代」出現了。從社會學的角度劃分的話，它算是一個階層還是一個群體，我說不好。但有一點是很明確的，就是其父輩肯定不是一般的小官吏，必定是高官。近些年來在社會上，這個群體無論是在政治領域或者在經濟領域，都是掌握實權的人物。因此，引起社會上的普遍關注，甚至不少非議。我歷來主張無論工作職務高低、權勢大小，祇要他能勝任，能對社會發展及對群眾有利，就可任用。不能以出身論貴賤。因此有些「官二代」擔任了重要職務，也無可厚非。

說實話，我在天津社會科學院工作時就遇到了「官二代」。但我不僅對他的工作滿意，並且對他的品格、素養都由衷佩服，他甚至是可以作為有些人的榜樣的。我本來不想在回憶錄裡提到他的真名真姓。可是相聚十年，他給我留下很多難以忘記的記憶。為說明情況，不能不提。他叫萬新平，是早期河北省轄天津市委書記萬曉塘的大公子。萬曉塘，原名萬星師，字效唐。山東齊河人，1958年後任中共天津市委第一書記、警備區第一政委、中共河北省委書記處書記、天津市政協主席、第三屆全國人大代表、第八屆中共中央委員。1966年「文化大革命」爆發后，9月19日，萬曉塘因長期勞累過度，心臟病突發，經搶救無效，溘然長逝，終年五十歲。當時天津十幾萬群眾連續三天擁向設有萬曉塘靈堂的天津市第一工人文化宮表示哀悼。從凌晨直至深夜，一隊隊工人、農民、幹部、學生、街道居民，首尾相連，絡繹不絕。第一工人文化宮從一樓到四樓，擺滿了廣大幹部群眾送來的花圈、挽聯、悼詞，許多街道上也貼滿了悼念的橫幅。天津市各界代表在第一工人文化宮舉行追悼大會，會場內外一片莊嚴肅穆，在海河邊的中心廣場上聚集着上萬的群眾靜聽廣播。然而，康生、陳伯達等人聞知此事，立刻誣衊天津市委「以死人壓活人」。不久，他們又以種種莫須有的罪名，顛倒黑白，誣陷萬曉塘，株連無數的

幹部群眾，製造了天津最大的「文革」冤案。

萬新平是老三屆的學生，後來一度爲南開大學歷史系的工農兵學員。和他相遇，是在一九九一年我被聘請到天津社會科學院擔任中國文化研究中心主任、研究員時期。他當時擔任科研處處長。科研處在研究機構是個非常重要的部門，而他的工作非常出色。因此，爲了工作的需要，得到社會科學院黨組書記、院長王輝的同意，我聘請他屈就中國文化研究中心的副主任。由於這種工作關係的接觸，我發現他是一位非常有才能的人。如果說，我在社會科學院在工作上有一些成果的話，都和他的支持及工作的才能有關係。

例如，研究中心所舉辦的各種大型學術研討會都是由他來設計、組織、參與的結果。爲提高研究中心的成員工作能力的培訓，也都是經他親自安排。在當時，十幾年前，還沒有「官二代」這個名稱，新平之所以待人謙虛，工作認真能力超凡，這除了他自身努力而外，我認爲這與他的家教也有關。有的出生於高級官員家庭中的第二代或第三代，在今天幼兒園的小朋友中，就自覺不自覺地進行攀比，比如比什麼牌子的汽車。這是在今天幼兒園中是常見的現象。但是，新平同志卻從不張揚，而且主動要求去西藏地區進行艱苦的援藏工作。正是他，讓我對今日的官二代進行評價時，不輕率以出身爲標準，而是看他幹了些什麼，做了些什麼，對社會發展起到了什麼作用。正因爲新平工作的事跡感動了我，所以我有意無意地在與院長的交談中講新平的表現，談到自己希望新平同志在院內擔任更重要的工作。當然，新平同志在科研處的工作是十分出色的，院裡的領導對他的瞭解比我更清楚，更深入。

後來，新平同志被提陞爲分管科研工作的副院長。雖然新平不再兼任我的文化研究中心的副主任，但是他對於研究中心的工作還是非常支持，這是我難以忘記的。不過，人無完人，如果說新平同志還有不足的地方，我認爲就是他在學術研究上，憑他的才華，還可以有更高、更多的成就。遺憾的是，他在這方面，我感覺稍有不足。後來，我離開了社會科學院，到

天津理工大學工作。我知道他又榮昇到天津社會科學聯合會，簡稱「社聯」，擔任正職書記。這是一個領導全市社會科學各學科學會的總機構。希望他能在學術研究上能有更高的成就出現。據說，目前他正在主持一部天津通史巨著的編寫。對此，我感到欣慰。

在「官二代」人員中，我還接觸到一位在大學工作的後來被提拔到市教委擔任副主任之職的東北人。我與他接觸時間不長，因為沒有直接關係，他給我的感覺就是人非常聰明，善於講話。和他接觸的人，都說他講話使人愛聽。所以，僅僅從與少數官二代的接觸中，我感覺這些人多是聰明，有才氣。而自工農出身的人多純樸、單純，在聰明伶俐方面，與「官二代」是無法比擬的。我認識的這位「官二代」，其父親是省部級幹部，曾經與天津直轄市市委書記高德佔是朋友，而且在高書記在沒有來天津以前，還做過高部長的副職。因此，高德佔到天津以後，我認識的這位「官二代」在中文系擔任副書記，分管學生思想教育。由於工作的性質，所以在學術研究上並無任何建樹，不過，這是可以理解的。後來，讓人們意料不到的是，他作為大學的系一級近百個幹部中的一員，被調入天津市教委工作，並很快被任命為副主任。說實話，教委的副主任，是個舉足輕重的位置。有些人就議論說，他是火箭幹部。因為在分管學生工作時，他也沒有什麼特殊政績可言。在這樣短的時間內擔任這樣重要的職務，人們產生議論，也是可以理解的。我認為，職務提陞快慢和速度並不是評價幹部的標準。一個幹部有能力的話，不必按部就班走過程，可以越級提拔。關鍵是看他能否擔任其職責，是否有貢獻。所以，無需虛偽的為提拔幹部而鋪一些明為障人眼目，實屬「此地無銀三百兩」的臺階過程，這都是「形式主義」。

歷史常常使人難以琢磨。出乎意料的是，後來他父親的朋友高德佔被調離天津市到全國人大擔任常務委員。按理說，這不應該影響曾被提拔的有關幹部，可是這位擔任教委副主任的「官二代」，隨着高德佔的離職，也離職了，被安排到一所

非常普通的高校擔任副書記去了。據說，他這時明白了一個道理：光有副書記頭銜不行，還得有職稱頭銜。這個時期，我們國家的工資計算是這樣的，工廠按工齡，教育衛生系統按職稱。所以我們可以看出來，許多行政人員不僅有職務，而且還有職稱，這也是我國的特色，很多處室的人員一般都有教授啊、副教授的頭銜，這在國外是罕見的。這就跟學位一樣，有的人是規規矩矩的經過個人的艱苦努力從學士到碩士，拿到博士學位。但是，同樣是「博士」，有的人則不需要這樣的努力。因為自身是官員，他們可以不脫產，到有關政治幹部培訓單位培訓一下，所謂在職讀博，也就成了「博士」，這也是中國特色吧。所以有人說，「教授滿街跑，博士用簸箕掃」，「中國的博士多數在官場」。所以，我們國家是教授、博士數量世界第一。我們有很多諸如此類的第一。

我要說的這位官二代，他深知職稱的重要。可是他是做學生思想工作的，哪來的學術著作呢？於是到這所高校後，他就給本科生、研究生上課，搖身一變成了碩導。他工作繁忙，又無撰寫論文的真才實學。但這不難解決，有的教師在寫論文的時候，或是出版專著的時候，為了達到自己的某種目的，就把官二代的名字加上，且作為第一作者。經過這樣的包裝，憑着自己的身份，他在大學待了僅一年的時間，就成為「正教授」了。當然，給他做工作的教師，必然也就被提拔為學院的副院長或副部長。這位官二代由於又有了學術職稱，隨着形勢的變化，即離休后的高德占又回到天津居住，成為「老同志」，於是這位「官二代」隨之又提陞為一所高校的正職書記。

對於「官二代」，人們幾乎是罵聲一片。實際上，平心而論，官二代原本祇是一個中性現象。任何行業皆有二代、三代，即所謂「世家」之謂。美國也有父子先後當總統的，比如老布什與小布什，在同一個時代當總統。但卻沒有人認為小布什當總統是靠老布希的人脈關係與政治資源的。而中國「官二代」問題，雖然表現在「二代」身上，但根子卻或多或少與官員本人有關。古語云：「子不教，父之過。」某些官員，自己

不能正確用權，經常擺官架、顯官威，說假話，做壞事，在這種環境中長大的孩子豈能學好？往往如同《水滸傳》中的「高衙內」。我深深知道官二代本來都是非常聰明的，就看他如何發揮自己的聰明。由於官二代特權的影響，像傳染病一樣，社會出現了「富二代」、「星二代」。最近有個歌星李雙江，是將軍級國家待遇。這是中國特色的官本位，任何職業都與官級待遇掛鉤。試想，過去唱歌的「藝人」、「戲子」，今天都有官階，甚至是將軍級。這是世界少見的。歌星的兒子不僅是違規駕車，而且還打傷人。可見「星二代」與「官二代」一樣，都是國家培養的特權階級。

眾所周知，我國官場或公務領域的裙帶關係、近親繁殖現象相當嚴重，從國家一級的大機關、各政府部門，到高校、企事業單位，父子、夫妻、連襟等親屬分居上下級或同級領導崗位的現象比比皆是。現在近親繁殖又蔓延到國家公務員的錄用上，其弊端正在一一顯現。「官二代」現象可謂近年來權力腐敗現象的派生品。儘管常識告訴我們「富二代」和「官二代」並非都是壞人，「貧二代」也不見得都是好人。但是，這樣兩種明顯的不公平，加上今天日益惡化的官民矛盾，必然使得「官二代」成為眾矢之的。事實上，一些「官二代」瘋狂搶奪各種資源的行為，已經成為令人不敢恭維的官場風習的一部分，並最大限度地為社會上仇官的情緒添加了燃料。跟普通百姓相比，官員的後代，原本就有競爭的優勢，如果連競爭本身都被取消，變成赤裸裸的有權者通喫，那麼，由此造成的社會危機，是不可估量的。

我所知道的幾位名人子女

其一陳佈雷之子陳力

我相信遺傳基因，「龍生龍鳳生鳳」，這不是一句空話。當然，後天的努力與不努力對人的一生也起着巨大的作用。文革以後，我由於工作的關係，認識了蔣介石的秘書長、總統府顧問陳佈雷先生的兒子陳力先生，當時他是天津人民出版社的社長兼總編輯、中共黨員。

打倒四人幫時的社會形勢至今使人難忘。那種百廢待興，追求知識的思潮讓人難以忘懷。所以當時出版社首當感到了衝擊和壓力，大量的出版任務等待人們去做。我就是在這種情況下與社長陳力認識。首先讓我感到奇怪的是，他是老資格的中國共產黨黨員。父親是國民黨元老而且是國民黨頂級官員，兒子卻是共產黨員，使人不可思議。雖然共事時關係很好，但我也不便多問。

據別人介紹，陳力早在讀書時期就是追求進步的革命青年。很久以前就成為共產黨員了。他的英語非常好，無論是筆譯還是口語交流，我認為都是當時社會的一流。他的形貌與父親很相像，戴一副眼鏡，文質彬彬，和藹可親。對於出版業務，他也非常熟悉。我想這和他的家庭影響有關。陳佈雷早年就是在新聞出版工作方面的知名編輯和大主筆。在像知名的《申報》、商務印書館，中國一流的新聞出版單位，都做過編輯。這樣看來，陳力還是新聞出版世家出身。

我因為是教師出身，到出版業，實話實講，祇能對稿件文字邏輯、理念，一知半解。而對整個出版業的要求、過程，可以說是外行。但按照當時工作的需要，我做了文史編輯室的負責人。真可以說是打鴨子上架。這多虧陳力社長的大力支持，我向他學習了很多有關出版業務的知識。對於我的寫作以及有關出版事宜情況的瞭解，至今仍有幫助。

我和他不僅是同事關係，而且有一定的友誼。他家住的地點距離出版社不算太遠，有時我順便到他家去做客。他住的房子和當時出版社有關人員基本一樣，毫無特殊。當時大家雖然居住地點不同，但每一個編輯所居住的房間僅僅都是一間住房。當時的社會，一切房屋都是公產，由國家單位來分配。即使那些由於解放戰爭而逃亡的資產階級或官僚遺留下來的住房，都被人民政府沒收或變相沒收，叫政府代管產。所以，大家的住房情況基本上差不多，都是擁有政府所分配的一間，而且新結婚的人，如果趕不上單位分房或本單位根本無房子分配，那新婚夫妻衹能各自住在原有的機關集體宿舍。每到週六晚上，沒有結婚的單身人員都回自己的父母家去住，這時宿舍空出來了，結婚人員才能在集體宿舍過一夜夫妻生活。

　　我到陳力家去，也住一間房子。他卻非常樂觀，在狹小的房子中，一張雙人床，一個書桌，兩把木椅，既做臥室，又做書房。我想，他當年若是不到解放區，而是去台灣，他應該不至於此吧。我知道了，這就是信仰的力量。信仰高於生命，至於生活條件不在話下。我理解他。按理說，我在舊中國讀大學時期也何嘗不是家境殷實的少爺，我也追求信仰，還參加了新民主主義青年團。所以，我理解陳力。

　　後來，隨着出版形勢的發展，又分別成立了百花出版社、新蕾出版社、古籍出版社、科技出版社，還有教育出版社等。這些出版社的領導由上級單位分派。其中骨幹多半由人民出版社調派。所以把這時期的人民出版社叫「大人民」。不久，根據形勢新發展，中央建立《中國日報》（英文版）發行世界。是大報，陳力被調往北京擔任《中國日報》總編。我因落實政策，又回到了學校工作。以後與陳力的來往也逐漸少了。我相信，他應該早已退休了，不會再住一間小房的宿舍了。相信他的晚年一定是兒女滿堂，幸福快樂。

其二胡適之子胡思杜

由於我非常崇敬胡適先生，所以我對胡適先生的子女很注意。在中華人民共和國成立以前，共產黨還沒有接管國民黨時期的大學。在解放區，很重視教育工作。設立了有關學校，如陝北公學、魯迅藝術學院，這都是培養革命主力的學校。華北大學的最早前身就是陝北公學，經過華北聯合大學，再後來就是華北大學。當時華北大學有三個學院，叫部。一部培養理論政治幹部，二部培養師資，三部培養文藝宣傳幹部。所以，有些國民黨時期的大學生投入革命後，分別進入華北大學的各部。後來，進駐北京以後，把三部中適合培養的學生留校，建立中國人民大學，繼續學習。同時，有一部分人進入研究生班學習。因此1952年或1953年的中國人民大學的畢業生和研究生班同一年畢業。我的同學孟氧被分配到經濟研究生班。我被分配到歷史研究生班。

我因家庭變故，沒有在人大畢業，提前分配工作。此外，在新中國成立前，除華北大學以外，共產黨還設立了兩所大學，一所為革命大學，一所為軍政大學。軍政大學是培養軍事幹部的學校，革命大學是培養機關行政幹部的學校。胡適的小兒子，叫胡思杜。由於在學生時代受中國共產黨的影響，雖然曾在美國讀過書，但是回國後在解放軍即將攻入北京以前，胡適被蔣介石派專機接走。這時胡思杜卻堅決留在北京，並參加革命。這時，他已經是革命大學的學員了。所以有的資料說，他是華北大學的學生，這是不確切的。正因為他是革命大學的學生，所以他的思想、理念，比一般人進步，要求革命，並願意為共產主義奮鬥終生。因此，他不會和他的父親胡適——作為共產黨的戰犯——一起離開北京。正因為如此，他在新的革命理論的指導下，他公開在批判自己的父親胡適是剝削階級的代言人。

眾人皆知，胡適當時被稱為「資產階級唯心論的代表」，「國民黨的忠實走狗」。作為胡適的兒子，胡思杜背負着與生俱來的罪孽。但他急切的想要融入新的社會，想要被新的政

權肯定。於是他主動上交了胡適留下的一箱財物，並順應要求，努力「改造」自己的思想，表現十分積極。他寫了一份思想報告《對我的父親——胡適的批判》，公開明確表示與胡適劃清界線。胡思杜的文章說：胡適「對反動派的赤膽忠心終於挽救不了人民公敵的頹運，全國勝利來臨時他離開了北京，離開了中國，做了『白華』，他還盛讚『白俄居留異土精神之可佩』」。「從階級分析上」看，胡適是「反動階級的忠臣、人民的敵人，在政治上他是沒有什麼進步性的」，並開列了這位「戰犯」的種種罪狀，如「出賣人民利益，助肥四大家族」、「和帝國主義文化侵略利益密切的結合」、「甘心為美國服務」等。「人民公敵」一詞語出陳伯達著《人民公敵蔣介石》一書。當時此書引起全國的影響，人人皆知。「人民公敵」就是蔣介石的代名詞。

劃清界限，是共產黨對待出身地主、資產階級家庭子女進步還是落後，甚至反動，是一條標準。按照當時的邏輯，一個人若不和剝削階級劃清界線，他怎麼可能搞好革命呢？這是對每一個出身剝削階級人的考驗。不僅要劃清還要謾罵，自責。越深刻越顯得進步。每次政審，都要寫自己的出身和表現。做出的檢查還要經過小組討論，須人人過關。所以謾罵自己的父母越深刻，方顯得越進步。我的愛人妹妹，在解放後讀書時，為了要參加共青團，必須與家庭劃清界線，謾罵出身資本家的父母。但是前後謾罵了三次，依然沒有過關，當然也就沒有參加共青團。有一個笑話，打倒四人幫以後，與她在一起工作的黨員朋友們，卻幫助她參加了中國共產黨，成為了一名共產黨員。有時我想他爸爸的階級成份不會因為打倒四人幫就變了吧。還是資本家還是剝削階級，她也用不着謾罵自己的父親，卻成了光榮的共產黨員。有時不得不說，歷史有時也愛和人開玩笑，哪裡有什麼真正的標準。試想毛澤東主席的父親是富農分子，人們從來沒有見到毛主席寫過批判自己父親的文章，卻仍然擔任終身制主席。所以妻子的妹妹是中國黨員也就不足為奇了。

胡思杜在報紙上公開與胡適劃清界線，引起了社會震動。1951年11月胡思杜的文章在《中國青年》等刊物上轉載，以此為契機，大陸方面興起了第一輪胡適批判高潮。特別是在知識份子中間，引起了更大的影響。尤其是，在毛主席親自領導下發動的批判《紅樓夢》，進而出現全國性的對胡適的聲討。這時有的知識分子在胡思杜文章的影響下，為自己也開脫了。其間許多舊社會過來的知識份子如湯用彤、金岳霖、馬大猷、朱光潛、梁思成等等，都寫了思想反省，表明立場。過去一般認為學生怎能批判自己的老師，而今天看到胡思杜的文章，兒子都可以批判父親，為什麼學生不能批判老師呢。其中包括胡適最得意的大弟子之一羅爾綱就用這種藉口批判了自己的老師。據我所知，當時除吳晗之外，大陸所有的胡適的朋友、同事、學生無一例外，都對胡適進行批判。現在看來，學生批判自己的老師，還需要借詞才敢於批判，真是一種沒有必要的顧慮。試想，文化大革命期間，何止是批判呢？我的學生就曾揪着我的頭發，用「噴氣式」在臺上進行批鬥，並加於拳打腳踢。有的老師卻被學生活活打死。有的老師，被逼跳河自殺。天津二十一中學女校長白堤就因此而跳河自殺，好在被人發現，救起。有的老師被打致殘。這些表現你能怨學生嗎？這是一種信仰，不過至今我也不明白這種信仰是對還是錯。

胡思杜在革命大學畢業後，被分配到河北省唐山市鐵道學院馬列主義教研室任教。胡思杜以為與胡適劃清界線，就可以擺脫父親的陰影，無所羈絆地投入新社會去了。他顯然低估了胡適的影響力，也低估了新政府的決心。他是有原罪的，這個罪至死方休。這場批判風潮持續了十個月，范圍廣力度大，徹底的把胡適批透了，以至於「胡適話題」變得不新鮮，在文革裡人們也懶得抓這根辮子。在這場批判中，胡適被扣上了許多罵名，如「異族胡適」「文化漢奸」「胡適這個妖怪」「套着美國項圈的走狗」「出賣祖國的最無恥的賣國賊」等等。胡思杜是「漢奸」「走狗」「賣國賊」的兒子，壓力可知。

一九五七年毛主席親自領導的反「右派」鬥爭，他被打成

「右派」。在這期間，他當然也受到了批判和鬥爭。胡思杜生命最後幾年唯一的親人是他遠房堂兄胡思孟，其他親戚如堂兄胡恒立，舅父江澤涵等，身份都是中國黨員幹部。胡思杜怕連累他們，不常往來。並且因爲成分不好，胡思杜一直沒交上女朋友，三十好幾的人單身度日，他一直努力工作，儘量樂觀，以爲會得到新社會的容納，但卻一直是二等公民。

他一直想入黨，到了1957年，中央號召「百花齊放，百家爭鳴」，他認爲貢獻的機會來了，就積極主動的給他所在的院部領導提了關於教學改革的建議。沒想到這衹是「引蛇出洞」，一夜之間風向突變，他被打成了「右派」。當年他批判他的父親，現在自己又被別人批判。他終於承受不了打擊，在1957年9月21日這一天夜晚，絕望中上吊自殺了。留下一封遺書給胡思孟，滿紙辛酸：「現在我沒有親人了，也衹有你了。你來了我一定不在了，找我的一個同事，他會告訴你我的一些情況。你是我最親的人了，現在我已經死了，你不要難過。你能喫苦，耐勞。我留下的六百多元錢，公債券二百多元，你的孩子若能上學的話，供給他們上大學。一個手錶也給你，留個紀念。希望你們努力工作，你的孩子們好好學習，爲社會主義立點功。」

其三傅作義之女傅冬菊

我在北平讀大學時，華北剿匪總司令是傅作義將軍，他的司令部駐紮在北京，紀律嚴明。這時中國共產黨正和他進行秘密聯繫，試圖和平解放。人人皆知，北平是和平解放的，從而保留了北平這座幾百年的古跡名城。在這方面，人們稱讚傅作義。但是在北平和平解放的過程中，傅作義的女兒起了一定的作用，這一點卻鮮爲人知。

傅作義的女兒叫傅冬菊，又名傅冬，是中共秘密黨員。她時任天津《大公報》副刊編輯。她利用自己（傅作義之女）的特殊身份，通過設在天津黃家花園的「華北剿總」天津辦事處，將傅作義的大量軍事情報秘傳給中共，讓傅作義的許多軍

事行動屢屢失敗。此外她還做了許多勸阻傅作義不要率部南下、不要再爲蔣介石賣命的艱苦說服工作。特別是，正是通過她，中共根據取得的傅作義兵力部署、戰略意圖等，適時掌握戰機，令東北野戰軍提前入關，將傅作義及其所率部隊抑困在華北。

當時的傅作義，作戰上有兩個方案，一個就是棄城再把部隊拉到西北，與西北地方軍聯合。他以前在西北很有影響。第二個方案是，他過於相信自己的部隊，從裝備和數量上都可以與解放軍進行較量。正因爲如此，共產黨唯一擔心的是怕他去西北與西北地方勢力聯合起來，這樣的話，作戰將要付出很大的代價。傅作義這時期還在猶豫，是打是談。解放軍正在圍攻太原，根據我們的勢力，猛攻一舉即可佔領太原市。當我們正在進行決戰，佔領太原市前，中央突然下令制止前進。當時部隊，包括下級軍官，都不知道爲什麼。因爲他們滿懷信心，只想儘快佔領太原。我們的部隊力量遠遠超過山西閻錫山的軍隊。當時很多人寫請戰書，說保證下令進攻會一舉拿下。可是他們不知道中央的戰略意圖，中央意圖是痲痹傅作義，贏得時間。因爲這樣給傅作義一個錯覺，認爲像太原這樣的城市解放軍都打不下來，何況是圍攻北京城呢？所以這樣要痲痹傅作義不能使棄城西北逃脫。等北平第四野戰軍集中圍攻北京，傅作義就徹底絕望了。

當時中共利用傅冬菊提供的重要軍事情報，一直掌握着和談主動權，根據傅作義的思想、動態，才最終作出和平解決北平的決定。而傅作義也爲了北平百姓和千年民族文化，而放棄個人名利，通過傅冬菊的中間聯繫，欣然接受了中共和談的內容。但就在此時，毛澤東卻以勝利者的姿態，起草了一個《平津前線司令部首長致傅作義的公函（最後通牒）》。這封公函（最後通牒）措詞極爲強橫、嚴厲。信中說：「貴部軍行所至，屠殺人民、姦淫婦女、焚毀村莊、掠奪財物、無所不用其極……，在貴將軍及貴黨統治之下，取消人民一切自由權利，壓迫一切民主黨派及人民團體……，在北平城內逮捕無辜

人民……，貴將軍自身爲戰爭罪犯……即應在此最後時機，遵照本軍指示，以求自贖……。」傅冬菊深知父親「士可殺，不可辱」的脾氣，怕傅作義逞一時意氣而拒絕。那樣將是北平數百萬百姓和千年文化古都的末日。於是，在她接到鄧寶珊與中共代表蘇靜轉來的這封中共公函（最後通牒）時斟酌再三，故意將這封公函放在了傅作義在中南海居仁堂辦公室的文件堆下面。1949年2月1日，即解放軍入城儀式的第二天，《人民日報》公開發表了這封信（最後通牒），此時傅冬菊才把此信原件交給父親傅作義。傅作義看過，當即痛斥女兒不忠、不義、兩姓家奴。傅冬菊後來解釋傅作義此時的心情，他不是後悔北平和平解放，而是不服氣這樣蔑視他和他的部隊，更不該在和平協議已經實現的時候，用這種態度侮辱他。最終，北平獲得了和平解放。而這段歷史在一般史料上是鮮爲人知的。

傅冬菊是和平解放北平，並保護北平這座千年古城二百萬人民的生命財產及無數古建、文物的大功臣之一。試想，如果沒有傅冬菊作這樣的努力，估計北平將會是一個玉石俱焚的結局。然而，在其後的歲月中，傅冬菊的境遇十分淒慘。晚年的傅冬菊生活十分平淡，甚至可以用窘迫、困頓這樣的辭彙來形容。她微薄的退休金幾乎讓她看不起病，住不起醫院！前些年房改，需要個人將公房買下來，而這象徵性的不多的錢，她都拿不出，以致國務院機關事務管理局多次向她催逼房款。平時，傅冬菊深居簡出，從不向人提及自己對和平解放北平做出的貢獻。有時，她還把省喫儉用存下的零錢，捐獻給希望工程。她曾聯繫各方人士捐款，在山西省建設了兩所希望學校。2007年，85歲高齡的傅冬菊逝世。

其四張恨水的兒子張小水

　　我在北平中國大學讀書時，與著名的社會通俗小說家張恨水的公子張小水是同學。小水是國文系的學生，我是史學系的學生。到了1951年9月，張小水成爲華北大學政治經濟學教研室的研究生，後留校任教，上個世紀世紀60年代又調往北京第二外國語學院任職。我們之間沒有什麼交往。可是在華北大學讀書時期，卻成了同學，特別是在北京中國人民大學建立前夕，我和張小水都住校。因此有機會在一起聊天。在聊天的時候就很自然的想通過他瞭解張恨水的情況。因爲張恨水的作品在上個世紀三四年代不僅在市民中間很有影響，並且在中小學生，特別是在女學生中非常受歡迎。他的言情小說《金粉世家》、《啼笑姻緣》在社會上產生了巨大的影響。據張小水說，他是大夫人所生。他的大媽和小媽相處得很好，家庭中還是比較和諧的。在生活的經濟條件方面並不像人們所想像的那樣生活很富有。他們家的平日生活也都是和一般市民差不多，平日也是豆腐白菜。這是關於他的家庭生活。

　　大家特別關心的是他父親爲什麼叫恨水。社會上常常有一種說法，說是張恨水非常羨慕並想追求冰心女士，而冰心女士

並不理睬他，爲此取名「恨水」二字。小水同學說，這是社會上的一種臆測。實際上是取自南唐李後主的一首詞「林花謝了春紅，太匆匆⋯⋯人生自是長恨水長東。」這是他父親在年輕時期生活困頓，而宣洩苦悶。在1914秋在漢口爲一家小報寫補白感悟到人生苦短，光陰可貴，遂以「恨水」二字作筆名。自此以後所發文章均署此名。這時我們幾個同學才恍然大悟。所謂筆名也多是有自己的感觸的，是有內涵的。

張恨水的著作，在社會上特別是在市民階層中起到了很大的作用。他發表的作品數量是相當大的，據不完全統計，有一百一十多部小說，總字數近兩千萬言。如果加上散文和三千首左右的詩詞，全部作品應達三千萬言以上。他在抗日戰爭時期也寫過一些支持抗日和歌頌抗日的文字。同時也寫過對國民黨貪污腐化的文字。可見他是一個非常有才華的作家。據張小水講，有時候他父親聽到一個朋友講述所見所聞的一件事，他回來以後就可以加工寫成一部小說。所以他的小說基本上都是中篇和長篇，可見他的才華了。但是在正統的文藝作家的眼裡，他的小說內容多半是才子佳人或者是戀愛故事，給社會所帶來的是負面影響。正因爲如此，新中國成立以後，第一次文代會名單上並沒有張恨水。當然，在作家協會的名單裡也見不到他的名字。今天我們的影視作品張恨水的這些曾經被人輕視的以戀愛爲主題的影視卻受到了廣大觀眾的歡迎。遺憾的是，他早已離開了人世間。

憶吳晗：
是困惑還是我的一個謎？

我在大學讀書時期，就非常敬仰胡適先生。胡適原名嗣穈，學名洪騂，字希疆，後改名胡適，字適之，筆名天風、藏暉等。他生於1891年，卒於1962年。安徽績溪人。是現代著名學者、詩人、歷史家、文學家、哲學家。曾提倡文學革命，為新文化運動的領袖之一。著作宏富，有《中國哲學史大綱》、《嘗

吳晗妻子袁震和其子女

試集》（這是現代文學史上最早出版的一部個人詩集，也是第一部白話詩集）、《胡適文存》、《胡適文存二集》、《胡適文存三集》、《胡適自傳》、《戴東贏的哲學》、《白話文學史》、《四十自述》、《藏暉室札記》、《胡適日記》、《齊白石年譜》，以及《先秦名學史》等英文論著。此外，從1919年起，他還陸續翻譯了歌德、莫伯桑、契柯夫等人的短篇小說（先後編輯為兩集《短篇小說》出版），以及拜侖的長詩《哀希臘》、易卜生的劇本《娜拉》（與羅家倫合譯）等。胡適去世後，台灣編輯出版了《胡適選集》《胡適手稿》等，大陸出版了《胡適往來書信選》、《胡適書評序跋集》、《胡適文集》等。

當時大學裡的一些先生就很敬佩胡適。特別是胡適先生提出的「大膽假設，小心求證」，是當時搞學問、做研究的指導原則。當時的青年對於五四運動有着很高的評價，甚至將五四新文化作為自己的標榜和信仰，並視為證明自己是新青年還是陳腐者的一個標幟。胡適的有些研究在學術界或研究界可以

1976年其女兒吳彥在黎明前含冤慘死在「四人幫」的牢房。文革中遭批斗

反革命修正主义分子 吳晗

說是不易之論，例如《紅樓夢考證》等。可以說，我是一個胡適的信仰者。

吳晗，原名吳春晗，則是胡適的得意門生。胡適還有一個得意門生，就是太平天國研究史專家羅爾綱。他們早年都是胡適的學生。特別是吳晗，他在學術上的研究成果，以至於他確定研究明史的方向，都與胡適的建議有關。吳晗曾是胡適擔任校長的上海中國公學學生，修過胡適在中國公學開的大班課程「中國文化史」。他以學生身份寫信給胡適問學求知，而與胡適開始結緣。1930年3月19日，他首度寫信給胡適，向他請教關於研究法顯《佛國記》的問題。爾後，對於胡適考證《紅樓夢》的成果，吳晗也主動提供了一些補充資料。當胡適離任中國公學校長的職位，於1930年11月28日回任北大教職後，擔任北京大學文學院院長兼歷史系主任，吳晗也跟着北上，打算轉學到北平去繼續念大學。他想考北大二年級的插班生。胡適告訴他：「北大考試以成績為定，不需徇私，你考取後無錢入學，我一定想辦法。」當時吳晗家已破落，經濟上有些困難。於此可以看出胡適對學生是多麼愛護和關心。但是，他堅持學校制度。結果，吳晗英文與國文為雙百，但是數學為零分。他不能到北大。於是他又報考清華，清華破格錄取了。當時，不僅在清華引起影響，在北大也引起振動。這就是時至今日，人們仍在談論的吳晗以數學零分被清華錄取的情況。

一九三一年八月初，當胡適知道吳晗被清華錄取以後，非常高興。但他深知吳晗的家庭條件難以支持就讀清華的學費及生活費用，而這需要吳晗自籌。所以胡適在他入學後，親筆寫信給當時的清華大學代校長翁文灝和教務長張子高，要求校方給吳晗特殊的關照。其中信中特別提到：「我寫這封信懇求兩兄特別留意此人，給他一個攻讀的機會。」由於這封強有力的

推薦信，清華在史學系為吳晗找了一個工作，名義為助教。每月可以收入二十五元大洋。按當時一般平民的生活標準，每月費用只需四元左右。很明顯，吳晗能順利地在校攻讀，全是老師胡適的推薦。

吳晗本來想研究秦漢史，進入清華大學之後，擔任清華史學系主任的蔣廷黻，卻希望他治明史。胡適贊同蔣廷黻的看法，他告訴吳晗：蔣先生期望你治明史，這是一個最好的勸告。秦漢時代材料太少，不是初學所能整理，可讓成熟的學者去做……胡適還告訴吳晗治明史的基本態度：治明史不是要你做一部新明史，祇是要你自己做一個能整理明代史料的學者。此外，對研治明史的步驟，胡適也有詳盡的提示，要他「應細細點讀《明史》，同時先讀《明史紀事本末》一遍或兩遍。《實錄》可在讀《明史》後用來對勘」。胡適還說，在進行專題研究時，千萬不可做大題目，題目越小越好，小題大做才能得到訓練。經胡適如此殷切導引，吳晗一向感激：「先生指示的幾項，讀後恍如在無邊的曠野中，夜黑人孤，驟然得着一顆天際明星，光耀所及，四面八方都是坦途。」胡適的幫助。為他後來在學術上的巨大建樹奠定了基礎。正因為吳晗是胡適的得意門生，我對吳晗多有關注。

吳晗在上個世紀五十年代曾被南開大學歷史系鄭天挺先生邀請做學術報告。當時，吳晗已經是北京市的副市長。由於我和南開大學有緣，當時有幸參加了他這次的學術報告。吳晗先生聲音宏亮，氣勢非凡。給我印象較深的是他對明史研究的體會。他說，研究明史要用史料講話。他反對用空洞的口號來代替歷史。這是因為當時在學術研究上有一種傾向——對歷史人物的評價，以其代表哪個階級為標準，卻不用史料來證實和說話。正因為如此，他強調要認真閱讀史料。他對朝鮮李氏王朝的著作資料做了特別介紹。因為在明王朝時期，朝鮮李氏王朝與明的關係密切，還要以正式進貢來與明接觸。及使臣回國後還要向國王進行講述。因此，吳晗認為，從朝鮮的李氏王朝的資料可以反映出明朝當時的很多情況。我當時就感覺，研究歷史尤其要重視原始文獻，並且在閱讀文獻時絕不僅僅是就局限於本專業的文獻。，如研究明史，不應只看《明史》。吳晗的這些觀點對我以後的研究啓發很大。

　　另外，他又介紹了一部不為學者所注意的書——《國榷》。《國榷》為談遷（1594—1658年）所撰，是記載明朝歷史的編年體史書。鑒於史官壟斷了明歷代實錄，很多地方忌諱失實，而各家編年史書又多膚淺偽陋，談遷尋訪到各種資料，廣征博采，力求徵信。天啓元年（1621年）始編著，初稿六年後完成。據稱此書「六易其稿，彙至百卷。」順治四年（1647年）全稿被竊，談遷又發憤重寫。順治十年時，應弘文院編修朱之錫邀請，他攜稿赴北京，訪問前朝遺老、皇室、宦官、降臣等，閱讀公家檔案，重新校訂《國榷》，以三十餘年時間編成《國榷》一書，署名「江左遺民」。但是，這部書在後來，不僅為一般學者所忽略，就是很多研究明史的人也不曾注意。吳晗則認為這部書對明史研究作用很大。由於不曾被重視，這部書很難見到。他見到後，就親自抄寫。後來這部書，就是在他堅持和主張下，我國出版社才出版。可見，吳晗不僅是對學術研究，而且對著作的保存和流傳也起到了巨大的推動作用。這是我們後人，尤其是研究明史的人，應注意的——應該重視文獻的搜集

和保存。我後來注意寶卷的搜集與整理，就是受吳晗先生治學精神的影響。

　　遺憾的是，吳晗與對自己多有提攜和關照的老師胡適分道揚鑣，走了不同的道路。對於這件事，我也是很膚淺的對於吳晗的人生軌跡加以臆測。吳晗本是以學術研究為己任的青年，所以他崇拜胡適，並把胡適的一切言行作為自己行動的方向。可是為什麼他要背離自己的恩師？我想這是和時代有關吧。因為抗日戰爭以後，國共兩黨的合作分裂了。在這個時期，國民黨有些官員在接收的過程中出現了貪污腐化。經歷了抗戰八年艱苦奮鬥的老百姓對這時的國民黨非常失望。而此時共產黨紀律嚴明、以身作則，受到了老百姓的擁戴。吳晗在這個時期，不能不受到共產黨的影響。此外，他曾到過解放區，並得到了中共領導的親自對待。我想，作為一個書生，他恐怕有些意想不到吧。相比之下，蔣介石是絕對不會親自接待吳晗的。人是有情感的，吳晗在解放區所見的那種團結奮鬥，喫苦耐勞的精神，讓他在主觀上對共產黨感到親切。對於他的《朱元璋傳》，毛澤東不僅看了，而且作出了讓他意想不到的評價，並長時間與他交談。所以，他對毛澤東，一是無比欽佩，二是感恩戴德。在主客觀的影響下，他轉向共產黨。正因為這樣，吳晗一旦有機會和他的老師相見，總是把自己的觀點傳達給胡適，胡適根本不理會。解放戰爭末期，吳晗曾以軍代表的身份奉命派人與胡適接觸並希望其留在解放區，留在大陸，而胡適的態度很堅決並且他也希望吳晗能夠堅定立場不要左右搖擺不定。胡適所向往的是「麵包與自由皆有」的國度，吳晗數次勸解不成。後來吳晗還聽說胡適對人說自己「走錯了路」。顯然，因為政治因素，二者必然走向分道揚鑣，師生關係就此斷絕。

　　北平解放後，吳晗以副軍代表身份參與接管北京大學、清華大學，並擔任清華大學校務委員會副主任、歷史系主任等職務。1949年後，歷任北京市副市長、中國科學院哲學社會科學部委員、北京市歷史學會會長等職。於1957年3月20日，經北京

市副市長劉仁、張友漁介紹加入共產黨，並被中共中央批准。在這種情況下，他對自己的恩師那種感恩和敬佩與解放區的領袖相比無疑有着天壤之別。這時候，他分析事物的標準，開始以政治為標準。而過去，他是以學術高低論英雄。

當他成為一名中國黨員以後，在「反右」鬥爭中，曾組織報社嚴厲批判在大鳴大放活動中對黨提出過批評意見的儲安平。一個知識份子，放棄了自己的獨立思考能力，代之為別人替他思考的東西，雖然因為歷史做出了錯誤的行為，但吳晗自己何嘗沒有責任？吳晗當時把毛澤東視為信仰的偶像，在分析、評論事物時以毛澤東觀點為標準，主動逢迎主旋律。林彪曾說：「毛主席一句話頂別人一萬句。」吳晗當時就是這種心理。值得深思玩味的是，吳晗最後又因為這主動逢迎主旋律的作品《海瑞罷官》而被打倒，再回過頭看看他曾經自以為掌握真理做出的對他人的批判，真有點「世事難料，報應不爽」的悲涼意味。

毛澤東曾在觀看《謝瑤環》時對海瑞罵皇帝的事跡大加讚賞。因為「大躍進」期間出現的各級官員虛報成績的現象，所以毛澤東提出要學習海瑞「剛正不阿，直言敢諫」的精神。毛澤東說：「要是有像海瑞這樣的官，就不會出現這種情況。」1959年4月，吳晗主動積極響應毛澤東的話，按着毛澤東的意

圖，開始研究海瑞。他在《人民日報》發表《論海瑞》，強調海瑞敢說真話的精神。1959年11月《海瑞罷官》由出版社出版，並由北京京劇團演出。因爲這是史學家寫戲，當時引起轟動，被稱爲是「破門而出」。吳晗是用盡了心思爲毛澤東寫作。可是他萬萬沒有想到，在江青的授意下，1965年11月姚文元在上海《文匯報》發表了《評新編歷史劇<海瑞罷官>》，正式提出吳晗的《海瑞罷官》是替盧山會議上被罷官的彭德懷翻案，是反黨反社會主義的大毒草。人人皆知，一個無名小輩姚文元能夠在上海的《文匯報》肆無忌憚的公開批判北京副市長、明史專家吳晗，這是有北京的後臺的。歷史證明：吳晗只不過是毛澤東要發動文化大革命的手中的一個棋子而已。因爲吳晗的特殊地位——北京市的副市長，在學術界也是領軍人物，祇有拿他開刀，才能把與吳晗有關係的更高級的官員直到國家主席劉少奇一步一步揪出來全部打到。同時在學術界，則將一切異己的學者打倒，肅清思想，鞏固自己至高無上的神權。

　　吳晗後來又被扣上「叛徒」「特務」等莫須有的罪名。及「文化大革命」開始後，吳晗從精神到肉體慘遭摧殘，隨後於1968年3月這位北京市人民代表大會選舉出來的副市長被捕入獄，1969年10月11日被迫害致死，終年六十歲。他的妻子袁震也於1969年3月18日被迫害致死；養女吳小彥於1976年9月23日在獄中自殺身亡。

　　吳晗是忠於毛主席的，而且是真心實意的，把毛主席作爲敬仰的領袖。爲此，不惜與自己的恩師劃清界限。甚至爲了毛主席，而親自去勸說自己的老師留下來爲共和國服務。像這樣的人，最後卻被他信仰的人視作一枚棋子利用，乃至於全家被迫害。這到底是爲什麼？對我來說，時至今日應是一種困惑，是一個謎。

難忘的真情

我所說的真情不是父子之情、夫妻之情、親屬之情，我是指異性之間的真摯友誼。使我不能忘記的是，我在十六中學（今耀華中學）工作時期，由於同事的關愛，自己在工作上還取得了一些成果，也因此受到了學校領導的支持和好評。當時十六中學可謂一所培養中學領導的搖籃，記得後來好多學校的校長都與十六中學有關。由於領導認為我工作不錯，所以將一位優秀女老師化學學科組的組長李聖傳，調到教務處，給我擔任助理教務主任。她是輔仁大學化學系畢業後到學校工作的。大約大我兩三歲。學校領導的目的很明顯，就是想今後提拔她為教務主任。我雖然分管全校的教學教務工作，但是我對理科教學並不熟悉。所以我對她的教學的情況並不是很瞭解。給我的印象是，她雖然大我兩三歲，到學校時間比我長，但是我卻感到她很年輕，比我還小。人長得很白，文雅，又有教養。在教學和工作中，廣受師生的好評。可以說，要擔任一個學校的教務主任是綽綽有餘的。在和我接觸的過程中，我聽課時，不論聽什麼課，她都跟我一起，而且在給教師講評的時候她都參加。坦率地講，就是我在學校的一切活動，她都和我形影不離。而且每當我給老師講評前，我都要和她商量，她都很中肯地提出她的看法，跟我進行交流，所以她對我的幫助很大。此外，在中午，我們都是在學校的教工食堂用餐。當時社會的習慣，凡是在食堂用餐者都是排隊買飯菜，各自拿飯盒買飯後找座位自己進餐，可以說這也是不成文的習慣。自從她和我一起工作以後，每次中午喫飯，她都不讓我排隊買飯，這也使我感覺她比我年齡小。特別是，她事先看食堂黑板上的菜譜，徵求我買哪種菜。然後買回我的和她要喫的菜，端在喫飯的桌上。隨後，她建議說，兩個菜的營養價值比一個的要高，提出不要分開喫，要一起喫。這很快就成了習慣。當然，在經濟上各分擔一半。也就是今天所謂的AA制。按我們兩個人的情況，任何一個人承擔午飯的錢都沒有問題，但是那樣彼此不舒服，於

是經濟上公事公辦。天長日久，在一個飯桌上喫飯，無話不談，不知不覺中產生一種親近的無隔閡的感情。這就是我所說的真情吧。這樣一來，我們周圍的同事，見到兩位所謂的主任幹部，男女兩人在一起無隔閡的就餐，很羨慕。後來才知道，他們不僅是羨慕，而且還產生了很多國人通常會有的想法。

再有，我有個習慣，就是每到春節期間，我一定主動到教務處和我在一起工作的職員家去拜年。所以，從初一到初三以前，我必定都要全部親自去拜年。可是要知道，過去的冬天西北風刮起來那是相當的冷。這時，李聖傳老師卻一定堅持陪我一起去看望各位職員老師。一開始我不讓她去，沒有必要。但她說這是出師有名，不管怎麼說，她也是教務主任助理。更使我感動的是，在寒冷的冬天騎車，有的同仁家距離較遠，特別是西北風頂風騎車，她見我的自行車又老又舊，蹬着喫力，笑着對我說，你試試我的車。她是在哄我騎她的車。我在她的勸誘下，騎上她的車，確實很輕。我試罷，要求再換回來。但是她卻不下車。這時我才知道她是故意的。她的車是英國進口車，鳳頭車，又穩又快，比我的要輕便得多。所以我在嚴寒中騎車時，有一種暖流流在心中。

當時國家發行公債（不叫國債），人們購買公債，體現出愛國的態度。所以在學校，要將買公債的人的數量張榜公佈。有的人買公債量較大，特別是領導一級的人。可是我剛參加工作，剛擔任主任，家裡經濟較緊張，所以量力而行。公佈榜後，我僅僅是中等，也是各處室裡買的較少的一個。事後，她發現這種情況，告訴我說，她不知道這種情況，我應該跟她講，借給我錢，以後再還嘛。我不做任何解釋，但可見她對我的事情處處關心。

她家的家庭情況比較好，她的先生是一位辦工廠的企業家。她有一個女孩，當時已經五歲。有時她帶小孩來學校，跟我一起玩。她有一個姐姐在美國，是解放前去的美國。在當時的歷史情況下，能在美國定居，大陸的人中很少見。她的住房條件也很好，不像我，當時只住一間小平房。但是，她沒有給

人高傲的感覺，總是謙虛近人。在課外活動時，她主動邀我觀看她負責的一個課外小組，是指導學生做化學實驗。十六中學的學生在下午兩節課後，都要參加課外活動。她所負責的是在化學實驗室做實驗，與學生一起做實驗。她告訴我，她的專業是有機化學。我見到小組所有同學都對她非常熱愛，她對學生也非常親切。當我看到這種師生相融，親如兄妹的感覺，讓我非常感動。為什麼師生對她都那樣親切，這時我有了更深的理解。

還有一件事情使我難於忘卻，那就是學校每當午飯後，所有在校師生都不准補課，而是全部進行午睡。當然了，是不可能準備床的，包括教師和一切工作人員在內都要趴在桌子上睡覺。這成為了習慣，大家每天都這樣休息一小時左右。然後，下午上課。我也不例外，這時她就告訴我，不要這樣趴在桌子上睡。她給我找了一個休息的地方。這是我意想不到的。她比我早三年到校，對學校情況比我熟悉。那是在學校圖書館大樓內，其中比較偏僻的地方，有一間化學儀器收藏室。這個房間內，除掉各個櫃子儲藏各種化學儀器外，房間中還有一個長條的大沙發。所以，她把我領到這個歸她掌握的房間。祇有她有鑰匙。她讓我一個人在此午休。每一次上課前，怕我睡過頭，她都會來叫我，天天如此。這樣與我過去的午間休息的效果有天淵之別。我也睡得很踏實，因為她總會來叫我。

天長日久，我們之間沒有別的什麼特別感覺，祇是很自然很親切。一種說不出來的情感。說實話，在我在她都沒有任何的其它企圖和不應該的出軌的事。就是有一次，她把我叫醒後，真的不知出於什麼原因，我起來見到她。我對她說：「我能擁抱你一下嗎？」她也可能以為這是出於兄妹之間的感情。我脫口而出這句話，還沒什麼反應的時候，她就過來擁抱了我。然後我們就到了辦公室。

這就是我們之間的在當時看來屬於越軌的行為吧。但是後來在辦公室仍自然相處。有時我見她她從背包裡拿出一個東西就出去，就很奇怪，問她幹什麼去。她就笑了，拿着手裡的

東西說，她來「例假」了。後來我就知道，每次她拿這樣的東西，就是來「例假」了。一般這時，我都會避免一起喫冷的水果。我們之間似乎沒有什麼需要回避的。

這就是我們之間的真情吧。

但是，生活不以個人意志為轉移。1955年夏季暴風驟雨式的「反胡風運動」爆發了，進而發展成「揭發反革命運動」。我因為一句說偉大領袖毛主席的夫人是演電影出身的話，而被揭發為反革命集團的首領。雖然我說這話的時間是在兩年前在第四中學工作時講的話。現在被揭發出來了，要在四中坦白交代。我從此離開十六中學（今耀華中學）。

這裡有件事情，不能忘記。就是在批判揭發我的大會上，十六中學的領導組織了一個揭發李正中反革命行動的代表小組到四中配合揭發。這個小組成員一共五個人，是由我過去分管的歷史、中文、外語、地理、教務處代表組成。在十六中代表中，教務處代表就是李聖傳。當時我站在那裡，低頭認罪。我偷偷看這五個人，發現她也在低着頭，用手擦她的眼睛。她在流淚。

我始終坦然，我沒有罪。我相信她是被迫來的。這時我心中想到我的分析沒錯。我在臺上十分狼狽，在揭發的時候，前四位慷慨激昂，說實話，祇是口號式的揭發、分析惡毒攻擊偉大領袖毛主席。我內心十分希望她用口號式的語言揭發我。萬萬沒有想，她一句話也沒有講。我多麼希望她也用口號式的語言揭發我。試想，他們作為代表，事先學校共產黨的領導肯定作了充分的動員，她做做樣子也可以嘛。她回校以後這一關怎麼過呢？他們回到學校後的情況，我不得而知。這是我和她最後一次見面。從此以後，直到運動結束，我再也沒有見到她。在我被批鬥中，她流着眼淚與我永別了。

運動過去後，我恢復了在55中的工作，我不想對她有任何連累。我沒有主動找過她。當然她作為一個女人，也不可能找我。所以雖然工單位近在咫尺，卻似隔天涯海角。這就是偉大

的運動製造的後果。

　　但是，在我的心靈中永遠忘記不了她。有意無意地聽到有關她的消息。她離開了十六中學，到天津師範學院（今天津師範大學）化學系擔任教授。看來，她沒有擔任中學教務主任，而是走向了專業研究的道路。在這期間，別人告訴我，說李聖傳運動後一年多生了一個男孩，因為她四五年後沒有生育。這次又生了一個男孩，大家傳言這個孩子是我的，因為他長得像我，時間也對。我聽了這個消息後，心情非常難過。天地良心！我和聖傳之間是純真的單純的感情，連現在流行的接吻都沒有過，這個孩子怎麼會是我的呢？但是人世間的事就是這樣，祇要男女在一起，大家就認為，必然會產生不正當的關係。這就是我們中國社會的特色。難道特色社會不允許有特殊嗎？但誰會去聽你辯駁？誰會去聽你說明？蒼天呐，這又將為李聖傳加上一道無形的壓力。人世間還能有真情嗎？

　　若干年以後，不知出於什麼原因，天津十六中的校長（是我在校期間的畢業生）邀請文化大革命以前，也就是1966年以前退休或離校的人員，參觀學校的發展和變化。我自從1955年肅清反革命運動離校後，歷屆慶祝返校，都不參加。這一次，算是特殊邀請，我不能不來，而我去的主要目的是想瞭解、知道一些聖傳的情況。到校後我得知，聖傳從師範學院帶着兩個孩子離開了，現移居美國了。我相信，聖傳的能力和她的為人在美國一定生活得很好。我祝願她晚年身體健康、生活快樂。真可謂萬水千山隔不斷，道是無情卻有情。

　　我相信，濁者自濁，清者自清，何苦去辯解！唯有當年舊時友，歲月不致忘深情。

我的忘年交——張培鋒教授

我和培鋒相識於在上個世紀八十年代中期。他是天津師範學院（今天津師範大學）中文系優秀的畢業生。他曾在全校舉辦的論文競賽中獲得一等奖，在學校讀書時期就有女同學非常欽佩並喜歡他，人緣很好。畢業後，本應留校工作，不過當時留校的學生不能立即擔任教學工作，需要做兩至三年的學生輔導員。當時培鋒擔心這兩三年中丟掉了業務，所以他希望能找到一所可允許他教學的單位。當時我正在天津大學冶金分校擔任教務處處長，負責全校的教學工作。當時大學理工科剛剛開設中文課，所以非常需要大一國文教師。經過該校領導的介紹，我校聘請他到學校來任教。我當時兼任文史教研室主任，所以他來校後，直接擔任我的助教。

他對工作認真刻苦，教學效果非常好，而且在擔任助教時期，他幫我整理書稿。我在天大冶金分校的第一部專著《中國近代史簡明教程》（理工科參考歷史教材）就是他協助我整理的。他的中文功底很好，在整理中，不僅認真而且爲我的書增加了文采。如果說，這部書能產生一定影響的話，是與他的辛勤勞動分不開的。

作爲一個教育工作者，我比較重視青年教師的品格。他在品格上，嚴格要求自己，注意爲人師表。他曾多次說過，他最崇敬的人是錢鍾書先生，在讀大學期間，已經把當時出版的錢鍾書先生的著作通讀過幾遍，這在一般的大學畢業生中恐怕是很少見的。我想，他之所以有這樣的品格，除了受他的家教影響外，也與讀錢鍾書先生的書有關係吧。記得他剛剛工作不久，就在《讀書》雜誌上發表過兩篇有關錢鍾書的小文章，雖然文章不長，但有自己的見解，他都謙虛地拿給我看。我們相處時，他總是以師長待我，也可以說，這個時期，我們師生的

關係相處得甚是愉快融洽。

　　由於年齡的關係，我於上個世紀九零年退休，之後被天津社會科學院黨組書記、院長王輝先生聘請到該院擔任中國文化研究中心主任、研究員。他仍然留在原來的學校教書在這期間，我們相聚的時間就少了。後來我知道他寫了一篇文章，題目我記不清了，但內容沒忘記。他以錢鍾書先生講過的一件事情爲例，說猴子的屁股是紅色的，在沒有上樹以前蹲在地下，誰也看不到它的屁股是紅的，但是猴子一旦爬到樹上以後，其原形畢露——屁股是紅色的。這說明一個問題，並非猴子爬到樹上以後，它的屁股變紅色了，其實它本來就是紅色，只不過沒有暴漏罷了。萬萬沒有想到，這篇在《天津日報》副刊發表的文章引來了災難。

　　事情是這樣的，學校創校時期的老校長、黨委書記離休後，該校的副校長被提陞爲正校長。這位校長在一九五七年被打成「右派」。當時該校還屬於中專性質。他在二十二年的「右派」生涯中，待人接物低三下四，戰戰兢兢，博得了同事們的憐憫和同情。當在冶金分校創建時期，他教學認真負責，對人謙虛和藹，受到同仁的好評。在這期間，他又做出一件別人沒有做到的特殊貢獻。該校的孫校長兼黨委書記，家原來是在北京，孫夫人搞醫務工作，孩子在北京上學，所以一時半載工作不能調動到天津。孫校長是原北洋大學（今天津大學）的畢業生。解放前在天津搞地下工作，解放後到文革前擔任天津市長秘書，後來落實政策到天大冶金分校擔任書記兼校長。該校業務歸教委領導，而人事關係卻是天津冶金局負責。由於學校宿舍還沒有建立起來，他暫時住在冶金局。因家不在天津，他晚上無處喫飯。這位還沒提陞爲副校長的教師的住處離冶金局較近，於是這位教師每天請校長到自己家來喫晚飯，尤其他的妻子，每天親自做晚飯，連續三個多月。試想，一個孤單的

老人，家不在此地，又無人做飯的情況下，每天要到這位老師家去、盛情招待達三個月之久，任何一個人都要有感激之情。中國文化的特點是知恩圖報，所以後來這位當年是「右派」的老師就提拔擔任了副校長。

在任副校長期間，他還能做到謙虛謹慎，可是當老校長退休後，他被提陞為校長，大權在握，突然間使人們感到他像變了一個人一樣，很武斷。特別是對待有高級職稱的同仁，認為是一種威脅，在使用和尊重上給人一種前後變化巨大的感覺。所以有人說，副校長擔任正校長以後人變了。而培鋒這篇論猴子屁股的文章證明人是沒有變的。只不過跟猴子一樣，沒有爬上去以前把屁股掩蓋起來而已。我想培鋒當時寫這篇雜文不一定是影射他，也許是泛指一些社會現象，何必自作多情，對號入座呢？如果自己不存在這個問題，就坦然處之。若是確有不對的地方，那就進行改正就是了。何況人無完人呢？

沒有想到，培鋒到家來看我，卻告訴我由於發表了這篇文章，他被校長由教師崗位調到了圖書館，離開了教學工作，做了一名圖書管理員。他感到離開了研究和教學，深有一種失落感。特別是與今後的他個人追求的研究工作就絕緣了。當時我聽到後，也確實感到不公，卻無能為力。等他走後，在中學圖書館負責工作的我的妻子，對學校圖書館比較瞭解，她說，如果擔任借閱部工作，每天祇有勞累，沒有任何時間搞研究和閱讀。她非常同情培鋒，所以一再提出讓我和有關朋友聯係適合他的工作。於是，我本着試試看的態度，與天津人民出版社李樹人進行聯係。我和樹人社長，早在我到天津冶金分校工作前就結識。文革結束初期，我曾在天津人民出版社歷史編輯組短暫擔任過負責人。後來落實政策，我回到教育部門工作。在人民出版社時期，當時的社長是陳力（陳佈雷的公子），我跟他的關係很好。經他介紹，我認識了剛從大學畢業來社工作的李樹人先生。李樹人先生為人謙虛嚴謹，有較高的編輯水平，我和他有一段很深的交往。我離開出版社數年以後，陳力先生調到北京《中國日報》榮任社長，而樹人同志接任天津出版社社長。正因為我和樹人先生有過這一段情誼，所以我把培鋒推薦給樹人。樹人比較清楚我的為人，我沒有什麼優點，如果說還有一點長處的話，就是對事物的責任心。他相信我的推薦是負責任的。他看了培鋒的材料後，答應說到年底有一名編輯要退休，這個名額就給培鋒。

　　在這期間，社會科學院的院長王輝先生找我，告訴我說科研處需要一位善於總結資料和發表宣傳報道的人員。他知道我在大學有一些朋友，能否推薦一下這方面的人員。我當時就想到了培鋒。經推薦，社科院黨組審核，培鋒通過了。於是他很快來到社科院科研處工作。培鋒在社會科學院的工作中很快發揮出他的才幹，受到了王院長的好評。為了加強青年研究人員

撰寫論文的經驗交流，社科院還專門組織了青年學術研究交流會，由王輝院長指定培鋒爲主旨發言。我負責的華聯研究所爲了配合青年學子的研究，設立了青年學術研究獎，每一年大約評出八人左右，佔全院研究人員十分之一，授予獎金。後來，社科院考慮到培鋒的能力，將他提拔爲科研處副處長，這時他來社科院工作僅僅三年時間，可以說是破格提拔。同時，他也沒有荒廢自己的學術研究，完成了大量研究成果，記得他有一篇論述錢鍾書學術的文章發表後，被《新華文摘》全文轉載，而此時他還在科研處工作，擔任大量的行政工作，文章是用業餘時間完成的。

然而，接下來培鋒的命運又發生了轉捩。王輝院長離休後，來了新院長。新院長在過去的宣傳和科研部門都有很多的功績，因此，來院後做了一些新的改革措施。這時，我已經在社會科學院工作了七年，是一介古稀老人，本想「告老還家」。可是我的組織關係卻由原來的天津大學冶金分校合併入理工學院（今理工大學）。理工大學知道我將要告老還鄉，該校的黨委書記馬福業教授親臨寒舍，邀請我去該校工作。因該校是以理工學科爲主，而社會科學需要發展，所以聘請我去該校擔任經濟與文化研究所所長、特聘教授，並且提出給予年薪制的待遇。說實話，馬書記的盛情和真摯使我難卻，但我提出爲了工作方便我只接受所長和聘教授，而年薪制堅決拒絕。馬書記感到奇怪問我爲什麼。我回答很明確，我說：「我也是人，我也喜歡錢，但是這個錢我不能接受。因爲接受以後不僅對我自己不利，也對你不利。人們會提出攀比，這是中國特色。何必自找麻煩？」於是書記答應下來，我就走馬上任了。

這時的培鋒由於新領導上任，加上他喜歡搞研究工作，所以隨着全院新的調整，他主動辭去科研處副處長的職務，到了研究所從事專業研究工作。2003年，他還在人生步入40歲這

一年，考取了南開大學文學院的在職博士研究生，開始進入他喜歡的佛教文學研究領域。此時他參加工作已經將近20年，一次考取，可見他的功底和毅力。當時社科院在改革方面提出了助理研究員、副研究員、研究員每年考核的標準進行量化，可能是量化的標準是論文二三四。這不僅僅是天津社會科院的措施，據說這是從中央到地方都有一個量化要求，試想研究人員多，需要職稱的人多，而核心期刊根本滿足不了上述人的要求。這就必然出現兩個問題：一是任務重，學術論文的質量水平低是不可避免的。二是發表的刊物少，有些期刊出版單位，以版面費為由，進行收費，結果必然出現收了人家的錢，什麼水平的文章都能發的現象，其後果不言而喻。關於這個問題。我早就寫過這一類的文章。可能培鋒受到我的「不良影響」吧，在很多人為「量化考核」叫好，認為是很科學的「改革措施」時，他居然公開發表文章，提出「不以數量論優秀，應以質量論高低」，並在天津兩大報刊發表。如在全國馳名的《今晚報》上發表了《不敢亂寫》。後果可想可知。這給他帶來失業的危機。社科院的領導向他明確：你發表文章說明你對院裡的制度不贊同。學院不能因你而更改制度，給你三個月的時間去另謀出路，三個月後，自行離職。萬幸，他在南開大學在職讀博士期間，由於他的人品好和學習努力，得到導師和學校的認同，於是在三個月之內，培鋒辦了離職手續，調至南開大學文學院工作，近年來成果豐碩，現已成為南開大學文學院的教授、博士生導師。他無論走過怎樣曲折的道路，一直沒有放棄他所喜愛的文學研究、佛教研究事業，這種執著和韌性是當下很多青年人最缺乏的。他反對亂寫，絕不是說不寫，他祇是真誠地認為學術評價應該遵循其自身的規律而已，這樣才能更好地發展學術，從他本人發表的大量成果就能證明這一點，所以當時社科院的某些領導對他的文章如此「敏感」，作出那些似智實蠢的「決定」，想來與培鋒在冶金分校期間發表「猴屁

股」的那篇文章一樣——觸到了他們的痛處了吧？總之，培鋒就是這樣一個直爽的人、執著的人，他在學術上的一貫追求、不爲其他所動的精神是我最欣賞和喜歡的，因此，與培鋒成爲忘年之交，是我人生中感到很高興的一件事。

我想世上還是有因果關係的，人們在思想、品格、學術上的種種付出，可能就是他能夠得到「好報」的因。雖然人生總會遇到一些危機，但之前的付出，自然會得到好的結果。這就是所謂善有善報吧。

附：張培鋒《不敢亂寫》（這是我至今保留的曾使培鋒幾乎丟掉飯碗的短文）：

一日，閑談之中，導師忽然問：「你讀博兩年多了，最大的體會是什麼？」我想了一會兒，答：「要說最大的體會嘛，就是不敢再亂寫文章了，這兩年發表的東西是越來越少了。」導師聽了，哈哈一笑：「嗯，這就是進步啊！」

我眼前一亮。說實話，當我回答導師問話的時候，還沒有意識到「這就是進步」呢，我那樣說，祇是說出一個事實，多少還含有點自嘲之意，但被導師一語點醒，對這兩年多的「讀博」經歷忽然有了新的認識。

過去總覺得，多寫點東西不是什麼壞事。但兩年多來，在導師的指導下讀了一些書，才逐漸體會到：在「不寫」與「寫」之間選擇，前者確實比後者要好些，「寫」總代表着有所收穫，至少能表示作者很勤奮。但「寫」本身並不是學問的最高境界，甚至可以說與學問無干，能做到「寫」而「不亂寫」才算剛入門徑，進一步做到「寫而不寫」，「不寫而寫」，就是學問的高境界了。想來，導師那哈哈一笑，應該是對我兩年多學習的肯定——懂得治學的門徑了。

有幾次，我拿着自己覺得「得意」的文章請導師看，沒想到他卻不以爲然，而我發表在《書品》雜誌上一篇自己也並沒很看重的短篇論文，卻博得他的稱讚，認爲確有所得。對時下要求博士生在學期間必須在所謂「核心期刊」上發表多少文章的規定，他一直存有異議，認爲目前的所謂「量化考核」，對學術的發展作用是值得探討的。「一個事實就是，過去沒有這種規定，照樣出了很多大家和傑出的成果；現在靠這些規定，就肯定能出大家嗎？」他不止一次地感嘆。

　　在與導師的接觸和交談中，我漸漸明白了「學術」這兩個字的分量。學術發展有着自身的規律，那些人爲製定的政策，鼓勵的祇是「發文章」，而「發文章」本身有時並不就是學術，甚至與學術背道而馳，也就是逼迫人「亂寫」一氣。成果數量多，絕不代表成就大。學術的真價值有時是無法用「篇數」、「字數」乃至「刊物等級」等等「指標」來衡量的。導師常說：看一個人有沒有學術水平，一篇足矣，拿十篇、百篇沒水平的東西湊在一起，也祇是更加證明自己沒有水平而已。

國務院總理溫家寶給吳振清教授的一封信

2003年年末，我早年的學生南開大學古籍與文化研究所教授吳振清非常興奮地到我家來告訴我，溫總理給他寫信了，並將總理的信複印了一封給我。我不僅和他一樣感到高興，而且從總理這封信中可感受到總理的高尚品格與虛懷若谷的精神，深受鼓勵。

前排右二為作者，站在作者後面的唯一女士是天津河西醫業大校長范桐行教授，攝於1979年

我和吳振清相識是在打倒四人幫以後，國家百廢待興的時期。這個時期，全社會出現了一種人人為國家建設而奉獻力量的熱情。特別是經過三十年來對中國傳統文化的批判和對國外文化發展的自我隔絕（當時，誰家的收音機若收聽了美國的頻道，如美國之音，就可能被逮捕）。這種形勢下，人們對精神食糧的要求是可想而知的。例如，當時書店若發佈出售《牛虻》的消息，次日不等開門書店前便排起長隊。我家現在收藏的這本小說，就是當時託人代買的。當時，不僅僅是這些文學作品受到人們的狂熱購買，其他書籍也是如此。在文化大革命期間的所有書店，清一色為《毛選》四卷和林彪副統帥主持編寫的「毛主席語錄」。任何文化大革命以前保留下來的書，包括巴金、郭沫若等在內的專家學者的書，都是遭受批判而且被銷毀的。文革後出現追求真理，熱愛讀書的熱潮是可想而知的。

由我提議建立的中醫班首屆畢業留影第一排第五人為教務處長李正中

　　在這樣一個全國要求大學習的大潮下，適應這種形勢，天津各個區都恢復了文革前的職業大學。這些大學有和平區的新華業餘職工大學、河西區的業餘職工大學等。文革後，我從農村回到城市工作。事情是這樣的，文革期間，經過批鬥審查，我必須要到農村接受貧下中農的再教育。在此之前，運動剛開始的時候，紅衛兵要橫掃一切牛鬼蛇神，同時在政治上在毛主席的指揮下進行奪權運動。河西區黨委王守西書記在各個造反派的學校進行輪流批鬥。有一次，他被押送到我所在的學校被批鬥。這時，我已經被打入勞改隊，作為牛鬼蛇神一起勞動。中午休息期間，我發現王書記被押在一間空房內，沒有喫午飯，也沒有水喝。我已見到了他被批鬥的慘象。出於同情之本能吧，我買了兩個麵包，趁押送王書記的紅衛兵去喫飯，偷偷進入房間把麵包給他，然後扭頭就走。他當時叫住我，說：「你叫什麼名字？能告訴我嗎？」我不假思索，順口說：「我叫李正中。」然後走出門。對於這個書記，事先我並不認識，更無業務關係。我覺得他就是隨口一問，我也就順口而答。在那樣慌亂的情況下，誰也不會記住一個陌生人的名字。

我在農村改造六年，文化大革命結束後，回到市裡。當時工作尚未安排。有一天早晨，我在路上突然被人叫住。感覺那人有點面熟，似曾相識。他問我：「你是李老師吧？」他自我介紹：「我是河西區的王守西。」我猛然記起是王書記。他問：「你不是去農村了嗎，現在回來了在哪工作？」我告訴他至今還沒安排。他說：「好吧。你明天八點以前到中共河西區委找組織部長。」我當時未加思索就答應一定去。我回到家想，他可能是找我瞭解情況。第二天一早我到河西區委，見到了組織部長。組織部長，個子很高，待人熱情。這是文化大革命以後，我首次見到的能以熱情態度待我的第一個人。他跟我談話很簡單，非常明確說：「現在各個夜大都恢復工作。需要大量的教師。目前你先去河西區夜大，擔任教務處主任。這個學校剛剛恢復，幹部配備不齊。祇有一位書記兼校長，委屈你先做夜大的主任，協助校長工作，使夜大正常運作。」當時，我心裡明白，夜大論級別雖不高，可是我所需要的不是級別，我只想做一名教員，已是心滿意足了。所以，下午我高高興興的到了夜大，見了校長。

我一看，校長非常熱情，是我過去的熟人。上個世紀五十年代初期，我在第四中學工作時，她是從南開大學新分配到學校的青年化學教師。人很聰明，教學效果也好，人也很漂亮。她的愛人我也認識，是她學生時期的體育老師，算是師生戀。我們是同齡人，這次相見，我們都是五十多歲的人了。她為人真誠，待我如學長。她很明確地告訴我，說區裡頭已經向她交待，暫時由我做主任工作，負責全面的教學工作。至於以後，等落實政策再說。我也很明確告她，我只想教書。在這裡，我印象最深的是當時一切教學工作都由我來處理和負責。當時全市的各業餘大學所開的課都是數理化、文學和政治。河西夜大也不例外。我想歷史這門學科，普遍需要的單位雖然很少，但卻不能不設歷史專業。特別是經文化大革命顛倒歷史，現在需要恢復歷史的真實面目。我於是提出新建一個歷史學科。她對我的建議都很支持。這一時期，我的工作很順心。正因如此，我聘請的教師，都是南開大學或有關學校的一流教師。當今的知名學者，如南開大學的陳振江教授、南炳文教授等，都是那個時期我聘請的講課教師。我也親自為這個專業授過課。

吳振清當時就是這個班的學生，此外還有王晶、文生等，都是這個學校的畢業生。振清後經南開大學的考評，進入了南開大學歷史學院，在古籍研究所做古籍工作。他濡染南大的學風，為人真誠。專業研究執著，成果纍纍。人很淳樸，從不張揚。除《黃遵憲集》（天津人民出版社2003年版），還編著和參加編著《日本國誌》、《亡國帝王的慘痛》、《詆詐鑒類述》、《資治通鑑精義》、《新編中國歷朝紀事本末》、《細說唐太宗》、《清代中樞決策研究》、《中朝關係史》、《二十六史精粹今譯》、《二十六史精粹今譯續編》、《中國歷代文獻精粹大典》、《中華民族優秀傳統彙典》等，他是一位踏踏實實做學問的人。

我和振清同在一個城市，又是同一個專業，所以我們經常在一起探討學術問題。他編校的《黃遵憲集》呈寄給溫總理，總理在百忙之中給他回信。當他得到總理的親筆信鼓勵，並把這件事告訴我，我替他高興。他同意我的意見，把總理的意見作為學術深入研究的動力。

附：溫家寶總理回信內容

振清同志：來信及《黃遵憲集》收到。編輯工作甚有價值。特此致謝。

溫家寶十二月廿五日

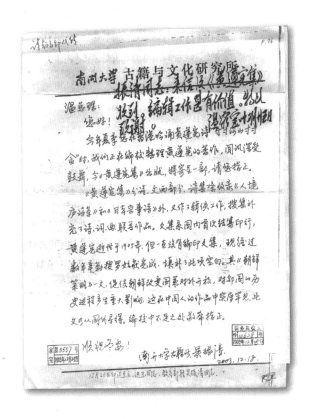

在山東工作的學生——李萍

　　二零一零年十二月八日，我的學生們爲我舉辦了一次八十誕辰學術研討會。事先，我知道這個信息後，我並不同意。如果同意的話，我也祇是希望舉辦一個由三五知己性質的師生在一起的活動。理由非常簡單，我雖然已經進入耄耋之年，實際上是虛度年華。在中華人民共和國建立以前，我還是一個單純幼稚需要學習的學生，就在在大學讀書時期，雖然不像一九四五年勝利前在惶惶不安的敵僞統治下苟且生存，但是從抗日戰爭勝利以後到一九四九年這一時期，雖則美其名曰在學校讀書，但反飢餓、反內戰、反美帝、美帝滾出中國的運動一個接一個，還要加上一個「沈崇事件」的大遊行，這些活動在性質上和抗日戰爭時期抗戰八年戰火時代的不同，但作爲青年學子，也不可能安心讀書。可以說我在學生時代，是在這樣一個環境中讀書的。華北大學畢業以後，離開學校，在全國建國初期充滿奮鬥氣氛的前二十年中，作爲知識分子的我，主要是接受批判和改造。我那些被我視爲精英的同學，都分別被打成了「右派」。或者，要夾着尾巴做人。1966年開始了人人皆知的史無前例的文化大革命，並進行了十年。所幸鄧小平同志出來主持國家工作，才免除了發動第二次和第三次文化大革命。可是不要忘記了，這個時期的我，已經年過五十歲，在摸着石頭過河的時期，不久就滿六十歲，就要正式退休。這就是人們所說的六十年甲子我所過的生活啊。至今，我已八十歲，在這二十年中無論是腦力還是體力都已經衰退，所以我跟友生們說耄耋之年的我，是虛度八十載，所過的生活，不過是一介書生而已，何談什麼學術成就，所以想只邀請幾位學生，在一起團聚團聚。

　　出乎我的意料，他們不僅成立了這方面的有關小組，而且還搜集了我過去所寫的不值得一提的所謂學術論文，並編輯成冊。在這種情況下，我確實很感動。有時我不知不覺的一個人潛然淚下。如果我再不支持他們這樣的活動，作爲老師，我會

使他們失望，所以在這種情況下我同意他們的做法。但我提出了三個要求：一是年齡過大的老友，不要驚動。二是在外地的師友不要驚動。三是不要驚動媒體單位。這三個「不驚動」要求，友生們同意接受。但他們提出來，文集的彙編小組成員還應該有我當年在外地講學的學子參加。當時我考慮，有兩位學生比較合適，就是濰坊學院的男生王起亮和女生李萍。他們比較合適，因為他們二位都是當年兩個班級的班長，學業、品德優秀，和我關係也較其他學生親密。但是聯係的結果是，王起亮出國，早已失卻聯係，據說已經成了牧師。只聯係到李萍。據聯係的學生說，她非常同意參加，這就是為什麼在彙編小組中會有外地學生參加。

雖然李萍是彙編組的成員，但考慮到她在山東濰坊，又有繁重的教學任務，不便讓她來天津。所以開會時，她沒有到場。會後，我接到李萍的電話，她詢問開會的時期，準備來津參加活動。聞聽會議已過後，她對此自然有埋怨情緒。當然，在我面前祇能是像孩子一樣，敘說了一些埋怨大人不理解孩子

1986年春濰坊市職業大學同學合影
前排右第三人為作者，第二人拿太陽帽者為學生班長李萍

心情的話。事情已經過去了，我只好聽之任之而已。今年三月份，我突然接到李萍的電話，她說話和過去一樣，還是以學生的聲調，一開口就說：「李老師，我非常想你，我明天就到天津。」當我還沒來得及回話，如何以後再來的時候。她說坐飛機來，飛機票已經買好了，並說了幾點到天津，並告訴我不需要到機場接，在家等她就可以了。我想我再說什麼都無濟於事了。祇能在內心歡迎她來。

李萍是我在1986年到1987年期間，在山東濰坊職業大學（今濰坊學院）進行客座講座時的學生。事情是這樣，記得在1985年或1986年期間，山東大學召開了一次有關文學方面的全國的學術研討會，我被邀請參加。當時我在天津大學冶金分校擔任教務處長和文史教研室主任，濰坊職業大學一位負責教學的領導王先生也參加了。當時規定教授級與會者，兩人一個房間，其他均為三到四人一個房間。我有幸和王先生住在一室。會議期間，我二人交談很投機，這也可能是因為我的祖籍是山東吧。沒有想到會議後，王先生和學校的教務處長一起來天津看望我，並送來該校兼職教授的聘書。盛情難卻，我和濰坊職業大學因此結下了不解之緣。於是，我在1987年到1988年以及後來，給濰坊職業大學前後大約講了每年總計約160學時的課。當時上課，是兩個班共同在報告廳聽我講課。而王起亮和李萍，就分別是兩個班的班長。不僅僅是因為他二人是班長，而且是學習優秀，經常在課餘跟我進行在學業上的請教和探討。因此，就產生了與其他學生不同的情感。

後來，學生畢業，王起亮被分配到當時濰坊市惟一的最高級的賓館鳶飛大酒店，擔任大堂經理。而李萍是該屆留校的惟一畢業生，作了教師。在這期間，一直到九十年代初期，我每年都要被邀請到濰坊職業大學進行短期講學。據濰坊大學校領導告訴我，李萍的教學廣受學生的歡迎。他還告訴我，她講課的風格完全模仿我。於是，他邀請我聽幾位青年教師的課，當然也包括李萍的課。我確實感到，她的教態，包括師生互動，確實有些地方和我相似。我沒有想到的一件事是，我當時還聽

了一個男青年教師的課，這個男青年就是後來李萍的丈夫。事情是這樣，我聽了他們的課後，校長必然要我點評。實事求是地評價，我給這位男教師較高的評價。我也沒有想到，我對於這位男教師的評價，對李萍卻起到了一定的影響。後來，我又去濰坊講學，李萍主動告訴我，她和這位劉老師已經戀愛，並且準備結婚了。要徵求我的意見，我當然非常高興。不過，她告訴我一件事，她的母親就等我到學校來，因為她母親對這件事，雖然滿意但是不太踏實，說必須要徵求一下李正中老師的意見。李萍的母親也是一名教師，是一所優秀的中學老師，在當地很有影響。因為我經常到濰坊職業大學講學，知道她在學校附近居住，並與學校好多老師熟識。我也因此跟她母親相識。等我再去，便要我到她們家，徵求我的意見。我很真摯坦率，據我對小劉老師的瞭解，很支持這門親事。所以呢，不僅是李萍一家，他的丈夫也對我有好感。小劉老師是一位優秀老師，是山東大學畢業生，濰坊職業大學特地聘請來的。現今是濰坊學院的人事處長。可見我當年肯定的人沒有看錯。

李萍到我家來看我，進門就像孩子外出多年回到家來一樣，那種表現，那種真誠，那種興奮，是無法形容的。首先，她要把這些年來，尤其師母走後，我的生活情況，都詳細問到了。同時，她也告訴我她教學的情況。我一般只關心學術職稱，所以在名錄上我還是提她是副教授。因為，根據我對她教學年限的分析，和對當下對教授評定的難度的瞭解，我認為她不會有什麼特別大的變化。沒想到，五年前她就被評為了正教授，也是當年濰坊最年輕的教授。我就問她為何當時不告我，她反而問我：「先生，你不是告訴我們做人要低調嗎？您的大作《中國古瓷彙考》早在1991年就參加了德國法蘭克福圖書展，當時您是大陸學者參加國際書展的最早的一位先生。可是我們多年以後，從信息中才知道的。您不是也從來不講您的成果嗎？」我笑了，我說：「你們和我不一樣。你們把成果告訴大家，是會受到大家的尊重支持和羨慕的。而我越低調，越能保護好我自己。」到了晚間，突然她的手機響起，然後跑到屋

外廊道接電話，很長時間沒有回來。我有些擔心，她是不是有什麼事情出去了，不在廊道。我想看看，當我把門打開出去，見她邊接手機邊抽泣哭泣，應是跟她丈夫打電話，她用命令的口氣說：「你必須開車來天津，接到咱們家。」重複說這句話。我不知道發生了什麼事情，就回到屋裡。等回來，她已擦幹了淚水。她說：「明天小劉來，接咱們倆回濰坊。」我問為什麼，她說，我看到老師八十高齡了，還一個人生活，自己照顧自己，內心感到很難過。您現不在崗位工作，但您現在應該是過幸福的無憂無慮地生活。你知道的，我的父親，早就去世了。我把您不僅當做老師當，而是當做父輩。我剛跟您談過了，我現在的生活已經很好。我不依靠小劉。我除掉擔任教學工作以外，還負責職業培訓。職業培訓您是知道的，除了上交學校部分收入外，別的都是為我所有。我是憑我自己的能力得到的收入。我聽您的教誨低調生活，我卻有別墅，家裡空房很多。所以我要把你接去同住。請你允許我盡一點作為弟子的孝道吧。聽了她的話，我控制住激動的情緒。我經常跟我的學生講，人在處理任何問題時要注意考慮理性和感情之間的關係。要把理性放在第一位，感情放在第二位。但是，有時需要把情感放在第一位，理性放在第二位。而關鍵時刻，理性是很重要的。基於這種觀念。我讓她情緒穩定下來，慢慢跟她講，給她分析，說：「李萍，你的心意我理解。我不僅理解，而且沒有比較就沒有鑒別，你懂得師生之情，實際上你還懂得報恩。因為你說過，你有今天，不能忘記你在向我學習中的受益。這就是報恩思想。在今天，能想到有報恩的人很少見到。同時你還有山東人的品格教養，就是回報老人。這也許就是孔聖人的遺教吧。不過，我告訴你，隨着時代的發展，孝順要有新的理念。我告訴你，我的子女和你有同樣的心態，他們都很孝順。我為什麼不去跟他們住在一起呢？不僅僅是因為兒子在國外，更重要的是我懂得一個道理。那就是距離產生美。今日與過去不同，試想，你和我的子女一樣，都有工作，這些工作也都有壓力，且都有子女和負擔。在這種情況下，作為老人，去了以後，我沒有分擔你們的負擔，而是加重了你們的精神壓力。比

如喫飯，我喜歡的東西，你可以遷就我，但是你的丈夫和兒子不一定喜歡。這時你就出現了兩難。你就要照顧各方面。我呢，也有負擔，還需要為孫子和姑爺考慮。我有負擔卻不會講出來。有需要的話，我們可以短時間相聚。大家相聚時都高興。所以，是不是距離產生美呢？雖然我現在是沒有你那樣的照顧，可是我想喫什麼，用什麼，都很方便。所以說不用跟你們住在一起。當我真動不了，那就去醫院。在資金還能自理的時候，還是不要麻煩別人。我去你那，短時間相處很好，但是我去了後，我的兒女可能會想為什麼要住到學生家呢？這樣一來事情就複雜化了。」李萍不再哭泣，笑了說：「老師就是老師。您是在辯駁我，讓我無法回答。」我說，從長遠來看，你現在得趕緊給小劉打電話，不要讓他來。等你回去了，再把我的話慢慢解釋給他聽。

我所認識的《今晚報》編輯
趙膠東先生

在文化大革命期間，文革前建立起的出版社以及其它各種報刊雜誌社，都被紅衛兵小將們全部搗毀了，因爲，它們是「封資修」宣傳的黑陣地。改革開放後，天津重要的兩份報紙首先恢復了，一是《天津日報》，一是過了一段時間才恢復的《天津晚報》，並更名爲《今晚報》。初期，日報和晚報合署辦公，由於經過了運動，《今晚報》初創時期嚴重缺乏編輯，所以在社會上公開招聘人才。這一批新招聘的人員確實是憑真本事考入的。當時是八十年代初期，整個社會學習的風氣之濃是今天難以想象的。例如，出版社出版一部古典名著，人們要排長隊購買。當時職工夜大都人滿爲患。上課的學員絕無早退遲到以及無故曠課的情況。所以當時招聘的編輯無一是託人情走後門進來的。趙膠東便是這批新招聘的編輯之一。

我和他的相識，是他帶着《天津日報》理論部編委張紹祥先生的介紹信到我家拜訪我。事情是這樣的，《天津日報》剛恢復的時候，有一版面是「學術版」，我是這一版的讀者也是作者。記得它的第一期上就發表了我的《項羽是民族英雄嗎？》一文，這篇文章引起了社會的廣泛關注和討論，北京的《光明日報》爲此還發表了綜合報道。膠東先生關注了學術版的文章，特別是他考入《今晚報》工作以後，成爲副刊「日知錄」專欄編輯，對此更加用心。因爲他知道日報負責學術版的編輯張紹祥先生和我是朋友，便持紹祥先生的信，來約我寫「日知錄」的有關文章。我當然義不容辭，這也是報社給我的一次學習的機會。從此，我就和晚報以及有關副刊的編輯結下了不解之緣。

我與膠東交往很密切。膠東先生真稱得上「名副其實」的一個人，他具有山東人的忠厚、樸實以及對朋友的真摯。例如在社會上一般處理二婚都有一定難度，但是膠東的二婚，特別是對他妻子前夫所生的孩子，那種關愛，以至很多人都認爲是他親生的。

膠東在考入《今晚報》以前，妻子就已經去世，留下一個剛上小學的男孩，不僅家境困難，而且居無定所。當他參加工作之初，我去他家回訪，他所居住的房間祇是不到七平方的小門房。室內只容一個上下的二人床。兒子在二層，他睡下層，四壁如洗。家境之困厄，可見一斑。他認識現任妻子時，妻子的前夫剛因病去世，自己帶一個小女孩，萬分痛苦。妻子的父母爲了讓自己的女兒走出悲痛和傷心，經人介紹，與膠東認識。在相認過程中，膠東就表現出他的真誠、樸素。剛與妻子認識時，他讓妻子到自己簡陋的房中來，同時把自己與兒子的破舊棉絮被子舉給他妻子看，證明他非常貧困和很需要一個完整的家。他表示，若能結合在一起，他一定盡他的全部力量來照顧她和這個家。當時妻子也有顧慮，因爲社會存在後父對前夫的孩子不可能好的認識，在南方還有個特殊名稱叫「拖油瓶」。毫不回避地講，對前夫的孩子真誠關愛的繼父是比較少的。所以他的妻子當時就提出：「你能對我的孩子好嗎？」趙膠東說：「你對我兒子怎麼樣，我對你女兒怎麼樣。」婚後實事證明，不僅是二人對雙方的孩子都非常關愛，而且這兩個異父母的孩子之間親如手足。有一次，我去看望膠東先生，當我與他聊天的時候，這時女孩就跑到他的懷裡鬧，那種和睦的情感使我感動。當時，我確實是認爲這個女孩是膠東再婚後生的。

後來，膠東換了居室。這是因爲他的岳父在天津外國語學院日語系擔任教授，岳父學校分派了一套兩居室

的房子，就把原來居住的一間獨立的居室給了膠東夫婦住。當年我在耀華中學擔任教務主任時，膠東的岳父當時也在日語學科組，我們關係很好，但這種關係我從未告訴過膠東夫婦。我有顧慮，怕膠東知道這種關係後在處理我的稿件時多有不便，所以我和膠東的關係就是編輯和作者的關係與友誼。

後來，因《今晚報》報社工作需要有所變動，但我們之間的友情不變。當《今晚報》自己蓋了一批職工宿舍後，為避免分配中出現問題，報社在各部門推選一名代表作為房屋分配委員會的成員。膠東先生由於為人忠厚，做事公正，就被推選為成員之一。

膠東喜歡讀書，手不釋卷，同時也勤於著述。在歷史方面，他喜歡研究近代史，特別是「戊戌變法」，所以當我寫《中國近代史簡明教程》的時候，請膠東先生屈就副主編並執筆「戊戌變法」這一章。這本書在社會上獲得了一定的好評，恩師周谷城教授為本書題詞「不矜不伐，有猷有為」給予鼓勵。這與膠東先生的支持和參與是分不開的。

我萬萬沒想到的是，膠東先生後來又擔任《老年時報》（今《中老年時報》）副總編，這正是他學術有成，事業日臻的時候，卻不幸突發心臟病離開了人世。當我聽聞噩耗，內心之悲痛無法用語言來表達。時至今日，我衹能寫下這篇文章，以茲紀念。

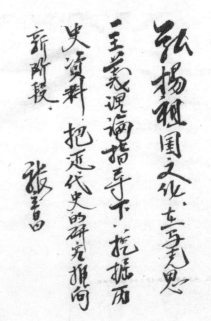

新中國成立初期我被參加「運動」

　　中華人民共和國成立以後，爲了統一學術界的思想，在當時，發生了一件所謂的小人物給大人物提意見的事件。事情是這樣的：有兩位青年學子李希凡和藍翎，他們都是山東大學的畢業生，對紅學專家俞平伯的大作《<紅樓夢>簡論》提出批判。這篇文稿最初寄到由馮雪峰主辦的《文藝報》，結果被退回。因爲仁者見仁，這類退稿事件在雜誌界是司空見慣之事。他們把文稿又寄給了自己的母校《文史哲》，被登載出來。萬萬沒有想到，這件事被毛澤東主席得知。他認爲一是文藝界壓制新生力量；二是文藝界不單純是出版社，整個文藝界都是閻王專制的統治。於是，以此爲由頭，開始批判俞平伯的資產階級治學思想。

　　俞平伯先生對《紅樓夢》的研究是受了胡適先生影響的。胡適當時在中國、在學術界還有着絕對的權威的，例如他對《紅樓夢》的研究，用新的考證方法代替了舊的索隱派的研究方法，也可以說他是用新方法研究《紅樓夢》的開山鼻祖。他認爲《紅樓夢》只不過是一部優秀的自傳體作品，跟其它的古典小說一樣。同時，根據書的內容，他研究出曹雪芹的身世。過去，在人們的觀念中，小說是不入流的。小說作者有兩種傾向：一是不署名。二是用化名。如《紅樓夢》就屬於不署名，祇是抄寫流傳。又如《金瓶梅》作者化名蘭陵笑笑生。《紅樓夢》作者的真實姓名是胡適先生考證出來的。胡適先生「大膽假設，小心求證」，考證出紅樓夢的作者，至今是不易之論。但是，新中國成立後，爲了達到學術界的思想與在馬克思列寧主義及毛澤東思想統一的要求。即以批判俞平伯爲由頭，進一步在全國學術界開展了一場批判胡適反動思想的運動。最初我理解「運動」祇能是體育運動，從此以後我才體會到「運動」的實質就是「鬥爭」。這場運動涉及面非常廣，據我掌握的資料，可以說凡是過去和胡適有關係的人，甚至和胡適不相識的

人，都主動地或被迫地一律對胡適先生進行口誅筆伐。這樣既批判了胡適，又與胡適劃清界限，明確了自己的態度，不光是學術態度，更主要的是政治態度。因為在解放戰爭時期，胡適被定為「主要戰犯」。這裡我發現祇有一個人，就是胡適的大弟子吳晗，他沒有發表任何批判胡適的文章。這是與胡適有關的人中唯一的一個人。至於我，雖然對胡適先生非常崇敬，而在當時是無名小輩，對《紅樓夢》根本沒有什麼研究，所以我沒有參與這場運動，也因此躲過一劫。

再有，解放初期，美帝國主義發動了朝鮮戰爭。我們在國內配合人民志願軍抗美援朝，開展了「三反五反」運動，重點是「五反」運動，目標針對的是資產階級和小業主。理由是，他們在給解放軍製作服裝時，尤其是製作冬季被服時，用廢舊棉花充好棉花。這種傷天害理的事引起了政府的重視，所以開展了一場針對資產階級和小業主的清查運動。与此同時，藉口在知識界有些知識分子，特別是從國外留學回國的人，他們崇美，在戰爭中恐懼美國，因此開展了一場對知識分子思想改造的運動。在這場運動中，每個人都要聯係自己寫檢查，並且開展互相批評和自我批評，進行人人過關。這種檢查，不是一次兩次可以通過的，當時叫做「洗熱水澡」。當時認為，知識分子的這些舊思想、舊道德、舊觀念、崇美懼美的思想好比身上的髒泥，一般水洗不掉，必須用熱水來洗，所以就叫「洗熱水澡」。有些人在自我檢查中，被逼迫得痛哭流涕。特別是對於那些留學歐美回來的先生，學校的青年學生和教師，把他們那種崇美恐美表現進行醜化，排成話劇演出，讓各校教師輪流觀看。從此使這些「教授」失去了做人的尊嚴。我就是親自參加觀看的其中一員。我當時就從內心感到心痛，但無法表達，因為我也是在學校被審查過關的人。

在人人提意見過關的過程中，有人甚至可以無中生有。甚至把你跟某人親近一些，例如男女同事工作共處，都被視為男女關係不正常。最後每個人都要檢查出一些反動人生觀，並正式寫成書面材料，放入人事檔案中。我當時參加的工作單

位是天津市第四中學，還任歷史、地理學科組長，我最後被通過的反動的人生觀是個人英雄主義。這總比有的人被定為反動的地主階級的孝子賢孫，還有的被定為腐朽的資產階級享樂的人生觀好一些。另外，四中是新建的學校，沒有歐美留學的人，所以那種崇拜恐懼歐美的人不存在。可是，這個學校出現了命案，是屬於「三反」運動中的。「三反」中有一條就是反貪污。當時的口號是：「有山必有虎，有虎必有貪污」，意思是，祇要你的工作與錢有關係，就必會貪污。因為總務處（後勤）在建校的過程中必然會購買設備和學習用品，所以從總務主任到科員，無一不被審查，搞逼供、檢查。這裡有一位姓盧的工作人員，他是解放後剛剛參加工作的。因為他的父親解放前是國民黨在南方地區的一個司令員，確切的說他是一位公子哥，平日在學校工作很隨意。由於他出身的關係，無論是穿戴，還是生活表現，都與眾不同，具有一種玩世不恭的態度。這可能是由於他的家庭影響吧。但是在工作上，他沒有任何紕漏，財務上也沒有貪污。但因為他管財務，就認定他是貪污，所以大小會都進行逼供。但是他確實沒有貪污，所以查也不出來什麼，他反而很難過關。後來，他突然在家中上吊自殺。這就是「三五反」運動中給我印象最深的一件事。

當然，經過「三五反」運動，大家在思想上明白一個問題，即與反動的腐朽的思想劃清界限。同時也通過中國人民志願軍迫使美帝和談，證明了美帝國主義正如毛澤東所言的「帝國主義都是紙老虎。」通過「三五反」運動，人們在思想上昇華了「美帝國主義就是我們的主要敵人」的認識，而蘇聯則是我們的最好的朋友。我們抗美援朝的服裝和武器都是蘇聯支援我們的。大家在思想上牢記了毛主席的一句話：「凡是敵人擁護的我們就反對，凡是敵人反對的我們就擁護。」這就是毛澤東思想的核心，即鬥爭哲學。因為無論出現什麼問題，「階級鬥爭，一抓就靈」。所以，鬥爭的哲學要天天講月月講，「千萬不要忘記階級鬥爭」。

我參加大煉鋼鐵並被迫捐獻出景泰藍大缸

　　1958年，在中國的歷史上是一個劃時代的大躍進的時代，當時根據全國形勢一片大好的情況，又經過五七年的反右鬥爭，全國在政治上從上到下一致把毛主席推奉至最神聖的最偉大的地位。在這種情勢下，1957年11月，毛澤東主席曾提出要在15年左右時間在鋼鐵等主要工業品的產量方面趕上和超過英國的口號，並號召「十年超英國，三十年趕美國」。1958年8月17日，中共中央又在北戴河召開政治局擴大會議，通過《全黨全民為生產1070萬噸鋼而奮鬥》的決議，從此掀起轟轟烈烈的全民大煉鋼鐵運動。期間鋼鐵生產指標越提越高。北戴河會議正式決定並公開宣佈1958年鋼產量為1070萬噸，比1957年翻一番，號召全黨全民為此奮鬥，開展空前規模的大煉鋼鐵運動。

　　當時有的傳媒配合這種號召，其舉例稱，英國雖然外表看着是富強的國家，實際上並不富強。他們每週每人平均連兩個雞蛋都喫不上。我記得當時天津市的雞蛋是每斤人民幣五毛八分錢，所以每個家庭每日吃幾個雞蛋是不成問題的。聽了這些宣傳後，人們確實有了一種自豪感。為了實現超英趕美，這時毛主席提出來要實現總路線、大躍進和人民公社化。這三項是全國人民奮鬥的目標。其中首先以大煉鋼鐵為突破口。「以鋼為綱，全面躍進」，於是，出現了全國人民大煉鋼鐵的熱火朝天的活動。據說毛主席親自在中南海見了一個大煉鋼鐵的爐子在煉鋼。

　　在這種號召和影響下，學校停課，也進行煉鋼，我本人也不能例外，參加了大煉鋼鐵。大煉鋼鐵，當時是這樣的，要煉鋼鐵得有設備和原料。學校也架起煉鋼爐，並且全國獻鋼，每家每戶凡是有廢鋼鐵的，都要貢獻出來，形成一次全國性的運

動。有的單位甚至把自己的大鐵門拆下來，上繳作爲原料。記得，天津十六中學（今耀華中學）它的校門就是兩片大鐵門，也被拆下來上繳。在居民中，不僅要自覺的限鐵，而且居民委員會主任領着她的成員到居民區中挨家挨戶去動員，表面上是動員，實際上是檢查。當時，一般家庭的茶盤都是銅的，居委會主任認爲這也能煉鋼，所以也把這也搜索拿走。

我在學校參加大煉鋼鐵，那真是能體現出當時人們高漲的熱情。從學校的書記到校長，帶頭和我等晝夜不離開學校，進行煉鋼。可是這小土爐煉出來的鋼，祇是把鐵融化最後形成一個鐵坨，根本不是鋼。每日要向上級報告煉出鋼的數量。我們就把這個鐵坨的重量報告給上級。不久，上級發現所有基層煉鋼爐煉出來的都不是鋼，都是廢鐵，於是上級改變了主意，就讓我們把收到的鐵送到煉鋼廠去由煉鋼廠統一冶煉。這時，在群衆當中進行比賽，看哪個單位送來鐵最多，然後給予紅旗表揚。我記得我們學校送到煉鋼廠的鋼是名列前茅的。我當時就想學生去哪兒找來的鐵呢？這個時期所有的學校都停了課，學生都四處撿鐵。而這也是全國性的，人人要撿鐵。學生怎麼會撿這麼多呢？若干年後，我才知道當時學生在夜間集體到各個煉鋼廠去偷鐵塊，也就是說，煉鋼廠的收集的鐵原料就是他們自身存的原料。作爲一個教師，我在解開這個謎之後，內心變得非常沈重。爲了爭得先進，變相唆使這些年輕人去盜竊，這對他們的心靈是一種怎樣的戕害啊？所以後來我們在社會上出現了缺乏真誠而說假話的社會風氣，這不是偶然的。

這時伴隨着大煉鋼鐵的運動，社會上又出現了大躍進的形勢，它主要的表現在農業上，叫「放衛星」。全國各地區看誰的畝產量、年產量最多。1958年6月8日《人民日報》登載了「河南省遂平縣衛星農業社五畝小麥平均畝產達到2105斤」的浮誇報導，並將之稱爲「放出第一顆畝產衛星」。經過《人民日報》等媒體大張旗鼓的宣傳，政府組織的現場觀摩，各地群衆歡欣鼓舞的傚彷，相比之後，很多省市比它要多，接連不斷地在全國放衛星，虛報數位逐漸增大。例如，8月13日新華社

報導了湖北省麻城縣溪建園一社出現「天下第一田」的事蹟，該社早稻畝產達到了36900斤。隨後，各大廣播、報紙、雜誌的相關報導宣傳也進入了新的高潮，截至放衛星的尾聲階段9月25日左右，小麥畝產最高數是青海柴達木盆地賽什克農場第一生產隊的8586斤，稻穀畝產最高數為廣西環江縣紅旗人民公社130435斤。

我記得天津市也不甘落後，1958年10月1日《天津日報》報導，天津市的東郊區新立村水稻試驗田，畝產12萬斤，並稱在田間的稻穀上可以坐人。到了10月8日和10日兩天，《天津日報》又分別報導天津市雙林農場「試驗田」，畝產稻穀126339斤的特大消息，一時轟動全國，可稱得起畝產之最了，真可謂壓倒群雄獨領風騷了。國家領導人劉少奇就到天津郊區新立村去視察過。據說，當地知道劉少奇來視察，就把各地最好的水稻一夜之間統統都擠在一起。為避免太稠密而死掉秧苗，所以在夜間就用吹風機鼓風。果然在劉少奇來視察時，受到了表揚。記得毛澤東主席也到天津視察過，當他見到了水稻長得這麼好，就問農民畝產多少斤，農民回答說畝產八九千斤。毛主席就問：「能產這麼多糧食？」因為毛主席是農民出身，瞭解農業知識，並且是農業裡手、行家，所以他才這麼問。可是農民回答的更乾脆：「還可能畝產一萬斤。」這裡我想到一個問題，為什麼上級領導和媒體報導純樸的老百姓都不相信他們呢？可能是從這個年代就有了根源一直傳承到現在，「失信于民」。

正因為中央各位領導因為各地放衛星而親自到農村搞調查研究。當時社會又面對了一個新問題，毛主席於是就提出糧食多了怎麼辦？在這種大躍進的「大好形勢」下，中央和毛主席提出了要搞「人民公社」。而人民公社化首先就是要改變私有觀念與個體化。要使農村從集體化提陞到人民公社化，要比蘇聯的農村集體化還要先進。在這樣的號召下，農村各家各戶有的把自家的鍋砸了，要集體生產，集體活動，集體由公社提供食堂。

在學校怎麼落實公社化呢？就是學校建立了公社食堂，老師和學生中午不再回家喫飯或用飯票買飯各自喫，而是到學校食堂集體喫。給我印象最深，至今不能忘記的，是當時喫飯的情景。這也是值得學校師生慶祝的日子。那就是中午由學校食堂煮麵條喫，開始用幾口大鍋煮麵條，然後用大盆把麵條分給各班。學生們各自用碗筷分到自己的碗裡喫。但是人們萬萬沒有料到，第一鍋麵條到班上後沒有經過五六分鐘就被學生喫完了，於是等第二鍋，及分到後又不到五六分鐘就又喫光了。學生又得耐心的等第三鍋。第三鍋也很快被喫完。這頓是午飯，但是就這樣持續到了晚上，大家才散去。當我把這件親歷的在學校集體喫麵條的盛事，告訴校外的人聽。中午飯喫到晚上還沒停，確實讓人捧腹大笑。後來學校領導感覺這種在食堂實行集體就餐的做法行不通，於是就終止了。

所以看來公社化無論是在農村還是在學校都是無法實現的。在這個期間，加上中蘇關係的分裂以及天災，我們就出現了另一個極端，那就是飢餓的出現。在原有的定量上，由學校機關積極分子帶頭，提出要減量。在帶頭人的帶領下學校的人在會上要自願表態減糧食。在這種形勢下，原本糧食就不夠喫，許多家庭都有孩子，都在成長期間，父母一般要貼補給孩子，因爲一般沒有父母願意孩子挨餓。這樣，在原來已經不足的情況下還要減，而誰要是不減那就是落後分子。試想經過五七年的反右傾鬥爭，不管大家內心怎麼想，但是在表面上必須響應上級的主張，還要說得冠冕堂皇。當時沒有副食品，包括買豆腐和白糖，都得拿副食本買。當時全國減產，城市本來就喫不飽，但我卻講：「我早上起來喫一兩就夠了。中午喫三兩就夠了。晚上喫二兩。這樣一來每天可以省下四兩來。十天就可以省出四斤，一個月至少可以省出十斤來。我祇要二十斤就可以了。」因爲先進分子是這樣說的，我們也是自願的，高高興興地說了出來。當時領導就說不要減那麼多，減幾斤就可以了。結果在我們的感恩戴德中，都減了幾斤糧食。我和妻子跟別人一樣，都減了糧食，很快我們都得了浮腫，她還得了肝

炎。因為這種病影響，她晚年得了不治之癥，過早離開了人世。

　　這時我們不要忘了一句話，我們都懂，就是「三、六、九」，所謂「三」就是不要忘了三面紅旗，這是總路線、大躍進、人民公社。這是要超英趕美，實現共產主義。和現在一樣不要不忘了三個高舉，看來這種宣傳方式是一脈相承的。「六」就是指全國當時有六億人口，我們喫苦是應該的。「九」就是不足或缺點，就是九個指頭和一個手指頭的關係，九個指頭是好的，一個小指的不足是可以忽略的。所以無論遇到任何事情，都要提「三六九」，這樣就心平氣和了。可是有的領導和有的人卻忘記了「三六九」。比如彭德懷，他下鄉搞了調查，他太真實愛講真話，發現大躍進加上天災，餓死好多人，可是我們的新聞媒體卻從來沒有報導過餓死人，相反一直報導說沒有餓死一個人。給人的感覺是，雖然我們遇見了災荒，但是沒有餓死一個人。當時這是我們所謂的真實報導，報刊、廣播等特別強調這一點。我當時確認是真實的。可是彭德懷卻根據真實情況上書毛澤東。廬山會議最初的目的是要解決大躍進和人民公社以及公報虛報作風給人們帶來的危害的，本來是糾偏會議，彭德懷本來也是配合這種情勢的，他指出，這樣下去危害很大，會死很多人，所以上萬言書。但是毛澤東認為他是別有目的。結果會議風向轉變，以批判彭德懷為主。這樣又掀起全國性的反右傾鬥爭，叫作「拔白旗」。中國共產黨在八屆五中全會上決定主辦《紅旗》雜誌，任命陳伯達為總編輯。《紅旗》創刊號刊登發刊詞：更高的舉起無產階級的革命紅旗，並指出「毫無疑問，任何地方，如果還有資產階級的旗幟，就應當把它拔掉，插上無產階級的旗幟。」經過宣傳，全國各地在認真貫徹八大二次會議精神的同時，積極迅猛地開展了聲勢浩大的「拔白旗、插紅旗」運動。彭德懷後來的下場是眾所周知的。知識份子又成了拔白旗的對象。

在大煉鋼鐵時期，有兩件事讓我難以忘記。除了學生偷鐵這件事外，還有一件就是，居委會挨家挨戶進行動員的時候，發現我家有一對景泰藍大缸。景泰藍大缸在製作的時候屬於大型器，是很少見的。過去，祇有北京太和殿有一對。我家這對是和北京太和殿的尺寸一樣的，這是結婚時，妻子特地向我岳父要的嫁妝。我岳父是長春市首富，是當時長春市房地產家。當時長春市最興盛的一條商業街叫大馬路，相當於今天天津市的「金街」。大馬路這條商業街兩邊的樓房，基本上都是屬於我岳父的財產。此外，長春市唯一的京劇院，當時叫作新民大戲院，樓東就是我岳父。二樓雅座有樓東專廂，供其專用。我之所以談這個問題，是談岳父家經濟條件比較好。岳母是佛教徒，而岳父喜歡文物，這對大缸是他最喜歡的文物，所以他放在他的待客大廳裡。這對大缸裡面還有一個很厚的玻璃板。在玻璃板內畫有金魚和水紋，金魚游在水中栩栩如生。在玻璃板上，都伸出來一支一支的荷花，荷花逼真，並且荷葉都鑲嵌有景泰藍的真金絲，岳父非常喜愛。因為我的妻子是我岳父子女中最受喜歡的，所以當我妻子提出要這對大缸作為陪嫁，雖然他十分心疼，但是為了愛女還是忍痛割愛，送給了我們。

這對大缸被居委會主任看到後，就要讓人搬走，去煉鋼。當時的居委會主任很有些權勢，相當於一級組織的領導。名義上是為居民小組服務，實際上是監督居民一切活動的，包括誰家喫什麼飯，誰家來了客人，誰家來住他們沒有見過的生人，都要瞭如指掌，因此，在她們的監控下也確實抓過一些壞人，甚至國民黨的特務。這些主任通常由兩類人擔任，一類是退休的老職工，是共產黨員。試想，女職工又是共產黨員，非同一般，在單位就是紅得發紫的積極分子，所以退休在家，擔任居委會主任這是理所當然的。另一類就是在家要求進步，雖然為家庭婦女，但是想通過表現而加入中國共產黨的人。這些人都是能說會道的老大娘或婦女。所以我每次見到居委會主任我都畢恭畢敬禮讓三分。有時居委會主任個人冬天買大白菜，冬季一般都至少買一二百斤儲存，年輕的小孩們都主動的給居委

主任往家搬白菜。其中包括我的孩子。這就是從小教育孩子要討好領導。今天社會主義不敢講真話，出現的雙面人，可能都是當時家長教育培養子女的結果。

當居委會主任要拿走我這對大缸去大煉鋼鐵時，我哪裡敢跟他們講這是文物，這裡沒有鋼鐵，不能煉鋼。我祇能說，等我過兩天親自送去，你們幾位摔壞了不值當。這時所考慮的一切祇是生存，什麼自尊，什麼理由，都是多餘的。這時我想到了文化局局長方紀，我告訴他，要把這對大缸獻給國家。他非常高興，於是派藝術博物館的一個姓樊的青年來我家把這對大缸拉走了。事後，送我一個證書，表示感謝。據說至今還存在博物館的庫房裡。我妻子有時會提及他父親給她的紀念品，遺憾都不存在了。我就勸我妻子，不存在是一種幸福。試想，這對大缸如果保留在文化大革命時期，我們可能會有殺身之禍。所以，我們應該感謝居委會主任。

難忘的牛棚生活和「政治流亡」

　　偉大的史無前例的「無產階級文化大革命」，是由學校開始爆發的。我們學校也毫無例外的展開了轟轟烈烈的、由學生主導的橫掃「四舊」的運動。開始的時候，大字報主要是集中指向學校的書記和校長。其中也有部分平日和學生關係處理得不好的教師。這個時期使人感到是一個「有仇報仇」的年代。

　　運動初期，由於我這個教務處長平日在學生當中可能還有一點威望，所以在大字報鋪天蓋地的時候，很少見揭發我的大字報。沒有想到，不久我卻成了全校的重點。這是因為工宣隊代表偉大領袖毛主席進駐學校，成了學校的最高領導者。這時的書記和校長及有問題的教師，都打入了「勞改隊」，每日進行勞動改造。工宣隊見既無揭發我的大字報，又沒有進勞改隊進行勞動改造，於是他們親自找當時負責學生運動的代表李宗昆談話。李宗昆是個什麼樣的人？他運動前是領導學生工作的共青團團委書記，他也是一個對我非常崇敬的青年教師。他在幾年前，從學校畢業分配到我校工作。當時由於在各專業都要開語文課，所以語文教師很缺少，於是安排他做語文教師。他由於缺少教學經驗和這方面的學識較淺，學生對他上課感到非常不滿。在這個時候，校長書記找我商量，建議不讓他做教師，而是到總務處做職員。我考慮到他工作努力，品質不錯，當時正缺少做學生工作的教師，所以我建議他做學校共青團書記。實際呢，他不是平調而是變相昇職。學校同意後，由其擔任共青團書記。書記安排工作時，跟他談話，提到了我對他的建議，希望他不要辜負大家的期望，幹好這個工作。所以他平日共青團的工作很努力，同時他對我也很敬仰。

　　這次工宣隊找他談話，因為李宗昆的家庭出身好，他父親是拉三輪車夫，也就是解放前的「洋車夫」，是工人階級。現在李宗昆又是造反派總司令。於是他對工宣隊講：「我們抄過他的家，查過他的講課記錄以及平日的講話，沒有發現他有反

黨、反社會主義和反毛主席的反動的言論。」這時，工宣隊長啓發問他：「在舊社會哪些人能上大學？」李宗昆回答：「祗有地主老財、資本家和官僚家庭的子弟才能上得起舊社會的大學。」於是，工宣隊長又問：「李正中他能在北平中國大學上大學，那麼他們的家庭和出身還用再說嗎？再者，他解放後歷任學校的教務處長，他是不是一個劉少奇『反動教育路線』的忠實的追隨者和支持者？那麼，像這樣的一個人，他可以說是反動透頂，你們受到了毒害，反而察覺不出來，這是爲什麼，你們知道嗎？這正說明他是在革命隊伍中隱蔽得最狡猾、最深的反動分子。他是一個隱藏在我們隊伍中的『老狐狸精』。」李宗昆這位學校造反派的總司令，受到啓發後，於是從內心裡認爲我是一個反動透頂的不可救藥的教師。第二天，全校就出現鋪天蓋地的大字報「打倒老狐狸精李正中」！貼得到處都是。還一直貼到我的家中和街道。於是我這個三十六歲的李正中從此以後得到了一個美稱「老狐狸精」。後來，爲了紀念文化大革命中我得到的這個綽號「老狐狸精」，我將我的陋室書房起名爲「古月齋」，「古月」，拆開來也就是「胡」字。從此，我不僅進入了勞改隊，每天被強迫進行慘無人道的勞動，而且每天被押進各個專業班級輪流批鬥。因爲我是隔離反省，到了夜間，任何學生都可到我住的牛棚進行拷問毒打。在拷問毒打的時候，幾個學生首先打我的一雙眼睛，這叫「先封眼」，可能是怕我記住他們是誰，然後毒打拷問。這就是我用平生精力教育出的學生！

　　想到這裡，我突然間想起了陳寅恪先生在文革期間的遭遇。陳先生當時已是七十多歲的老人，雙目失明，腿已經摔壞。可是中山大學的學生還用一個籮筐抬他到批鬥現場。這種景象任何一個人，都是難於置信的，而且會產生無法控制的情感。這時，正好被陳先生早年在清華研究院的學生劉節遇到。他現在是中山大學的教授。他去阻攔，哀求學生不要對老先生進行批鬥。當時批鬥先生的學生問劉節：「你不讓批鬥，那你能代替他嗎？」出乎紅衛兵的意料，劉節坦然說：「我願意代

替先生挨批鬥。」於是學生用「噴氣式」將劉節押到批鬥會場。在批鬥過程中對劉節進行各種侮辱和打罵，問劉節：「你為陳寅恪挨批鬥，滋味很好受吧？」劉節回答：「我替先生挨批鬥，這是作為先生弟子的一種榮幸。」當我想到這裡的時候，我突然萌發出一種疑問：同樣是陳先生的學生，為什麼早年的學生和後來的學生會產生兩種不同的對待老師的態度？這是我至今內心中的一個我疑惑，找不出原因。

我的思路，又回到了文革時期對我的批鬥上來。我對這種日夜的批鬥無法再承受。它不僅是肉體上的，更是精神上的折磨。最後我想到了，我能不能夠逃跑？這時我正好有一個理由，就是我的眼睛被打壞了，牙也被打壞了。我以此為理由和藉口到離學校不太遠的衛生院去治療。不知是出於什麼原因，紅衛兵司令部同意去給我治病。但我去醫院必須有一名紅衛兵押送。在這個過程中，押送的紅衛兵覺着很無聊。所以他們向我編了一個假話：「你在前走，我們跟着。」意思是讓我自己去，自己返回。他們在暗中監視。開始時，我規規矩矩，自己來去。連續幾天，我發現他們沒有跟隨我。我就利用這次機會，買了車票。先去上海我的妹妹家，然後我又去東北我的叔叔家，最後我又去保定我的二姨家。我做了一次名副其實的政治流亡的生活。我才體會到「政治流亡」的心態。因為到處都是紅衛兵，我每日每夜提心吊膽，又怕給我的親屬家中帶來麻煩。後來，我從廣播和報紙中知道軍宣隊進駐了學校。我想在全國的向解放軍學習的年代裡，他們對待牛鬼蛇神可能要好一些吧？於是，我主動回到學校，見了軍宣隊。這個時期，回校後的批鬥會已不再盛行武鬥，變得「文明」一點了。

附：《替師挨鬥——當今師生還有幾多情》

（天津《老年時報・春秋》2003年7月21日）

作為清華國學研究院四大導師之一的國學大師陳寅恪，在那「史無前例」的年代，同樣在劫難逃。當時晚年的陳寅恪先生任廣州中山大學教授，身患心臟病，雙目失明、右腿骨折，生活完全不能自理。

在那造神運動的瘋狂年代，在「橫掃一切牛鬼蛇神」、「批判資產階級反動學術權威」的淫威下，憲法被踐踏，「捨得一身剮，敢把皇帝拉下馬」，公民最基本的生存權利被剝奪，人身安全得不到任何保障。

揭發批判陳寅恪的大字報鋪天蓋地，大字報從校園一直貼到先生的門上、墻上，甚至掛滿病床周圍，猶如祭奠死人的紙幡。陳寅恪先生的夫人悲憤的說：「人還沒有死，已先開吊了！」至於被抄家的待遇，「誰想抄家，隨時可去」。凡可拿之物，大至收音機，小至茶杯，無所不拿，家中物品蕩然無存，四壁皆空。」

在那人妖顛倒、黑白混淆、人格扭曲的年代，陳寅恪顯示出錚錚鐵骨。為此，造反派更加劇了對先生的摧殘。1967年底的一天，紅衛兵在他心臟病惡化、雙目失明、骨折不能行走的情況下，硬要用籮筐把他抬到大禮堂進行批斗。為了保存先生的生命，先生的夫人不顧一切地撲上去前去阻攔，卻被失去人性地紅衛兵打倒在地。在先生生命攸關的時刻，當年清華國學院第二屆畢業生、陳寅恪的學生、時任中山大學歷史系地教授劉節，為了保護老師，請求甘願替其師進會場挨批斗。掛牌、噴氣式、諷刺謾罵、人身攻擊是理所當然的待遇。這時，在批鬥會上，卻有紅衛兵拷問劉節有何感想？劉節先生回答道：「我能代替老師挨批斗，感到很光榮！」

陳寅恪先生為什麼能培養出這樣令人景仰、高風亮節的學生？這是因為陳寅恪先生深愛學生，是先生的人格力量，是

先生地學識品格折射出地中華民族氣節地理性之光對學生地影響。遺憾的是在那「史無前例」的年代，先生卻經歷了三年多的不斷折磨，其中尤為嚴重的是1969年5月5日下午6點3刻先生被迫作「口頭交代」，直到不能講話才罷休。在這次講話中先生有「我現在如在死囚牢」語。1969年10月7日，80歲的一代國學大師，終於被他在校的學生折磨致死。

寫到這里突然使我感到一種困惑，陳寅恪先生同樣做教師，僅僅由於時代不同，為什麼早年的學生和「文革」時期的學生，雖然都是他的學生，但是在對待自己老師陳寅恪的態度上卻如此不同？使人哀慟！因此，作為一名大學教授、天津理工大學經濟與文化研究所所長、教授，我呼吁高等院校建立「文革研究所」，這對中華民族的發展是有意義的！

「牛棚」中也有告密者

　　我和寶卷奠基者、歷史學家李世瑜是半個世紀的老友。平日，我習慣稱他為「大學長」。這不是客套，在我的內心中，他不僅是可敬的學長，而且是學術成就斐然的前輩。他於二零一零年十二月二十九日仙逝。在仙逝前，他與我有一次長談。他提及他一生最大的遺憾之一，就是他的愛徒背叛了他，因此他對我做了一些有關的交代。當然，我不會辜負我心中敬仰的學長對我的要求。

　　通過此事，我想起很多的往事。根據我的親身經歷，我認為，學生背叛老師固然由學生本人自己負責。但我想，任何一個事情，除了他個人的素質以外，與環境有沒有關係？因為任何一個人都要在一定的環境中生活，不可能不受影響。這裡就使我想到人們最敬仰的前輩學者陳寅恪先生。他晚年在中山大學已經雙目失明、兩腿已經殘斷。這樣一位老者，在文化大革命運動期間，他所教的紅衛兵學生，抄了他的家，而且據他的夫人講，不僅是把他的書抄走，還把室內所有的傢具和生活用品全部抄盡。至於大字報，居室內外，全部貼滿了「打倒陳寅恪」的大字報。當時陳先生已不能走路，他們在這種情況下也不放過先生，他們用籮筐抬着先生，去禮堂批鬥。在路上，遇見了先生在民國期間清華大學研究院向先生學習的學生劉節教授，劉節苦苦要求紅衛兵，甘願代替先生挨批鬥。這件事就使我想起學生背叛先生，不是孤證，而是在特殊的歷史條件下必然的產物。例如，林彪是毛澤東最可靠的信徒，林彪也是以學生自稱，他最敬愛的人就是毛澤東，是林彪提出的四個偉大：偉大的領袖，偉大的統帥，偉大的舵手，偉大的導師。但是最後從師生關係角度來看也是學生背叛了他的老師。這能不說是時代的特色嗎？我想知道他最信任的學生林彪背叛他并設計用武裝謀害他，奪取政權，毛澤東得知這種情況后，有何感想。

　　我想到自己曾經住牛棚的歲月。牛棚的這種待遇，是世人皆知的。我不想回憶那痛苦的時光。我只想談一件平日以師禮

對待我的牛棚中的先生。這位先生姓陳，恕我不提他的大名。文革前，他是學校教數學的先生。因為我掛個教務長的職務，所以他平日的表現，工作認真，教學效果也好，為人忠厚老實。我在內心中喜歡他，並經常給他好評。他是大學畢業不久的青年教師，所以他總是不僅把我當做上級，而且自稱是我的學生，對我恭敬有加。他擔任過班級的輔導員（班主任），與有些學生必然有些矛盾，所以文化大革命開始不久，他就和我們這些「有問題的牛鬼蛇神」一起被關在牛棚進行勞動改造。在這期間，發生了一件事，全校批鬥一位年輕的女教師，叫朱林香。她剛從師範學院畢業來校不到一年，是一個教學工作十分認真，屢得領導好評的青年女教師。她的哥哥還是一位解放軍中的軍官。按當時條件說，出身是紅五類，她不該被批判。我從我們這些牛鬼蛇神參加陪綁時聽到的揭發材料得知，僅僅是因為她穿戴整齊，有化妝的習慣，所以被批判。批判她用資產階級的香風，腐化青年一代，所以要把她鬥臭。因為平日我對所有的青年教師都有好感。這也許是由於我多年來做教育工作的自然心態吧。所以，當我們在批判臺上陪鬥的時候，聽到這些揭發內容，我心中感到好笑。一個人追求美，這是一種境界，這是人類的本性。原始社會還有項鏈呢。為什麼說追求美會使人腐化呢？難道無產階級就不需要美嗎？真是可笑！

當批判大會結束以後，牛鬼蛇神都回到牛棚。我是一個自認為有正義感的人，魯迅不就是有正義感的人嗎？既然欽佩魯迅，就應該有這樣的性格。當時我們都有「文革十六條」（《關於無產階級文化大革命的決定》共十六條，通常稱之為「十六條」。當時，「十六條」成為全中國人民的「學習文件」。大街小巷到處貼滿標語：「學習十六條！熟悉十六條！運用十六條！」）的學習材料，就是分辨「鮮花毒草」的材料。不論你真學假學，祇要不勞動就要學習。我在「十六條」背後空白頁上寫了一首打油詩：「千里聞名，萬里香飄。一人上臺，牛鬼折腰。」我的真實想法就是開個玩笑：一個小女孩，本來默默無聞，現在可出名了。參加大會的還有周圍的工

人。僅僅因為這個小女孩兒，我們都要低頭彎腰賠着挨鬥，多麼可笑。所以真的連牢騷都不算。在這時，牛棚中的陳老師，就出門向看管我們的紅衛兵說去廁所，離開了牛棚。在牛棚中曾經負責過中共組織部工作的王姓牛友，因為工作性質產生的敏感，示意告訴我趕快把這張寫有打油詩的紙撕下毀掉。看到王老師這種嚴肅的提醒，我就把這首打油詩銷毀了。確實，不久陳老師回來了。又相隔一段時間，突然進來四位怒氣沖沖的紅衛兵，要檢查「十六條」，我是被檢查的重點。但是裡面什麼也沒有，他們很失望。他們終究年輕，隨後向我提出：「你寫的侮辱偉大毛主席的詩放哪了？」我當然表示，我沒有此事。他們說：「你沒有？『一人上臺』，是誰啊？毛主席上臺，你們被批鬥。你這是不滿情緒啊。」我否認說：「我沒有寫詩，何談侮辱？」當他們走了以後，大家都默默不說話，一直沈默下去。當然每位牛友都在默默地看着陳先生。第二天，當我們出來進行勞動的時候，陳老師被叫走了，據說他從牛棚中被解放了。事情就是這樣。不需要再說什麼。陳先生確實是一個教學很好，作風正派，很老實的青年教師，但他為什麼要做出這種事情。這件事一旦做實，我的後果不堪設想。可是，在這麼多的一起的牛友，為何只發生在他一個平日忠厚老實人的身上？說奇怪也不奇怪。當人們面臨生存的關鍵時刻，就在這一點上，是一種考驗。文革後，他主動要求回原籍去教書。

牛棚期間，有一天，紅衛兵在牛棚中告訴我，明天舉行批判你過去工作單位的院長王銳民的大會，我們和你過去工作過的單位聯合舉辦，你是以前院長的大紅人，教務長，你對他的罪行肯定非常瞭解。希望你明天在大會上揭發他。如果你能揭發，你今天就可回家寫材料。（因為我是牛鬼蛇神中的重要分子，早已不能回家，在學校的一間小棚中隔離反省。）我長時間沒有回家，在我內心中，我多麼渴望回家看看妻兒老小。可是當我想到老校長，早年是培養教誨與有恩於我的人。他也確實沒有可揭發的地方。我李正中不能像有的人為了自己的解放而無中生有，無限上綱上線。這是違背良心的。所以我當時表

態，我對他沒有可揭發的地方，無法寫。沒有想到這句話，惹火了紅衛兵小將，當時兩三位紅衛兵同時下手打我的頭部，緊跟着打我的臉部。沒有誇大，牛友們都見到了。這一頓暴打，其中打掉了一顆門牙，滿口是血。整個的臉和眼，青淤並腫起來。在這種情況下，他們自己給自己下臺階，說：「今天放你假回家，寫揭發材料，明天上臺揭發。」他們明知道我不會寫。我在走以前，換上衣服，想回家看看。但是，出了校門以後，正當年的我，想到自己的母親和妻子和孩子，再看現在的自己，沒有任何前途和希望了，這祇是個時間問題。我走在路上，卻控制不住自己，坐在馬路邊哭泣起來，甚至失聲痛哭。一個三十幾歲的人在路邊痛哭，容易引起別人的注意。這時有一位蹬三輪的師傅看到我，下了三輪。他是一個老年三輪師傅，就問我：「你是學校的老師吧？」因爲這個時期，挨批鬥的大部分都是老師。他說你不要難過，不要難過，你要想想家人。你一定要挺過去。我這時候更難過了。他接着說：「我理解你，你要堅強。」他說得很堅決，並且要送我回去。我不肯。他執意要送我，離家不遠時，他停下來，說：「我不送了。你收拾一下進家，不要讓家人爲你擔心。」我問他：「大爺，您貴姓。」他笑了：「我幫你不是爲了讓你感謝。記着堅強活下去。」說完，他就走了。

　　歷史是無情的，實踐已經證明。善有善報，惡有惡報。因果關係是不以人的意志所轉移的。

有沒有因果關係？

從馬克思主義的理論角度來說，我們不承認有因果報應。在理論上我很支持，因為我是一個唯物主義者，但是，在現實生活中，又使我感到，有時會出現因果報應關係。例如，住牛棚時期，我是要犯，單獨隔離反省。軍宣隊時期，給我勞動改造的任務也是單獨勞動。那時期，冬季裡學校教室沒有暖氣，都是生爐火。每個樓房教室全部由我生爐火。因此冬季裡，我必須從五點多鐘開始就要給每間教室生火，必須趕在學生到教室前。否則，後果可想而知。我住在一個過去看守自行車的人住的木製的、祇能容下一個人住的小房子中。這個小房只可放下一個學生用的書桌，冬天能放一個生火爐子。它的煙筒沒有煙道，祇能從窗戶通到外面。每天夜間，為了這間木板房子取暖，爐子必須要封火。有一次在夜間，我突然被煙嗆着而醒來，發現滿屋子煤煙。我頭暈嘔吐，想推門外出，但是門外面被封鎖，出不去。這時我意識到我已經煤氣中毒了。我祇能爬到窗戶前，推窗，推不開，因為被木條封上了。這是平日防我逃跑而封死的。在這種情況下，我不知從哪裡來的勇氣，把窗玻璃打碎，一方面使室內的煙放出，一邊大喊。這時才被人發現，被送到衛生室急救。產生這個煤氣中毒的原因最終查明，是通向窗子外的煙筒被人用很多的紙有意堵塞住了。經工宣隊調查，找到了這名塞紙的紅衛兵。這個紅衛兵說是革委會的副主任李宗昆告訴他，像李正中這樣的反革命分子活着，給人們帶來的危害是不可饒恕的。也就是說，他是受革委會主任的啟發，想把我熏死。當然，在那個年代，隨隨便便死一個人那是司空見慣的事，而且他們這樣的舉動是「為民除害」，當然不可能受到任何處置。

文革以後，我終於恢復了工作。這個時期落實政策，我堅決要求到市區最遠的高校去工作。當時的上級教委答應我，允許我在各個大學分校挑選學校，於是我就挑選離市區最遠的郊區學校——天津大學冶金分校。到校後，要求不做行政，只

做教學工作。到校後將近一個月左右，黨委書記孫濤同志，讓組織部長找我談話。孫濤同志是天津市文革前原市長李耕濤的秘書，是原老北洋大學的畢業生，很有水平，也很耿直。他約我談話，很簡單也很明確，他說：「我知道你的心態。不做行政工作，我理解。但是，咱們學校是新建學校，特別是教務處，不僅負責教務工作，目前還要負責全校的教學工作，非常需要一位有經驗的教務處長。我考慮再三，咱們都是老同志，我請你出山幫忙，擔任教務處長。」聽了他的話以後，我很為難。因為不想再擔任行政工作，是我的夙願。可是這位老書記竟然提出請我幫忙，我很感動。是答應還是不答應？有些人呢，他不理解。一個多年受不到尊重，受到白眼的人，作為一個知識分子，多麼希望有自尊，現在居然有人尊重自己，怎麼再推辭？於是我想到自己的條件是一個「白牌」，是一個非共產黨員，不幹不合適，幹也不合適。於是，我向書記提出要求條件：如果一定讓我擔任教務處長，我只擔任副職，不擔任正職。這時書記跟我說：「我非常理解你。這樣好嗎，目前咱們學校處級幹部自己不能決定，必須呈報上級黨委批准。我把你要求副職的申請呈報上級，由上級來決定，你看可以嗎？」我當然無話可說，祇能同意。沒有想到，上級批復還是讓我擔任正職教務處長。

在這期間的一天夜裡，我突然間接到我原來工作的學校的同事來的電話。他告訴我：李宗昆副校長，夜間煤氣中毒被熏死。明天早晨，在殯儀館開追悼會，希望你能參加。他熏死的原因是，他剛結婚一年多，分配了一間住房。當時分房很困難。但他是副校長還是新婚，故分得一新房。他隔壁鄰居搬家，把不能用的破舊煙筒留下。李校長因為剛生了小孩，剛過滿月。他就把舊煙筒拾掇回房間裡，接在自己爐子上，使其在室內延長，這樣可以讓房間更暖和些。沒想到，破舊煙筒各處有漏孔，所以中毒而死。他的妻子和小孩卻沒受到影響。第二天，我特地去參加李宗昆校長的追悼會。這時看到他懷抱剛滿月嬰兒的妻子，滿面淚水，泣不成聲。我路過孩子身旁時，對

其妻子進行安慰。我不讓任何人發現，偷偷地，放在孩子的棉被中一個信封，裡面是我一個月的工資，一百多元。

　　李宗昆走了。我想，如果我住牛棚時期，就中煤氣熏死，我的妻子和孩子又將是一個什麼樣的後果呢？我不希望這是因果報應關係，真的。我認為，如果沒有這場偉大的史無前例的運動，在人世間要減少多少悲劇啊。

我見到了懺悔者

　　史無前例的文化大革命終於結束了，不知不覺我也被落實政策，到天津大學冶金分校工作。突然有一天，我在文革期間工作學校的老師來見我。我一看很熟悉。他是當年和朱林香同時分配來的新教員，記得他是德山，是天津師範學院教育系畢業生。朱老師是文學系畢業生。來校不久即爆發了文化大革命。因為他剛到校，出身又好，是中共黨員，所以他和朱老師在運動中處境不同。朱老師被批鬥，我感到很不公平，曾經寫過打油詩。經牛友告密，幾乎上了斷頭臺。而德山不僅沒有被批鬥的遭遇，而且很快被軍宣隊和工宣隊歷屆隊長所賞識，並且成了牛鬼蛇神專案組的負責人，負責審查和外調牛鬼蛇神的資料。所以我對德山老師很熟悉。在運動當中，他很少對牛鬼蛇神正面指責和批判，而是在幕後對紅衛兵（多為其學生）進行指揮。

　　在「鬥私批修」這個階段，他還要帶領兩三個紅衛兵到我家去，把我的孩子帶到我的面前，讓他們當着我的面批判我。當然，三個孩子祇有帶着恐懼的心態，女孩和最小的男孩在哭泣，三個孩子一句話也沒講。我當時就想，你們就罵罵父親吧，你們不要因為父親而受連累。可是他們三個沒有說過一句話。而德山卻讓他帶來的三個造反派，指着我——曾經是他們老師的人，上綱上線地在孩子面前對我進行批判。這種情況，我至今難以忘記，也給孩子們心裡留下深刻的烙印。後來，他們偶爾提起德山時，很沒有禮貌的稱他為「白毛」。這是由於德山在批判我時才二十幾歲，可他已是少白頭了，孩子們對他的白頭念念不忘。過早出現白髮，這可能是因為他對別人的事情太用心機了吧。

　　這次他來見我。首先就在運動中對我造成的非人待遇，向我作出道歉。這事使我想到，文革以後我曾經說過一句話：「只見受害人，不見懺悔者」。就我所見的報刊資料，只見到受害人的情況，如陳寅恪先生，眼睛失明，腿部致殘，還有季

羨林先生在牛棚中的非人待遇，等等。這些都是報道的。我所聽到的、見到的，都是血淋淋的，常人難於想象到的悲慘遭遇。試想，這些受害者的出現必然有害人者。但是，在這些新聞報道中，卻見不到有哪位打人者出來懺悔，這不能不令人感到困惑。沒想到，今天終究盼到了有人來向我懺悔，我能不受到感動嗎？所以我想，凡是有點良心的人，抄了人家的家，又將人迫害致殘，甚至致死，即使無人追問，但自己的良心就能坦然無悔嗎？我覺得，德山老師來，讓我有一種難於形容的感動。不過呢，最後他向我提出一個要求，這也是他來的最主要的目的。他現在正在聯係他的母校師範學院（今師範大學）教育系，要回母校任教。不過，學校的人事組織部門還要對他進行瞭解，他知道師範學院的前身就是我曾經工作過的天津教師進修學院。當時的師範學院的業務副校長和有關係主任都是我的朋友。德山老師這次就是希望我在落實政策后，該校上級調查瞭解情況時，多加美言。當然，我不假思索地一口答應。事後，我也是這樣做的。因此，德山老師很順利的調到了他所希望去的母校工作。

爲什麼我要答應德山老師的要求呢？我是這樣想的，在造神運動的年代，每一個人都把領袖的話與領袖要做的事，都當做是神的語言與行爲。這些剛畢業參加工作的學生，他們怎麼能違背偉大舵手、偉大統帥，偉大導師，偉大領袖的號召呢？今天，他來求我辦事，並且懺悔自己做錯了，這本身說明了一個問題——說明四個偉大的迷信已經破產了，說明了發動文化大革命是錯誤的。這就已經足夠了。出於這個原因，所以當時我一口答應。

若干年以後，他已成爲正教授。我即將退休時，出面請了幾位以前我所在學校的老師，是在天津烤鴨店。這是毛澤東主席當年到天津喫烤鴨的地方。當時毛澤東在樓上喫烤鴨，突然被行人發現，於是烤鴨店前的這條街上站滿了人，大家拼命地高呼「毛主席萬歲」。至今，烤鴨店主人還在滔滔不絕的講這件事。當時，人散去後，街上遺落了很多鞋，是被擠丟的。

因爲毛主席在此喫烤鴨，於是該店一度改名爲「八‧一三烤鴨店」，因他老人家喫烤鴨的日子是8月13日。他老人家死了，當然店名又恢復了原狀。

　　但是，今天包括我在內的幾位知識分子，對於偉大領袖避而不談，只說分別後的彼此情況。祇有一位老師，說了一句話，作爲這次宴請的結束語。他說，任何事物都有因果關係，偉大領袖最心愛的學生，也是最早提出「四個偉大」，編撰《毛主席語錄》的人——林彪，卻背叛了他每天恭維的萬歲萬萬歲的毛澤東，不知偉大領袖作何想呢？

做人要有自尊──我的養生之道

在我幼小時期，父親常對我們講，做人要有自尊，特別是男孩，尊嚴是男孩立身之本。同時，他還告訴我們，要想有自尊和尊嚴，就必須對別人有禮節，要尊敬，這是相互的。對別人不尊敬，就很難得到別人的尊敬。所以，我們很小就銘記父親的話。無論是上學還是放學回家，見到父母一定向他們鞠躬敬禮，並說：爹，娘我要去上學或回來了。遇到客人在家也一定要敬禮。父親說，給別人敬禮，別人不僅是誇獎你，更會重視你。一個沒有禮貌的孩子是不會受人重視的。這就是起碼的自尊。

當然，自尊也包括對是與非的態度。為討好，把錯誤說成正確，這就失去了尊嚴。所以禮貌和討好是有區別的。在父親的教誨下，我在是與非面前一定堅持自己的看法。我認為堅持自己的看法，這本身就是尊嚴的一種體現。但是實際上在生活中的遭遇往往恰恰相反。

我記得文革中住在牛棚，每當去食堂喫飯的時候，牛鬼蛇神都要站成一排，向食堂走去。這時候，要路過一排水龍頭。這是供學生洗手刷碗用的。我利用這個機會，趕緊跑出隊來，洗手或洗碗。旁邊站的紅衛兵上來就是一腳，並罵道：「臭知識分子！喫飯還用洗手！滾回去！」我被迫退回。當時我們用飯票買飯，兩個窩頭兩塊咸菜。喫飯前，還要唱一首牛鬼蛇神歌。歌詞似乎是：

> 我是牛鬼蛇神，我是人民的敵人，我有罪，我該死。我
> 有罪，我該死。人民應該把我砸爛砸碎！
> 我是牛鬼蛇神，要向人民低頭認罪，我有罪，我改造。
> 我有罪，我改造。不老實交代死路一條，死路一條！

後來音樂界對此評論說：「這是音樂史上最黑暗的一串音符，音符在顫抖，人類在哭泣，在哭泣與顫抖中，音樂的暗傷形成了。」當時，別的牛友都唱，祇有我不唱，因爲太侮辱人格了。紅衛兵沒發現我不唱。後來發現了，就沖過來打我的腦袋，煽我的嘴巴，血流滿面，並說我是對抗偉大領袖毛主席。我自此之後也開始唱。這時我就想到父親的話。我的自尊給我帶來了這些後果。我這時明白：在這樣的一個時代背景下，要求自尊和尊嚴，其下場必然是悲慘的。有個作家蕭軍，他本來是「死老虎」，即早在文革前就被打倒了。事情是這樣的，他是一個愛國的知識青年。一九三一年「九一八事變」後他寫了一本書叫《八月的鄉村》，在社會上反響很大。在日本鐵蹄統治東北時，他和女友蕭紅流亡到上海，見到魯迅。魯迅對他們很愛護，給予巨大支持。所以二蕭無論是寫作上還是認識上都受到了魯迅很大影響。國共兩黨內戰時期，他首先到了東北哈爾濱，因爲哈爾濱是抗日戰爭打敗日軍後蘇聯首先佔領的城市。蕭軍自延安來，他在哈爾濱負責一份報紙，並建了一個出版社。不過，這位東北漢子對蘇聯紅軍解救我們中國人並不感謝，因爲他親眼目睹了蘇軍佔領哈爾濱的所作所爲。他在自己所辦刊物上稱：帝國主義有兩種：一種是白色帝國主義，以美國爲首；另一種爲赤色帝國主義，即蘇聯。凡是帝國主義，不論白色或赤色，都在掠奪中國。看來這個東北漢子學習《毛選》不夠。當時我們黨的政策非常明確，毛主席提出要向蘇聯一邊倒，一切學習蘇聯。蕭軍文章一出，就受到猛烈批判。當時，中共提出，反蘇就是反共，反共就是反人民。因受到丁玲等人的批判，下放到鞍山煤礦。經過幾年改造的蕭軍依然是死老虎，但他還掛名是作協成員之一。及文革發動後，在北京，紅衛兵就對當時的作家進行批鬥，這時蕭軍也在場。

作家都被摁着腦袋，坐噴氣式。院中火光一片，作家作品化爲灰燼。蕭軍與別人不同，雖已是老態龍鍾，卻自不量力，還認爲自己是堂堂的東北漢子。當紅衛兵摁頭彎腰時，他不僅不低頭認罪，卻喊出：「士可殺而不可辱！」不低頭還喊，使得紅衛兵在其身後狠狠踢他一腳，低頭踢倒在地上，滿臉是血。我想蕭軍喊出來士不可辱，就是我體會的自尊吧。這就是自尊的後果。

當然，最聽話的是老舍先生。老舍在新中國成立前在美國過着平淡的與世無爭的生活，可是周恩來總理總是想把華夏有爲之士接回國內參加建設。老舍在周恩來的邀請下回到了北京。文革中，他老老實實地被批鬥。第二天早晨，沒等紅衛兵再來拉他批鬥，就跳河自殺了。他實現了蕭軍的口號——「士可殺不可辱」。

我就見到了無論是知名大師或死老虎作家，都沒有逃脫這場史無前例的浩劫。試想，爲毛主席所形容的「手不能提籃，肩不能擔擔，五穀不分的知識分子」，還不如一身牛糞的農民。這時還奢談什麼自尊和尊嚴，太可笑了。

運動過後，我落實了政策，參加了工作，在我的思想深處，父親教導我的男人的「尊嚴」這兩個字已經不存在了。我想，父親在天有靈也會原諒兒子的。有朋友和學生問我，說先生你有什麼養生之道或秘訣（經歷屆運動還沒死）。是的，自建國以來，知識分子思想改造運動，三五反運動、肅反運動、反右鬥爭、文化大革命，所有的運動我都經過了。人生最好的時光三十年。我比知名的專家、學者、大師、比我的同學與朋友都好。好的惟一特點就是背叛父親的教導，沒有了尊嚴。

時至今日，我已自動提出不再擔任天津理工大學經濟與大學經濟研究所所長職務。我分管的上級領導、黨委副書記，一再向我明確：在未任命新所長之前，你還是「過渡政府」，一切都不能移交。在此期間，個別的部門的領導，都是在學校紅得發紫的中共黨員，想佔用我的辦公室，並且沒有通知我，

甚至把辦公室的鎖偷偷換掉，佔領我的辦公室進行辦公。好在我的房間內的東西、藏書都沒有變動，但自此我卻不能進入我留守的辦公室。對於這件事，我的同事都替我惱火，怎麼不通知當事人就進入人家的辦公室呢？說真心話，我不僅不惱火，我還得感謝他們，使我徹底不再踏入我的辦公室一步，也就是我不再有任何負擔和責任。對於一個老人來說，這不是天大的好事嗎？有人說，佔領你的辦公室，不論何種理由，怎麼也應該向您打個招呼啊。其實，這種形式上的尊敬有什麼意義呢？對於一個沒有尊嚴的人，更無所求了。同時我相信這樣的人在仕途上一定是前途無限，這也是中國特色，我祝福他們升官發財。這就是我的養生之道。

一句話的冷與暖
——我與麗霞的十年情誼

（右）麗霞的女兒我的外甥女讀大學熙思在瑞士合影

我的遠方外甥女，曾經是我的同事，我們在一個單位工作，她叫麗霞。有一次她拿着一個證書讓我看，我看了後非常高興。這是她通過外語考試，獲得合格的證明。事情是這樣的，在高校和研究院裡，若要申報職稱，必須有外語合格證書，這樣才能有資格報名。這是近幾年的規定。我有個同事，也是我早年的學生，他叫郝麥收，是一位很優秀的社會學研究人員，可是他一直到退休也沒有取得正研究員的學銜。原因就是，在他的那個時代並沒有學過外語，他報副研究員評選時也沒有有關外語水平的規定，但是等他評正研究員的時候，要求外語水平的文件下來了。他的外語水平自然不能跟新畢業的大學生相比，所以儘管他有很多學術著作，並且在社會上很有影響。但是由於外語不達標，始終不能晉陞，這造成了他終生的遺憾。當然，現在他已經退休多年，對於這個問題也已經看得很淡了。

我認為，一個人應該懂外語，最好是多掌握幾種外國語。這樣不是更好嗎？任何人都會明白，多會幾種外語是很有用的。但是事物總是在變化發展的，有不同的特色，也有不同的時代背景。比如說，在向蘇聯老大哥學習的年代，社會上流行的是俄語潮。可是沒有學習兩年，中蘇關係惡化，人們又開始轉向學習英語或日語。當年學習俄語的人，比起後來的

年輕人，是絕對不能用同一個標準——英語——來衡量的。況且他所學的專業，根本無需英語。所以我不禁要問，為什麼要統一模式呢？當然我不會把這種情緒流露出來，我

我和麗霞在瑞士雪山

勸郝麥收說，獲得社會承認就行了。同樣，我的同窗張仲，也是知名的民俗學專家，但英語不行。對於這樣在某個學科方面學有專長的人，你非得讓他會講外語，那不是開玩笑嗎？我贊成馬列主義的理論，分析問題不能離開時間。地點和條件，這也說明了「沒有區別就沒有政策。」

　　當看到麗霞外語通過的證書，我發自內心的高興。因為她拿到的這份證書，由於分數較高，今後申報各級職稱都可以免試外語。事情是這樣的，參加外語考試的人，他的分數如果是僅僅及格或八十分以下者，祇能是有效期四年，也就是說允許你四年之內申報職稱。若是四年之內你還沒有解決職稱，等你再申報時你需要重新參考外語考試。但是，你如果第一次考試成績就達八十分以上，那就認為你的外語水平達到了相當的標準，而將這個成績作為終身制。所謂終身制就是一旦考過八十分，以後無論何時申報都無需再考外語。這次麗霞給我看的就是今後申報職稱外語可以免試的證書。我能不高興嗎？

　　麗霞是一個對業務精益求精的人。她還有一個特點，就是她不僅肯於學習而且肯於虛心接受別人的建議。她總是能在別人的身上看到優點。這在我所接觸的知識份子，尤其是女性知識份子身上所鮮見的。正因為如此，當有學生問我怎麼才能讓自己有所提高時，我常常對他們提出兩點：一是，任何一個人

都有優點和不足，這是客觀存在，除非你是聖人，否則人身上不可能是完美無缺的。但是，如果你能夠看到別人身上的優點而且肯於學習，這是難能可貴的。自古以來，文人相輕。表面上他可以肯定你，但在骨子裡那就另當別論了。所以我對我的學生講，你能夠看到別人的優點，肯於承認別人的優點，而且又能學習別人的優點，那你肯定會在學術上有發展。二是，學生常常跟我講，在學校讀書和步入社會是兩個世界。在學生時代還有朋友，但是步入社會以後，所謂的朋友，很多都是利益之交。他們常常向我訴說交人太難，認識人也太難。當我講完第一點，我就跟學生說：「你剛才跟我說認識別人很難，我不反對。但是我要補充一句話就是：認識自己更難。當你認識別人的時候，你不知道他的內心活動是什麼。但是，你卻能看到他的外形。而對你自己來說，你連你自己的外形都看不完整。如果不是借用鏡子，你連自己的後背都看不清楚。」學生都笑了。所以我說，認識自己更難。

「除了外形看不清自己以外，更重要的是你能認識到自己的不足嗎？你能認識到自己的缺點嗎？你肯於改正嗎？所以一個人要想進步，第一要肯於學習別人，知道自己的缺點。祇有這兩方面都統一起來的人，他才能取得真正的進步。我說的是真正的進步。」在這方面，麗霞表現得很好。她最大的優點

就是從不說別人的缺點，總提別人的優點。她這次拿到免試證書也不是偶然的，我替她高興。不過，她私下裡卻跟我說：「我如果說今天算是取得了一點點成果的話，這都是在學習的過程中，先生的教誨使得我堅定了決心。當我在學習遇到困難面前，先生的教誨使我由脆弱變得堅強。正由於先生的教誨使得我無論是在學習還是科研方面，使我幼稚的

思想得到梳理和昇華。我讓先生看成績單，也是向先生表示感謝。」她的這番話，讓我感到溫暖。後來她把我講的話寫在了她出版的著作《隱憂與希望——網絡化的道德‧後記》中。

同事也告訴我另外一些情況，就是麗霞拿到外語免試證書後，她必然也必須到單位的人事處備案。因爲評定職稱時，任何人都需要由人事處審核後才能申報。麗霞向人事處申報後也必然要把這個情況和證書告訴給她所在研究所的所長。那時正好趕上研究所的全體會議結束，麗霞把這個證書拿給濮所長。所長拿過來看完以後，漫不經心的「啪」的一聲把證書甩給麗霞，一句話也沒說，站起來就走了。這使在座的同事們都很不解。這件事是她的同事轉告我的。但是麗霞在跟我說的時候，隻字沒提這件事。這也正是麗霞的一種修養吧。

當然當別人向我說起這些情況時，我不加可否，祇是一笑了之。但是，他們的所長是我所熟知的人，是一位將近退休的長者。我認爲，出於對長者的尊敬，麗霞的態度是應該的。我瞭解這位所長，他是一位沒有正規學歷的工農兵學員。在文化大革命期間，在工農兵當中選拔出來對毛澤東最熱愛和最忠心的部分青年進大學。這些青年進大學的任務很明確，就是三個字「上、管、改」。也就是「上大學、管理大學、用毛澤東思想改造大學」。所以說當時的高校都是由上大學得工農兵學員來管理。所謂「管」，主要是批判牛鬼蛇神和知識份子，這是他們的任務。你現今若是遇到了工農兵大學生，儘管他們

學校有很多知名教授，當你問到他在上學的時候是哪位先生教的他？他們都會迴避回答，因為他們當時是批判先生的，何談先生教他們呢？工農兵大學生沒有師承，更不會學外語。所以這位所長對待麗霞的態度也就可以理解了。他們不會外語，他們那個時代評定正研究員也無需考外語，所以甚至對現在懂外語的年輕一代，也具有難於形容的嫉妒心理，以至於抑制不住自己的心態。中國有一句話「良言一句三冬暖，惡語傷人六月寒」應該牢記在心。此外，我更知道這位所長的品格，他用贗品當真品瓷器騙賣給自己的同事，對這類人，無需論是非。

現在很多的師友都很想知道麗霞的情況。我在此插述一段我們的交往經過。

目前麗霞和我沒有交往。事情是這樣的。我在社會科學院工作時，和麗霞在一個辦公室，關係很好。並且跟她愛人以及孩子一家人關係都很好。孩子上初中、高中以及上大學，我都出於爺爺的心態給予關懷和輔導，孩子平日裡都喊我「爺爺」，也非常喜歡我這個「爺爺」。於是麗霞的愛人提議，讓麗霞拜我為「義父」，並且還舉行了儀式。這就順理成章，在生活中如同一家人。

例如，她愛人去西安辦事順便旅遊，一定邀我同去。當然我去歐洲，一定由麗霞和孩子共同陪同，所以我的師友都認為麗霞是我的親生小女兒。麗霞有時說我比她的親父親還關心她（她父親已故去）。性格使然，我幾乎不對任何人發脾氣。但是卻制止麗霞的任性，例如，她不想在職讀研究生，是我逼她參加研究生考試，并親自替她報名。她因此考取了在職研究生。後來又取得了「副研究員」職稱，與這次的學歷有一定的關係。

2009年春季我突然生了一次重病，并做了大手術，當時屬於病危情況。女兒晝夜二十四小時看護我。當時我被安排在所謂的「貴族病房」，裡外間，星級設備。麗霞每天也來看望我。可是突然發生了一件事。就是手術后，醫生同時鄭重警告

我的女兒和麗霞說：「手術后三天內是『雷區』也就是關鍵時候，病者不能接待任何人，也不能有任何情緒波動。」可是在第二天的時候，麗霞突然告訴我說她新交了一個男朋友一定要來看看我，我只有示意不能來。可是她的男朋友這時候已經到了我的病房，並主動自我表現說，他是副主任醫師；一是工作很優秀；二是孝順父母，並且今後一定待我好；三是會對麗霞好（沒有提孩子）。這時麗霞到我床前跟我說：「讓他當您乾兒子吧。」這時我已經昏迷無法表態……

自此以後麗霞再沒有來看我。上天保佑，2009年5月中旬，我出院了。突然，6月12日這天麗霞來我家，告訴我，她已經結婚。她丈夫去醫院看我後對我的印象非常不好，因此她這次來正式告訴我：「從今以後，斷絕我和你的來往。」這句話使我的心裡深深感到「六月寒」。時至彼時，我們相處生活了十年，關係一直是融洽的。但是，我已是病後風燭殘年，情緣已盡，直到今天，我們再無來往。雖然，有時我在夢中見到她，卻相對無言。醒來時分，不覺哼着：「夜半推窗月向西，高高的枝上鳥雙棲。今朝不見雙棲鳥，近在咫尺隔着她。」這就是我和麗霞的關係。天下沒有沒有不散的宴席，俱往矣。請師友不必再掛念。我內心祝福她和醫生劉勝利白頭偕老，生活得幸福。

今天的社會，是缺少真實情感的社會。從情感上來說，特別是當一個人，在長期的社會環境中不被人們所尊重，生活在一個沒有尊嚴的社會裡，失去了尊嚴時，他仍然渴望尊嚴。因為尊嚴是知識分子的立人之本。魯迅小說中的孔乙己，他完全沒有尊嚴，但是他還不肯脫掉他的長衫。但是，這種尊嚴對於知識分子來說，實在沒有任何價值和意義。

對於在這種境況中的知識分子，如果有人能真的發自內心的尊重你的時候，你會感到溫暖，終生難忘。我後來從社會科學院到天津理工大學來工作，是校黨委書記馬福業親自到我家邀請的，這就是我所說的那種尊重。若能使人恢復尊嚴，不管你個人有什麼困難，你都會無條件的，盡自己最大努力來做好

工作，這也算是一種回報吧。

　　當然，中國的一切事情取決於領導的變化。因爲中國是個官本位的社會，政策因官而變，沒有所謂傳承。正如我前面所言，有什麼樣的所長所裡就有有什麼樣的水平。一所大學何嘗不是如此呢？比如天津社會科學院，領導變更了之後，包括院裡用的信封，除名字外，字體、顏色、裝幀等設計表現，都隨着領導的變化而變化。信封這種微不足道的小事都會變，不惜造成浪費，何況學校的方針大計呢？工農兵學員沒有傳承，單位也是如此。所以當馬書記退休了，李軍校長也退休了，這時新校長來了。要知道，我還算是學歷史的，聘請我的人都退休了，所以我事先就向領導提出了辭呈。我本來想得很簡單，一個教師辭職了，祇要跟人事處明確一下，辦個手續，就結束了。真的沒有想到，我負責經濟與文化研究所，分管我研究的學校副書記告訴我：「您還要關心研究所。在新的研究所所長沒有到來之前，還要您來負責。因爲這個研究所是與和平區政協共同主辦的，在社會上，在海內外具有一定影響。這與您擔任所長是分不開的。」她的言外之意，就是讓我承擔「過渡政府」。因爲分管研究所的學校的副書記索玉華同志，是一位很有學識和教養且工作水平很高，歷來對研究所不僅關心而且對於研究所的工作大力支持。所以我雖然辭掉了研究所所長的工作，但是她依然對我工作很支持和關懷。我是知恩圖報的人，所以在新所長到來之前，我不能對研究所不聞不問。而且索書記對我委託時的那種真摯和誠懇，使我很感動。我已是八十多歲的人，對我還有這樣的期待，我內心感到溫暖。我認爲，她能在群眾中有人脈，絕不是偶然。

　　更使我感動的不僅是這件事，學校新任黨委書記孟慶松，是一位年輕有爲、在管理和學術方面都有高深造詣的人，人品上也是有口皆碑。他的工作是繁忙的，緊張的，可想而知。可是我萬萬沒有想到的是，他剛到學校工作後不久，就在索玉華副書記的陪同下，親自到我家中來看望我。這種行動不僅使我不安，而且使我感動。試想自己是什麼人，過去遭盡別人

白眼，甚至在我還沒有與新所長辦理交接手續以前，研究所就被別的部門，在沒有打任何招呼的情況下，換鎖開門佔領了研究所的辦公室并換了新鎖。我認爲連聲招呼都不跟我講，對我個人而言，實在無所謂，因爲「文化大革命」時期，這是司空見慣的。我想主張這樣做的領導一定是當年的工農兵大學生。現在從中央到地方的領導很多都是工農兵大學生，他們「官官相護」。很正常。但新所長來了如何看待這件事？當然，我知道出現這種情況，學校書記與副書記是不知情的。在這種形勢下，副書記陪同書記親自到自己家來慰問看望，我當然很是感動。更使我不能忘記的是，孟書記來到以後，說：「李先生，我並不僅僅是來到咱們學校以後才知道你對學校的貢獻，在此之前我就聽說和知道您在學術上的成就和社會上得影響，所以我今天來看望你。」

匿名信：

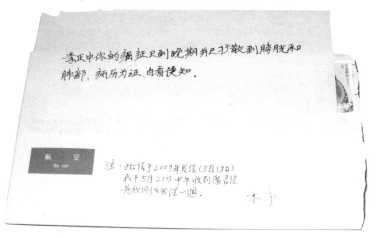

注：我出院後收到唯一的匿名信，我沒有告訴任何人（含子女），感謝寫信人，讓我重視身體。現收入書內，聊作記念。

我聽了書記的話，不知道用什麼話來表達我的感激之情。我自己問自己，我不是「名人」更不是「大家」，只不過是一介書生。今天書記能給我這樣高的評價，這種溫暖使我的眼睛濕潤。我祇有默默地記住書記的話。至今當我想到了書記的話，仍感到很溫暖。我只想知恩圖報，這是一個中國知識份子應該具備的理念。

附：『隱忧与希望——网络化的道德』後記摘要

特别是本书在申请并确立为天津市哲学社会科学研究"十五"规划重点项目时，得到了天津市哲学社会科学规划办公室、天津社会科学院的领导，以及李超元、李雨村等老师的支持和帮助。在此向他们致以最真挚的感谢。

在此书即将出版的时候，我抑制不住内心要说的几句话：在本书立意写作之初，是李正中教授的指教，使得我坚定了写作的决心；在本书写作过程之中，是李正中前辈的关爱，使得我在困难面前由脆弱变得坚强；在本书写作之后，是李正中学者的支持，使得我幼稚的思想得到梳理和升华。谨以此书向恩师李正中教授致以深深的谢意。

此书的出版，只能说明作者在学术生涯中的一个印迹，只有不间断地勤奋努力，才能诞生新的硕果。我将珍惜前辈的支持与鼓励，不负师友的厚爱，耕耘不辍，早日实现学术思想由稚嫩转向成熟的愿望。

楚丽霞

2004 年 9 月于天津社会科学院

我不是離休高干
——誰能告訴我是對還是錯？

　　民國時期，正處於青年時代，我是北平中國大學的學生。一九四九年北平解放前，我19歲，積極追求進步。作為一個正義的中國青年，特別是對國民黨官員的貪污腐化，十分反感。同時在這個時期，在共產黨領導下的各種學潮紛起，特別是「沈崇事件」。美國大兵強姦北大女生，使我感到這是對全體中國學生的不尊重，是一種侮辱。這時，有些進步的同學還給我介紹了很多比較進步的書。如艾思奇的《大眾哲學》、薛慕橋的《新經濟學》等，對我而言，進步的書籍別有一番新意。所以我傾向支持、擁護共產黨。我主動考入由中共黨中央委員吳玉章老擔任校長的華北大學，開始我的新的大學學習。在這期間，我讀了毛澤東的《論持久戰》、《新民主主義論》等著作。特別是這所學校上學的形式是上午由先生集中講課，如艾思奇講哲學，胡華先生講新民主主義革命史等。下午則組成小組進行討論。晚上做讀書筆記。這是一種熱火朝天的積極主動的學習。一九四九年十月一日舉行開國大典，當時在天安門前的「標兵」不是現在「十・一」慶祝大典時的解放軍，而是由華北大學中最優秀的學生來擔任。一律穿土布製成的灰色的學生服，腳上是灰色的布面土布鞋。我和我的同學孟氧很榮幸都是開國大典天安門前的「標兵」。至今每到十月一日國慶節，我還會感到自豪。當年自己親耳聽到毛澤東主席在天安門城樓上宣讀中央政府成立和親眼見到紅星紅旗首次在天安門廣場升起的場景。總是想到自己「過五關」的光榮歷史，而忘了走「麥城」的悲劇。人真是一個可憐的動物。

　　國家明文規定，凡是在一九四九年十月一日以前參加革命者，包括華北大學、革命大學、革命軍事大學畢業學生，一律按「離休幹部」待遇退休。但我退休時，如果按離休待遇，

我還要陞格，昇爲局級待遇。實際則是既沒陞格，也沒按離休算，而是作爲一個最普通的布衣教師被退休。事情很簡單，中華人民共和國成立以後，華北大學改爲了中國人民大學，這裡還有一個過程。我要說一下。當初，華北大學要改什麼名字較好呢？因爲當時這所大學較其他大學不同，不隸屬於教育部，而直接隸屬黨中央，他的第一任校長是中央委員吳玉章老。另外，這個學校並不是在國民黨地區建立的，其前身是延安時代建立的革命學校「陝北公學」。隨着革命戰爭的發展，解放區不斷擴大，「陝北公學」發展爲「華北聯合大學」。當時的校長是成仿吾同志，進而發展爲由吳老領導的華北大學。在更名的問題上，有人提出來叫「中央大學」，以此體現它的特殊性。可有人提出，國民黨統治時期在南京已有中央大學，就是今天的南京大學。爲了避免誤解，所以將華北大學改稱爲「中國人民大學」。

我本來是中國人民大學的學生，由於一是父親去世，二是因爲戰爭的關係我在兵荒馬亂的年代，受父母之命，過早地結了婚。學生時期，我的第一個孩子也出生了，父親去世，家庭生活發生了難以克服的困難。我要承擔起家庭的生活，我於是要求和其他一部分同學分配工作。這樣，我被分配到瀋陽專家招待所。實際上，瀋陽專家招待所的本質就是一個賓館性質的完全由蘇聯專家集中居住的場所。這裡設有翻譯科、服務科即賓館的招待員、服務員，再者就是汽車大隊和人事科保衛科。我分來做什麼呢？這裡百分之九十以上都是黨員、共青團員。能到這裡來，這是對我的信任。這裡住着「156個蘇聯援助的國家建設項目」的蘇聯專家，所以，無論服務還是保衛，都是一流的。這裡只有我一名教師。我主要負責給年輕的服務員上文化課。這些服務員學歷最高不超過小學，他們分爲兩班制。一班服務，一班上課，輪流進行。這與常規學校不同，沒有教材，也沒有大綱。嚴格的講，就是一個識字班。說實話，我是一個研究學術的，真不懂該怎麼教。他們有的是小學一、

二年級的程度，最高是六年級的程度。我一上課，先講《陋室銘》，後又選《桃花源記》。學生由於都是黨員或團員，開始還好，後來就忍受不了。教師則祇有我一個。他們紛紛向辦公室反映，說不僅內容不懂，連字也不認識。辦公室主任為人事科主任，於是找我談話。可無論我怎麼改，他們就是聽不懂。半年後，我提出調動工作或學習。單位說，我們這個單位跟任何單位都聯係不上。從某種意義上講是個保密單位。於是允許我自己聯係單位。我就自己找各個大學，考它們的插班生。從頭考是不可能的。當時，我們的大學一律不招插班生。後來，因為解放前我在天津住過，我找熟人聯係。終於，天津達仁學院允許我考。這所大學是抗日戰爭時期，在南開南遷與北大清華建立西南聯大後，部分教授由於種種原因沒有南遷而建立起來的私立大學。他們招收插班生，學費雖貴，但是都是名家講課，如講世界經濟地理的是英國留學歸來的南開大學著名教授包覺民，經濟學是由美國留學回來的袁賢能先生等講授，政治課是由天津市新聞出版局的李克簡先生講授。我很滿意這個學校。由於學習優異，我還被推選為學生會主席。院系調整時期，達仁學院最後被合併到南開大學。我要求工作，被分配到新成立的天津第四中學，擔任教師兼歷史學科組長。隨着時間和政治運動的變化，我的工作亦在變化。文革結束後，我主動要求到離市區最遠的天津大學冶金分校去工作。在那裡擔任了教務處長兼圖書館長。這時，人事處正式通知我，今後填表，不要再寫學生出身而寫「革命幹部」。同時告我：「工作單位一律按照紅頭文件，凡是華北大學畢業的學生都屬於革命幹部。現在您是正處級，退休時陞格為局級，您是離休高幹。」說實話，我真沒想到，像我這樣的一介書生，退休時居然會成為離休高幹，這真是祖上積德了。可是沒有想到，這不是好事多磨，而是好事變壞事。退休時，組織部告訴我：冶金局老幹部處徵求學校王校長的意見，王克校長說應該按退休算。他們對我的為人真是太不瞭解了。一是我對什麼離休、退休之類，什麼待遇、規格，不僅不清楚，甚至也不重視。我如果想解決

待遇的話，我還是有機會擔任大學副校長職務的，很多人知道我有這個機會。因為我對於「待遇」這個詞，在內心中很反感。為什麼人為的把他分成三六九等，如填表時還要填「工人出身」、「農民出身」、「資產階級出身」，本人成分還要填什麼「學生」、「幹部」、「老革命幹部」，這些劃分科學嗎？祇能造成人與人之間的互不信任，甚至互相猜忌。二是對人生的價值，我從來也沒有想到職務和待遇的高低說明你價值的高低。人生的價值在於你對國家、對社會做出應有的貢獻與價值。所以，我對外界發生的事情一切都很淡漠。不會像他們想象的那樣，去向上級反映啊，告狀啊。他們想的太多了，也太累了。至於王克校長被打成「右派」，我一貫同情他。他內心不但痛苦，而且他對於社會和有關統治者抱有刻骨的仇恨。因為他的父親是國民黨高級官吏，在規格待遇上相當於省部級，而國民黨卻被共產黨趕出大陸，他父親跟許多國民黨軍官一樣落魄在美國。他借用他父親的這種國民黨的的待遇向共產黨示好，要回大陸。在任何人都沒有被分配到房子的情況下，冶金局分配給他三室一廳的住房。他是位有心計的人，獲得了校黨委書記的好感，想要培養他為中共黨員。他曾問我：「李處長，你怎麼不想入黨？」我說：「像我這樣條件的人不可能參加共產黨，也不可能被批准。」

我反問：「你處處嚴謹，工作努力，學校領導也很喜歡你，你為什麼不申請入黨？」不知出於什麼原因，他平日裡是一位不輕易流露內心思想的人，他居然告訴我他和他的兩個弟兄，三人商量好，絕不參加共產黨。我聽到這個話以後，深感奇怪和不理解。進而我就問他：「共產黨培養你，幫助你，讓你申請入黨時，你怎麼回答呢？」他說：「這很好辦。我就說我是校長，我申請入黨更應該嚴格地要求自己。我繼續努力。但目前我的條件不夠。所以我敷衍他們，絕不寫申請書。」從此我才知道他為什麼反對教師們共同希望的由政府將各個分校聯合起來組成一所綜合大學的建議。他以政協委員的身份堅決

反對將各分校聯合成一所大學。為什麼他用各種手法排斥學校非常優秀深受學生歡迎的教師，使他們紛紛離開學校。為什麼自從擔任校長以後使學校每況愈下。現在我終於明白了魯迅說的話「奴才當了主人，比主人還壞！」

最終，我分配工作後自行找學校讀書，不是組織安排，是「脫離組織」，所以按退休算。況且在「肅清反革命」中也自己承認。不過呢，讀書期間計算工齡。我歷來不懂政策，因為我從來沒有想過我會是革命高幹。我能說什麼呢？問題是，為什麼還承認算工齡？按退休算也應給我一個「退休證書」吧。但時至今日，我所有退休待遇都按退休對待，卻沒有「退休證書」。為什麼不發呢？這是因為這所學校人事歸冶金局領導，業務歸教委負責，退休證由冶金局發。冶金局人事處吳處長，以前進行後學歷學習的時候，是我為他們講的課。也可以說他是我的學生。他對我很瞭解。他認為，沒有道理我不是離休。理由是：第一，我是中華人民共和國十月一日成立之前參加的革命工作。第二，所謂沒經過組織擅自脫離革命者不算離休，這是指一九四九年十月一日之前離開革命隊伍的算脫離。但李先生新中國成立之後參加學習的，如同一九四九年十月一日以後參加工作一律不算離休，李先生是中華人民共和國成立後為了更適應工作發揮作用再讀書再分配的。說明是建國後的行為怎麼能叫脫離革命呢？所以我們不發退休證。因此，由於人事處不同意老幹部處的處理，兩處分歧。以至於今日，不同意我離休的人與不同意退休的人都不發證。

這裡組織部有的人也是我以前的學生。他們透露我一個閑事：「你得罪了領導。」我說「沒有」。他說：曾經有這樣一件事，您的孫女小時候要進「和平保育院」。這個保育院很難進，一般人進不去，屬於市工會分配名額。可咱們局工會申請批下來是一個名額，其中負責這項工作的是您以前的學生。他主動地向上級要的名額，目的就是給您孫女的。所以是戴帽給您孫女下來的。可是當這個名額到冶金局以後，人事分管副局

長，知道這個信息，他決定把這個名額給他自己的孫子。後來就這麼定了。您不知道。可問題是，這個在工會工作的學生給上級寫了一份匿名信，說這份名額不是局長的。後來調查，曾問您，您說不知道。可是副局長卻認為這事跟您有關係，認為匿名信是您寫的，所以對這件事耿耿於懷，現在終於找到了一個報復的好機會。在冶金局工會工作的學生後來必然被調離工作崗位。

聽了之後，天地良心，我是絕對不會寫匿名信向上級反映的。但從這件事我得到一個經驗：下級永遠不要惹上級。

上個世紀八十年代初，記得有一部電視劇叫《渴望》，當聽到其中一首歌，唱到「誰能告訴我是對事還是錯」時，我當時控制不住淚水。事過多年，我已是風燭殘年，但聽到這首歌時，我的心靈還是會顫抖。天吶！誰能告訴我是對還是錯？但我已無淚可流。

我所認識的一位「右派」大學校長

　　我對「右派」從內心中感到同情，這不僅僅是因爲其中有些「右派」就是我要好的同學，如孟氧和張仲，更主要的是因爲我認爲毛澤東發動的反右鬥爭是一場沒有人性的、毀滅中國知識分子的、變相的屠殺。因爲我本人親身經歷了這場殘酷的運動。運動初期明明是提出幫助共產黨整風，其中內容之一是反對「官僚主義」。開始時一般的大多數人是出於愛護共產黨的本意，在提意見的過程中是善意的，甚至是爲了照顧領導的接受情感，用詞都很簡單而善良。可是上級一再進行引導，要「知無不言，言無不盡」，「言者無罪，聞者足戒」。反覆強調，無論談什麼問題，如何深刻，都不會發生秋後算賬或打擊報復。而且一再明確誰提的意見越尖銳，越體現了誰對黨的感情深，這也是對黨的感情的考驗。正是由於上面一而再，再而三的強調，這時有些人就提出了一些不應該提的問題。如天津師範學院一位中年教師，他原本是華北大學前身的北方聯大的畢業留校生。我在華大讀書的時期，他是輔導教師。後來因爲他的愛人在天津師院的衛生院做校醫，爲了照顧夫妻關係，同意調他到天津師院歷史系，擔任「新民主主義革命史」的教學工作。他在這次反右鬥爭中，寫了不應該寫的大字報。他揭發了歷史系主任，東北籍的王先生，在日常生活中和自己的父親發生爭論，並打了自己的父親的事。在中國傳統文化上，兒子打父親，是大逆不道。而且王先生是堂堂的系主任，又是歷史系的共產黨的書記，這事又是發生在堂堂的高等學府，所以我們這位教師實在看不下去，於是就把這段不應該寫的東西寫成了大字報。隨着運動的深入，終於，黨中央在人民日報發表一篇《工人說話了》，認爲有些「右派」分子，利用共產黨整風的時機，向黨發動惡毒的進攻。於是反右鬥爭開始了。

　　當我經歷了這場運動以後，我深知這次運動的實質正如

偉大領袖毛澤東所說：「我們就是引蛇出洞。」於是把與「右派」分子的矛盾定性爲「敵我矛盾」。敵我矛盾按理是按刑法處理，要判刑治罪。爲了給這些敵對分子改造的機會，所以雖爲敵我矛盾，卻按人民內部矛盾來處理。這些本應到監獄服役的「右派」，按人民內部矛盾處理，使他們在廣大工農兵群眾的監督下進行勞動改造。中國的一些精英們，其中包括我的一些同學和前輩都成了「右派」分子。慶幸的是，二十二年後，終於在鄧小平同志英明的領導下，經過認真的審查，真正的「右派」分子不到全體「右派」分子的百分之五，其他廣大的所謂「右派」分子都不是「右派」。

試想，如果沒有鄧小平的英明領導，這些所謂「右派」分子，終生至死後仍然和「地、富、反、壞」一樣一直背着敵我矛盾的的對象的大帽子。而其子女也和地主子女一樣，被叫作「右派」子女。

根據我親身的經歷，我從內心中同情「右派」，當然，通過歷屆的運動，特別是後來的十年文化大革命運動，我的初期參加革命工作對偉大領袖毛主席的看法，現在在內心中已發生了根本性的變化。正如同學孟氧所說在他的著作中從來不引證《毛澤東選集》，但是這樣的話卻不能講，其後果依然不可設想。

文化大革命後落實政策，我要求到了一所偏遠的高等學校工作。這所大學黨委書記兼校長由老同志孫濤擔任。他是民國時期北洋大學的畢業生，曾經做過天津市市長秘書。孫校長具有很深的文化教養和很高的水平。我初期到學校後，工作還滿意和順心。但遺憾的是，沒過兩三年，他就退休並與世長辭。新提陞的校長，是原來的副校長。他本來是該校的前身———一所中等專科學校的工科機械專業的教師。他是「右派」，在當「右派」期間，老老實實，規規矩矩，謙虛謹慎，受到全校師生的好感。特別是當老校長剛到學校任職期間，因爲學校剛建校，食堂不完備，這位教師出於對校長的尊敬，每天請校長到家中喫飯，歷時近一個學期。老校長是一個知恩圖報的人，

感覺該人素質很好，老老實實，可以做自己的助手，有培養前途，也因此把他提陞為副校長。當我進入這所學校時，他已經是副校長。老校長退休時順理成章推舉他為校長。我出於對「右派」的同情，在內心中支持他、協助他，可以說在某些方面是無條件地擁護他。但是，在工作中，我也深深感到，這位校長在做事中有些地方使人不可理解。為了個人威望的樹立，討好群眾，而不考慮制度。例如圖書館有位女管理員準備去業餘大學進修，這本來是件好事，圖書館分管這項工作的領導也很支持。但學校規定，學員所學專業需要與本職工作相關，因為進修的費用是學校支付的，這是學校的統一規定。但是，這個管理員進修的科目是機械專業，與本職工作無關，於是就沒得到圖書館副館長的同意。這位女管理員直接找到了校長，校長沒有與館長進行任何溝通，就同意她去進修。這樣不僅使副館長今後很難進行工作，更主要的是管理員和館長的關係由此產生了矛盾。諸如此類的事情很多，比如說部門領導按學校規定不同意下屬的事情，祇要找他，他不經過瞭解和研究就批准。他這樣做就是為了博得廣大基層工作人員的支持。共產黨有一條原則，即好多事情相信群眾。所以這位校長在歷來的群眾投票中，廣受歡迎。他是歷屆的天津市的先進。改革開放以後，當時三個直轄市，北京、上海和天津，為了加速培養人才，都分別設立了很多大學分校，如天津設立了天大冶金分校、天大紡織分校、天津機械分校，此外還有南大分校。隨着時代的發展，各地的分校都要進行合併，成立一所有規模的大學，於是上海將各分校合併統一為一所大學，就叫上海大學，由知名的教育專家學者錢偉長先生擔任校長。北京則也很快進行研究討論，合併成立了「北京聯合大學」。這兩所新建的大學，由於集中了分散力量，發揮專長，統一管理，現今都成為在國內有名的大學。

為什麼天津的分校，遲遲沒有聯合成為統一的大學呢？這其中最主要的原因是這位校長堅決反對。我曾參加過聯改大學的會議，知道此事。校長之所以反對，是因為他算了一筆賬。

市裡成立統一大學，不僅把分校合併，而且要與天津外國語學院合并在一起，建立一所綜合大學。而這所新大學如果成立，誰會是一把手？當然，無論是資歷、學歷還是能力，必然是外國語學院校長做正校長。我校校長在合併後的大學祇能是個副職，所以他堅決反對。同時，他又說服其他與他有同感的各分校校長。中國有句俗話「寧爲雞頭，莫做鳳尾」。不僅如此，他以市政協委員的身份，分別給市政協和上級領導寫信反對。其理由是當今天津市不缺少的是大學，而缺少的是大學專科學校。現在天津市祇有一所大專，即師專。他爲什麽強調辦大專呢？因爲按照天津市的體制，大專的校長和大學的校長在級別上是平級，都是正局級。如果把分校辦成大學，他當時擔任了大學的副校長，其級別必然是副局。所以出於個人的級別待遇的考慮，他堅決反對合併成爲一所大學。爲了實現這一個人目的，他居然把分校的校牌一度改成「專科學院籌備處」。由於他的反對，各分校的領導也不支持合併爲統一的大學，再加上市級領導的更換，關於各分校合併統一大學的事也就不了了之了。

當然，我個人此時早已離開了這所學校，到天津社會科學院工作了。眾所周知，各分校在沒有財力、人力、物力的支持下，也很快衰落下去了。最後的命運就是，沒有形成統一的大學。除了化工分校改爲天津職業大學外，別的分校都合併在了天津理工學院。而這些分校校長，在合併前幾乎都紛紛退休回家養老。而各分校合併到一所理工學院，這是必然的趨勢。

這裡還有一件事，我不能不講，就是在該校的廣大教師中流行了一句口頭語，即「王校長是武大郎開店」。這是因爲，這個人由於多年的「右派」生活，其身心和正常人不一樣，有一種對人的仇恨的心態。因爲是「右派」，爲了早日摘掉帽子，他就必然不僅對領導，而且對所有的人都要恭恭敬敬，而這種恭敬並非發自內心，是不得已而爲之。所以他的內心早已失去平衡。我同情他，說句不該說的話，是因爲我很憐憫他。他已失去了做人的尊嚴。他從內心中痛恨共產黨，可是在表面

形式上卻比任何人都恭維共產黨員。他可以在幾個月內，每日每時請老校長到家中喫飯。他對不應該也不符合學校有關規章制度的事情，都滿腔熱情地同意。他是一個內心和外表嚴重失衡的人。我在內心同情他，更是憐憫他。因爲他活得太苦。可是一般教師卻不這樣理解，因爲在他任職期間，所有的副教授不論經過如何努力，都不能晉陞爲正教授。祇有他一個人參加擔任天津市評審委員會的委員。有人說他在市裡開會的時候，就做了手腳，因爲他妒賢嫉能。據說，當各分校合併到理工學院的時候，其他各分校都有正教授，唯獨他擔任校長的這所分校合併時沒有一名現職正教授。我當時離開這所學校已十年，所知道的情況都是道聽途說吧。

有一位跟我要好的青年教師對我講，這位「右派校長」，正如魯迅先生所說，「奴才當了主人，比原來的主人還要壞。」我半信半疑，但也不由得想：爲什麼我們這一代人身上會有這樣一些可能連自己都無法察覺的奴性呢？如何才能消除我們一些人身上根深蒂固的奴性呢？扭曲的人性何時了？

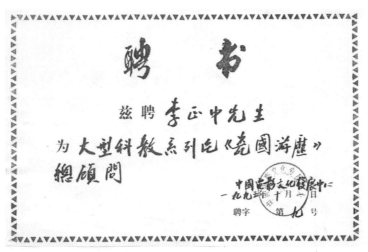

《我是科教系列電視片總顧問》

我是《中國地域文化通覽·天津卷》編委會委員

　　文史館是國家設立的具有中國文化特色的統戰性和榮譽性的文化研究單位。它的宗旨是敬老崇文即尊重知識、尊重人才，發揮館員專長，弘揚民族優秀文化，爲社會主義服務。文史研究館是建國初在毛澤東、周恩來等第一代中央領導人的宣導和關懷下，爲了安排部分有文史專長、有名望的老年知識份子而設置的。1951年7月29日，政務院副總理董必武鄭重宣告「政務院文史研究館成立」。符定一爲第一任館長，葉恭綽、柳亞子、章士釗爲副館長。1958年符定一館長逝世後，由章士釗繼任第二任館長，又增聘各地名流徐森玉、陳寅恪、沈尹默、邢贊亭、謝無量、商衍鎏爲副館長。1974年楊東蓴繼任第三任館長。1980年葉聖陶繼任第四任館長。1989年蕭乾繼任第五任館長。1999年啓功繼任第六任館長。副館長一職，自1986年至今，先後由蕭乾、吳空、啓功、王楚光、袁行需擔任。而在1951年7月政務院領導成立了文史館後，國務院總理高瞻遠矚，禮賢下士，提出在中央和各省市、自治區、直轄市建立文史館。各省、自治區、直轄市和部分省轄市也根據中央人民政府政務院的有關決定相繼成立了文史館。文史館是在建國初期，國事紛繁和百廢待興的情況下組建的，具有深遠的內涵和歷史意義。

　　天津市文史研究館成立於1953年6月27日。文史館員來自社會各個方面，他們大多是某一領域的知名人士或某一階層的代表人物。歷任館員中，既有前清貴族、名人後裔，也有北洋政府、國民黨政府時期的軍政要員，工商名人，更多的是文學、歷史、經濟、藝術等領域的專家學者，他們或稱譽津門，或蜚聲海外。如：甲骨文專家王襄，古文字學和考古學家陳邦懷，詩詞家寇夢碧，繪畫大師劉奎齡、劉子久，書法大家吳玉如，著名武俠小說作家宮白羽等。館員們大都飽經滄桑，閱歷

豐富，具有強烈的愛國精神。他們關注政治，積極參加社會政治活動，熱心社會公益事業；他們熟悉歷史，撰寫了許多史料價值較高的著作和文章；他們專於治學，創作出大量的學術成果和藝術精品。

我有幸於1996年，被天津市市長聘任為天津文史館館員。在此期間，我積極配合併履行館員的任務，挖掘文史資料，加強與海內外學術界溝通，積極創作和出版有關學術的書籍。自身受到文史館領導和館員朋友及同仁的支持和幫助，無論是心態或學術研究，都獲益匪淺。

2010年6月，我突然收到文史館的通知，參加《中國地域文化通覽‧天津卷》編委會成立大會，於是我按時到了文史館會議廳，聆聽了文史館領導宣佈成立編委會的講話，並領取了聘書。也就是從這時候起，我成為正式的編委會委員了。

在成立大會上，我見到了《中國地域文化通覽‧天津卷》的提綱（第七稿）。這很明顯地說明了，在編委會成立以前，有關《天津卷》的寫作早已進行了。這次會議的目的，就是讓委員們根據這個提綱提出補充和修改意見。這次被聘任的編委成員共二十四名，其中多數是我相識的認識，而且有不少老友。這些編委都是在文史領域中的領軍人物或佼佼者。有這麼多研究天津文史的專家學者，我內心中有一種踏實的感覺。這部五十萬字的《天津卷》一定是一部符合中央要求並具有自身特點的傳世之作。當然，在這次座談會上，由於時

（左）「通覽‧天津卷」編委執筆者張春生
（右）李正中

間很短，同時還要閱覽提綱、文稿，也就是在走馬觀花的基礎上，有些專家提出了一些寶貴的建議。例如有的專家提出來，在近代史上的天津商會，是在全國具有影響的，對天津商業發展產生了巨大作用，提綱中卻遺漏了。諸如此類的建議很多。但是，時間緊迫，來不及展開討論。儘管這樣，我覺得大家的建議很中肯，讓我受益匪淺。

我本是一個不愛參加會議的人，這可能是我的缺點。記得魯迅說過「浪費別人的時間等於謀財害命」。我之前參加的會議太多了，除了驚心動魄的批判、鬥爭、認罪、口號大會而外，我所獲得就是「身心疲憊」。因此，我有一種恐會症，每每臨會，必默禱三個高舉：高舉馬列主義、高舉毛澤東思想、高舉三個「代表」，再有就是一個「落實」——落實科學發展觀。不論什麼性質的報告，不論什麼規模的會議，我都要默唸這四句話。按魯迅所言，浪費時間就是浪費生命，報告人講了十分鐘的廢話，若要分攤在五百人的會場裡，恐怕報告人沒想到這是多少小時。若這些時間用在了工作或科研上，那能取得多少成績。這樣浪費人的生命，該如何評價啊。

我們這次成立大會，除頒發證書、報告人講話外，離下班已不足一小時。這麼多編委，真正能發言的也不過四五人。會議結束時，我之前社科院的老領導，現在為文史館館員，也是編委之一的王輝先生，本欲發言的，卻沒時間了。臨走與我告別，說下次開會他不來了。我這個人歷來是竈王爺上天，搞和諧，促和事的人，便勸說，你下次再來，那時準備得更充分，那時發言將更有意義。就這樣，分別了。但是，我真是沒有想到，時經數月，一直沒有再開會。

我是一個在習慣上對工作認真的人，是習慣，不是責任，因為我做了一輩子教師，將近六十年，習慣就是必須備好課，若備不好課，絕對是喫不好飯，睡不好覺。這已成為一種習

慣。因此，我把這份七稿本《天津卷提綱》帶回家反複認真閱讀。這個稿本分上下編兩大部分，文史館領導事先早已內定由兩位先生分別寫，上編請的是羅澍偉，下編請的是張春生。看來他們很早就接受了任務，已經寫作到七稿了。在他們認爲非常成熟的情況下，成立了編委會，而編委會的作用也不過是搞形式罷了。

當我經過逐字逐句地閱讀之後，我感到，對於天津地域文化的基本特色還需要進一步的探索和研究。我們知道一般在定性問題上，有了牢固的、準確的基礎後，就其它有關的表述和內容來說，祇是多少全缺補充刪節的問題。看過後，我深感有些問題需要探討。因爲我和澍偉、春生兩位，過去在社科院都很熟悉，而且他們二位都和我做過天津市的項目和課題。如我主編《中國傳統美德與跨世紀青年》時，他們二位都是積極得力的參與者。特別是我和春生先生，長期以來合作的機會比較多，彼此之間情誼很深。所以，我很直爽也很真摯的向他表達：「這個提綱『上編』與『下編』所寫的內容是本末倒置，體例上有問題。這樣必然導致有的資料會重複。」春生先生才華橫溢，研究課題深入，而又爲人謙和。因爲余長他幾歲，他也常常對我的意見很尊重。他贊同我的見解。但是他的處境有一定難度。當時，他還不是文史館館員（2010年9月25日被批准爲新館員），於是我對他說：「等到召開編委會的時候，我再提出來，請大家討論。」

沒有想到，第一次編委會是2010年6月召開，而直到現在（2011年6月）也沒有再召開編委會。當然，我也就沒有機會表達我的看法了。可是，在此期間，我得到了消息，就是我們天津卷沒有經過編委討論，就呈報了中央課題組。結果，被課題組退回天津，明確不合中央體例要求，要求重新修改。得到這個消息以後，我非常自責。實際上，我早就發現這個問題了。爲什麼我非要等編委會開會再提呢？我如果早提，再交上的話，極有可能就不會被退回了。我很自責，但我也想到，雖然已發現這個問題，如果提出來的話，領導者和兩位執筆者能

採納我的意見嗎？我祇能以此來平衡我內心的自責。

我們在天津卷的寫作這個問題上走了彎路，我認為這是值得反思的。這樣有利於今後的改寫工作。其中有幾點我覺得值得考慮。

其一，責任完全不在執筆者，在主要領導。我常講一句話「祇有不會打仗的士兵，沒有不會打仗的將軍」，可怕的是，士兵雖然會打仗，但是將軍不會指揮，這是最可怕的。試想，執筆的兩位先生，在各人的專業領域都是很優秀的，很有才華。但是，他們兩個有一個共性，就是都沒有主持過國家級或市一級的大部頭的項目以組織專家編寫的經驗，都屬於各自寫作。實事求是說，缺乏組織能力。再加上近幾年來，沒有承擔過國家級或天津市課題。當前，在學術研究上發展太快，可以說是日新月異。脫離了時代性，再加上沒有組織過大兵團的研究，因此被退回改寫，是正常的。這個事情說明一個問題，就是文史館的領導對於中央的課題，沒有引起足夠的重視。這本是天津文史館難得的一次機遇。他們自身既缺乏大兵團組織編寫的經歷，又不瞭解天津市在地域文化研究方面真正有實力的學者情況，也不肯禮賢下士，主動徵求大家的意見和建議。說具體點，羅、張兩先生都曾是我在社科院的同仁，若要瞭解其情況，館領導不必問我，祇要肯問一下館員王輝先生即可獲得全面瞭解。王輝先生是兩位執筆者工作的單位——天津社會科學院的院長。

其二，文史館的工作機制需要改進。季羨林前賢說過，老年人切忌多講話，我理解。如果我再講，就會引起誤會。在這個問題上，我點到為止，不想多說。

其三，能及時向編委成員報告進展的情況。

父親教我鑒定古陶瓷

我已經講過我的家庭情況。由於社
會與家庭的原因，父親沒有進入仕途，也
沒有從事學術研究，而是用心於實業。父
親喜愛瓷器，平日我家待客，都用扣碗。
客廳與父親的臥室的多寶閣中都陳列有古
陶瓷。青少年時代，我對這些陳列並不感
興趣。偶然有一次，我發現了一個球瓶和
一件梅瓶。兩件都具有多彩的花卉。父親
平常總講，這兩者有所不同：球瓶是釉下
彩花卉，梅瓶是五彩花卉。不知出於什麼

原因，也許是好奇吧，我就問父親：「都是花卉，爲什麼兩者
又不同呢？」父親說：「球瓶是鬥彩。鬥彩就是先作青色畫，
然後上釉燒烤，這是第一次燒製，叫作釉下彩。青花瓷都是釉
下彩。在釉下彩表面再畫花卉，再燒製，這種釉彩叫鬥彩，也
就是釉下彩與釉上彩互相鬥美。而五彩則無須這兩道程序，是
直接畫完花卉後燒製而成。」

聽了父親的介紹，我對瓷器也發生了濃厚的興趣。對此父
親很高興。父親說，瓷器不僅有使用價值，而且折射出一種藝
術美。這種美形成了一座絢麗多彩的園地，漫步其中，陶冶性
格，昇華品味，也是人生一大樂趣。當時我並不理解這些話，
這是我逐漸理解體味的。於是，在晚飯後，有空閒的時候，
我就讓父親給我講有關古陶瓷的知識。記得當時，父親告訴
我們，首先要知道一些古瓷的專門術語，比如什麼叫窯變、款
識、開片、青花瓷、唐三彩、釉裡紅、影青瓷，以及釉上彩與
釉下彩、琺瑯瓷、粉彩、印花、繡花、貼花、暗花，等等。父
親分別把這些名詞結合家裡的實物對我進行講解，使我愈加有
興趣於此。有時同學來我家，我有意把家裡的擺設告訴同學。
用現在的話說，這就是賣弄知識吧。

有時晚飯後，父親還進而告訴我們其他方面的知識，比

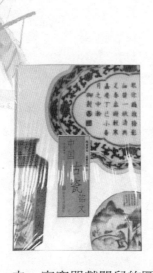

如說瓷器與陶器的區別，特別是瓷器所用的胚胎原料。不是平常的泥土都可以燒製的。它需要的瓷土是高嶺土。這種土只在景德鎮高嶺。此外，瓷器燒製必須得高溫，需要在1100度以上。這樣燒成的瓷器，堅固不易變形，不吸水。瓷器的表面上玻璃釉，使得胎和釉緊密結合不容易脫落。後來，父親又告訴我不同歷史時期花卉的時代特點。給我印象較深的是，明代嘉靖時期，官窯瓷器的花卉大多是戲嬰圖，或者是百子圖。總之，官窯器戲嬰兒的圖繪較多。

我家沒有收藏過多的嘉靖時期的瓷器。記得有一個罐，上面就是繪着戲嬰圖。父親說，從繪圖中可以看出時代的風貌。至於為什麼這一時期嬰童遊戲圖畫很多。是因為當年，嘉靖皇帝即位以後，有一段時期沒有生育子女。我們都知道，中國歷史上，皇位繼承人的問題一直是帝王們重要的心事。出於祈盼多子多孫的心願，他讓景德鎮官窯大量燒製戲嬰圖類的瓷器，然後陳列到宮廷各個房間。後來，嘉靖帝確實生了兒子。在當時的社會，宮廷的嗜好常常影響着民間風尚。所以，這一時期的民窯也出現了大量的百子圖瓷器。我家的民窯罐就是這一時期的產物。父親的講解對我以後的瓷器鑒定，或上課時給學生講解瓷器的時代特色時很有幫助。

我家客廳還有王大凡繪製的「瓷片」，也叫「瓷板畫」。過去我以為「瓷片」和瓷器產生的時代相同，其實「瓷片」產生的較晚。父親說：「瓷片在清末民初開始流行，掛於廳堂。」景德鎮有一座小山丘，是前清御窯製廠地址。1928年窯廠的一些畫師在此由王琦發起「月圓會」，也就是每月十五在此聚會一次。其中前後參加「月圓會」的有10人。瓷板畫一套為八副，由八位畫師合作，故稱「珠山八友」或「八大名家」。這10位畫師，各有自己的風格和特色。如王大凡號「希

平居士」。他的齋名叫「希平草廬」，善畫人物，尤其是髮鬚及眼睛均有神采。後來其弟子或他人防大凡者較多。

工作以後，我並沒有對古陶瓷進行系統研究。這是由於工作繁忙，教學任務很重。學校也沒有古陶瓷研究這項課題或教學任務。解放以後，全國各大學都沒有這門專業課。這是由於我們一貫反對舊文化、舊傳統的政策所致。試想連北京的牌坊和有關城門，都為了繁榮經濟與消滅舊文化的目的而拆除。各個高校是不可能有陶瓷專業課的。正因為如此，我對於陶瓷的研究是斷斷續續的，僅僅是愛好而已。對古陶瓷進行系統研究和寫作是在打倒「四人幫」以後，我認識青年朋友朱裕平先生之後萌發的興趣。

事情是這樣的，上個世紀八十年代末，我到日本大阪大學講學，講課的主要內容是介紹中國古陶瓷。當時這所大學裡有一些台灣留學生，於是由該校的台灣籍學生擔任翻譯。在日本時期，我認識了一些台灣學生，這其中有一位年齡較大的台灣學生。他實際上在日本大阪有經營，可以說是一位老闆。他在大阪經營一所賓館，而我正好住宿在這所賓館裡。他是肖柏青先生，實際上就是我們現在所謂的在職上學的學生。由於業務的關係，他在那個時期就經常到大陸。這位肖經理對我的講課很敬佩，我們也因此有了一些交往，甚至成了身處異國的朋友。他對我生活各方面都給予照顧。處在他鄉異國的我對這種情誼至今不忘。我在日本講學，是給畢業班講課。跟一般的外籍教授不同，我參加了他們到外地進行畢業實習的活動。我對他們的學生生活也有一些瞭解。在這裡我不能不想到當時去外地的情景。對於在大阪的大學生來說，這次去外地考察的地點，有些人也是第一次。大家是去沖繩島。去的時候，乘坐飛機。使我印象很深的是，到機場買機票、分配機票，所有一切活動都是由學生代表（班長）來進行。其中所有的學生，包括我和他們的學科主任都是由學生代表來安排。不需要我們進行任何訓話或提示注意事項。等下了飛機，出了飛機場，我們需要乘出租汽車。這裡的出租車沒有司機，需要自己開車，這也

由學生代表讓自由分組，五人一輛車。這個班近三十人，人人有駕駛證。我和他們的學科主任，由兩位學生陪伴。上車時，兩位學生相互謙讓開車。到了賓館後，住宿也是由學生分配。我與學科主任住一間。這與國內大學的做法迥然不同。大陸大學畢業班也要實習，在實習前必須由教師先到實習單位進行聯繫，然後還要對學生進行實習前的教育，等等活動。我們的大學生的自治能力與日本學生無法相比。我不想再細說，以免引起不必要的爭論。

簡單地說，臺胞肖柏青先生在上海進行業務活動的時候認識了上海明德中學的政治課教師朱裕平先生。朱裕平先生對與中國古陶瓷，特別是元青花，具有很高的造詣。他從肖先生那裡知道我在日本講授古陶瓷，所以希望通過肖先生和我進行交往。這樣，我和朱裕平先生就成了古陶瓷交往的好朋友。這時，由於我在天津人民出版社曾經做過一段「幫閑」主任。有這樣一段好的機遇，於是我和朱裕平先生共同出版了三本書即《中國古瓷銘文》、《中國古瓷匯考》、《中國青花瓷》。當然由我負責與出版社簽約等一切活動。在這裡，我必須要提出感謝我的恩師周谷城先生所給予的巨大支持和鼓勵。當出版第一本《中國古瓷銘文》時，我就請當時八十多歲的恩師周谷老題寫題簽。先生不僅一口答應，而且還親筆為此書寫了序言。當然，在付印前，我讓裕平先生先行看過。他懇請我讓請周谷老在「序言」中把他的名字也加上一筆。周谷老說：「我不認識朱裕平先生。」婉言謝絕。在這樣的情況下，我很作難。於是我跟先生說，朱先生對此書也有貢獻，並且是合作者。先生聽完我的解釋，瞭解我的心態。於是，先生加了一句「中國古文化研究者朱裕平」。對此，裕平先生對周谷老表示真摯的感激。

當然，第二本《中國古瓷匯考》題籤也是請谷老題寫。當第三本《中國青花瓷》出版時，感覺不能再麻煩周谷老了。於是煩請故宮博物院資深研究員馮先明題寫。這三本書出版後蒙讀者和前輩們的共同支持，僅半年就全部售罄，之後進行第二版印刷。

　　這三本書出版以後，大陸出版社在香港舉行書展。台灣的藝術圖書公司負責人何恭上先生在香港書展見到這三本書，後通過各種關係見到了我，提出要在台灣配圖精裝出版。當時是上個世紀九十年代初，我們的印刷水平離台灣還有一定的距離。尤其是配圖的準確性很難達到標準。在這種情況下，我考慮到這也是台灣和大陸進行文化交流的一次很好的機緣。裕平同志對此也是極其支持。所以我和台灣藝術圖書公司簽訂了合同。在這期間，一切交往以及通信，均由我負責。藝術圖書公司給我發來邀請函請我到台灣出席該書的發佈會。在那個時代，大陸和台灣還沒有進行「三通」，而赴臺的手續繁雜，為此我主動放棄赴臺。在這期間，我本來還準備繼續寫《中國唐三彩》，先寫一篇論文作為樣書，以便完成這個項目。於是我寫了有關唐三彩的一篇論文，用我和朱裕平的名譽在雜誌上公開發表，受到了較好的效果。於是，我告訴朱裕平，希望請他做好准備，共同完成這個項目。朱裕平先生是一位很真誠的年輕人，也是一位表現謙虛的人。每次來信都以「晚生」自稱，他甚至在信中說我對他是「恩重如山」，使我感動。因此我希望他能繼續與我合作完成《中國唐三彩》這部著作。當知道這件事情以後，他真誠的告訴我，他過去沒有研究過唐三彩，也沒有積累過唐三彩的資料（這都需要過程）。所以請我再找別的助手以完成。於是，我先後發表了《唐三彩與彩釉》以及《唐三彩與婦女審美觀》等論文。為了儘早出版，我採取過去的形式，先

(左二)抗戰名將呂正操將軍，(左三)陳希廉司令員，後排(右三)李正中。

在大陸以簡體字出版。由曾聽我授課的南開大學研究生王偉凱和我進行合作，按時完成了《中國唐三彩》一書。於1997年在天津人民出版社簡體出版。當2001年發掘出現唐三彩百週年的時候，我受《人民政協報・學術園地》責編的邀請，發表了《鮮豔奪目的唐三彩文化——唐三彩百年祭》。

這在期間，我遇到了許多陶瓷學術研究專家和朋友，他們給了我很多的教益。當然，至今我也非常想念朱裕平先生。他後來在台灣出版了《中國唐三彩》一書，事先我不知道，但我從內心感到高興他有如此成果，並祝福他！我利用這次寫回憶錄的機會，對於朋友們和讀者多年來對我的關懷和支持，我說一句，我在內心中真是非常感激。

中國屋頂建設一大美術造型特色瓦當
——兼論「寧爲玉碎不爲瓦全」

　　我的好友隋清鈞先生，對中等學校歷史教學以及對高校考試試題的分析，具有獨特專門研究和成果。他也是一位歷史文物的收藏和愛好者。他有一次去西安辦事，順便到古物市場，遇到一位攤主，很神秘地把他帶到家中。在床下，掏寶一般拿出兩塊漢代瓦當。購買後回津，他知道我收藏和研究瓦當，特到寒舍，讓我鑒定。因爲我們之間是朋友，我直率地告訴他都是贗品。爲此，有必要將有關瓦當真僞的鑒定，自不量力地告訴他。

　　據說夏代就有「昆吾作瓦」之說，但根據考古材料，未見陶瓦的痕跡。西周時期，宮殿等重大建築已使用瓦作爲保護屋頂和椽頭。特別是瓦當，也稱爲筒瓦頭，瓦當也有的泛稱爲「瓦」，如河南新安縣出土的瓦當：「延壽王瓦」。它不僅用以保護屋頂椽頭，防止風雨侵蝕，同時又對建築起着裝飾美化作用，體現出中華文化的建築風格。

　　瓦和瓦當經歷風吹雨打，卻屹立在房屋之巔，這種精神，比之作爲貴族的佩玉和擺設，能遜色多少？難道不應該歌頌

秦　云紋半圓瓦當

西漢　長樂未央瓦當　直徑16.5厘米

嗎？特別是瓦當，古代匠師們在一枚普通瓦當空間內，創造出豐富多彩、爭奇鬥艷的藝術世界。其紋飾之精美，圖案之瑰麗，文字之古樸，充分表現出中國優秀傳統的瑰麗多彩的造型文化，並成爲金石學研究的內容，備受人們的珍視。實際上，清人已經把瓦當視爲璧玉。畢沅在其《秦漢瓦當圖》一書中，認爲是「璧當之義，形若玉璧」。

　　據《易縣誌稿》記載，武陽城內農民耕地，就已發現古瓦殘片，「瓦之大者長三尺餘，半規之徑一尺以上。」這是因爲戰國時期是半圓形瓦當，故爲半規與秦漢後圓形瓦當不同，最早瓦當爲建築應用，瓦當沒有文飾爲素麵。隨着對美的追求，將實用和藝術融爲一體。瓦當見於文字始於春秋時期，公元前715年（魯隱公八年）有「盟於瓦屋」的記載。

　　作爲學術研究，在北宋時期，隨着金石學的研究，對瓦當研究也隨着引起重視。據《澠水燕談錄》載，陝西寶雞居民權氏得「羽陽千歲」瓦當，這是目前對瓦當的最早著錄。

到了清代，有關研究瓦當的著述較多，其中主要有：林佃《漢甘泉宮瓦記》、朱楓《秦漢瓦當圖記》、程敦《秦漢瓦當文字》、畢沅《秦漢瓦當圖》、王福田《竹裡秦漢瓦當文存》等均爲著錄研究瓦當的專著。

　　此外，在金石學研究著錄中記載瓦當的著作也比較多，如翁方綱《兩漢金石記》、馮雲鵬《金石索》、王昶《金石萃編》、陸增祥《八瓊室金石補正》等，羅振玉又搜集清代各家有關瓦當的拓本輯錄成《秦漢瓦文字》五卷。全書共精選出瓦當文字148種，319品，後人爲了區別程敦之書，也稱之《唐風樓秦漢瓦當文字》。可以說此書是瓦當總結性的錄述。

　　戰國時期的燕下都的瓦當具有獨特的藝術風格，因此考古學界於1329年末至1930年初，進行過發掘調查，使大量出土的瓦當得以展示和研究。

　　民國初期，1932年7月《河北第一博物館》第20期介紹了燕下都瓦當。滕固先生於1936年11月《金陵學報》（6卷2期）發表《燕下都半規瓦當上的獸形紋飾》。解放後，傅振倫先生在《考古通訊》第4期發表了《燕下都發掘品的初步整理與研究》、楊宗榮先生於《考古通訊》第6期發表了《燕下都半瓦當》。陳直先生於1963年在《文物》第11期發表了《秦漢瓦當概述》、河北省文物研究所：《燕下都》、趙力光：《中國古代瓦當圖典》、陝西博物館：《秦漢瓦當》、李友林：《齊古城瓦當》、華非：《中國古代瓦當》、楊力民《中國古代瓦當藝術》以及錢陶君《瓦當彙編》、陳振遠：《瓦當留真》等專著。在這諸多的著作中，最適合入門學習者，當推華非先生的《中國古代瓦當》以及最新出版的《華非文卷》（天津古籍出版社2004年12月）中的《瓦當藝術簡述》其中對瓦當的考證以及其藝術價值的論述在學術上都是不易之論。這些著作對瓦當的分類、文飾、特點都做了精辟的論述。如根據《燕下都》一書的介紹，其文飾共有12類，50餘個品種。有饕餮紋、獸紋、山紋、雙鳳紋、樹木卷雲紋、斜方窗櫺紋》等。通過燕下都宮殿的瓦當藝術風格，折射出內涵豐富的燕文化。燕下都瓦當中

大多是饕餮紋飾或是由其演變而成的紋飾。一方面吸收了商周青銅禮器紋飾，另方面又保留北方文化特徵，它有深刻的內涵。又如，齊國臨淄故城春秋時期的瓦當為素麵半圓形，到戰國時花紋與素麵併用，其中樹木紋為齊瓦主要母題，這是因為樹木紋是齊國祭祀社稷。社在古代為土地之神，稷是谷地之神，是山東平原農耕社會崇祀之神。社稷所在用樹和石來表示，又保留北方文化特徵，它有深刻的內涵。

秦漢瓦當從戰國半圓瓦當發展為圓形瓦當。漢代的瓦當出現了文字。它表達了人們的意願和意志。根據瓦當內容，可分為以下幾類：宮殿、官署、陵墓、祠堂、記事、古語等。文字瓦當不僅種類繁多，而且內容豐富。如「甘林」瓦當為「甘泉」和「上林」的二者簡稱，都是漢上林苑甘泉宮和上林宮用瓦。又如「石渠千秋」為石渠閣用瓦。「清涼有熹」為未央宮清涼殿用瓦。

在瓦當吉祥語中，言辭意賅辭美，反映人們對美好生活渴望和追求。如「延年益壽」「千秋萬歲」「萬物咸成」「永保國阜」「長毋相忘」「長生無極」等。有的在祝福語的基礎上又有新的衍化派生。如「延年益壽」就衍化有「延壽常相思」、「延壽萬歲」、「延壽萬歲常與天久長」等。又如「長樂未央」就有「長生未央」、「長樂萬世」、「克樂未央」、「萬年未央」、「長樂萬歲」、「永年未央」等。（趙力光：《中國古代瓦當圖典》）這些瓦當文字瑰麗多姿，在佈局和結構上繁而不亂、滿而不塞，結構巧妙安排，在特定的空間內，既表達思想內涵又展示書法藝術，給人遐想，獨具匠心。

漢代除文字紋瓦當以外，還有卷雲紋和動物紋圓瓦當。其中尤以四神圓瓦當最為珍寶，它是宮殿禮儀類用瓦，多出於長安城遺址。四神為青龍、白虎、朱雀、玄武，《三輔黃圖》云：「青龍、白虎、朱雀、玄武，天之四靈，以正四方」是象徵方向的四種以自然界的動物為原形加以想象而創造出來威震四方的精靈。四靈形象的生動，風格之雄渾，是漢代瓦當傑出的代表。（參見《中國美術全集》工藝美術編Ⅱ）

由於瓦當的工藝將實用價值和美術價值融為一體，備受人們的喜愛並流入國外，因而在朝鮮也有所發現。在朝鮮平壤南郊大同江南岸，就出土了「樂浪禮官」和「樂浪富貴」瓦當。據《漢書・西南夷兩粵朝鮮傳》記載，漢武帝元封三年」遂定朝鮮為真番、臨屯、樂浪、玄菟四郡。」經考證這兩枚瓦當應為「樂浪郡」官署用瓦當。

　　精美的瓦當紋飾是中國藝術史上盛開的百花園中的奇葩。它不僅是神采各異的藝術品，而且具有保護房屋檐頭的實用價值。用荀子的「歲不寒，無以知松柏」的名言來比喻瓦當經風雨、抗日曬卻屹立在屋頂之巔的品格絕不為過。

　　正由於瓦當受人們珍愛，它和其他文物一樣出現作偽。瓦當的鑒別主要根據：質地、紋飾和時代風格。如從時代特徵來看，早期周代出現的瓦當均為半圓形，質地堅如石、聲如磬，多為青灰色，邊輪處無突起，素麵子整無紋飾，少數有刻畫紋。戰國時期的瓦當也均為半規形，因製作時間不同，其特點各異。如燕下都早期瓦當，除素麵瓦當外，還出現紋飾瓦當，主要有饕餮紋和卷雲紋兩種母題。饕餮紋是受商周青銅禮器紋

1995年冬在河南省博物館拍攝館藏珍品「梅瓶」現場，《瓷國遊歷》拍攝組攝影

飾的影響。到了戰國時期的中、晚期，紋飾更加豐富多彩，除饕餮紋外，有雙龍紋、山雲紋、幾何紋、人面紋等。瓦當紋飾也較戰國早期圖案豐滿、工整精美、形態規范，有的山形瓦當邊緣加寬，甚至佔整個瓦當的三分之一。

至於秦漢時期的瓦當，由於實用和美術的需要，已從半圓發展為圓形瓦當。其紋飾以文字為主，也有部分靈獸和動物圖案。由於作偽者對瓦當的質地很難掌握，其中特別是對真品邊輪殘損後露出的瓦心與筒瓦粘結時堆泥以及筒瓦德殘斷痕跡，這些很難仿真。於是出現作偽者將廉價的雲紋瓦當，將圖案全部或部分鏟磨去，再用水泥等彷製出被人珍視罕早的文字瓦當，其文字雖然仿真，但缺少真品的古樸精神，認真對比、分析、鑑定，還是能分辨真偽。

因為父親喜歡收藏，瓦當也是他收藏的內容。值得慶幸的是雖然經過文化大革命的洗劫，母親終於把它們保留下來，我想這是母親對父親精神上的一種寄託。雙親都已逝世，當我看到這些瓦當，我的淚水，也控制不住地流下。

我寫《不敢逾矩文集》出版後記

《不敢逾矩文集》於2010年冬即將付印，歷屆學生們希望我寫篇「後記」。說實話，我感想很多，卻不知如何下筆，躊躇再三，我就將我的一些真心話如實寫出，既是寫給一直關心我的朋友們，也是寫給我自己的吧。

這個集子是歷屆學生們從各處搜集彙編的，很遺憾時間僅限於上個世紀八十年代以後，這之前我發表的文章一篇也沒有找到。原因很簡單，在那「史無前例」「橫掃四舊」的年代，我的這類文章是很難逃出劫難的。當這集子整理後，我不能不寫「後記」。

人的思想感情很是奇怪，儘管「知恩圖報」這樣的話經常會掛在嘴邊，但做起來卻是另一回事。我記得我發表的第一篇文章，是上世紀五十年代在天津耀華中學工作時，發表在《新史學通訊》（後改名《史學月刊》）雜誌上，題目可能是《在歷史教學中如何運用文藝作品》。半個多世紀過去了，這篇文章的題目還有印象，但培養我、支持我的責任編輯，卻早已忘記。

我還記得在「文革」前，我是天津惟一的晚報《天津晚報》的忠實讀者，也是其副刊的作者。有時在「副刊」的一個版面上，同時有我的兩篇文章發表，責編先生主動給我起了一個筆名：「犁真」，大約是「李正中」的諧音吧。從此，樂得需要時，我就用這個「犁真」的筆名發表文章。時至今日，自己的筆名還記得，但培養我、幫助我、為我起筆名的責編先生的名字我卻忘記了。

不知為什麼，近年來我時常會想起這些曾經給過我種種幫助，我又將人家名字忘記的「陌生朋友」。儘管連掛在嘴上的

「知恩圖報」我都難以做到了，但我內心裡真的很感激他們。逝者如斯，過去的很多事情難免淡忘，很多東西難免遺失，但這份情事永遠也忘不了，揮之難去的。那個時期的文章一篇也找不到了，我並不覺得很遺憾。它們自身的價值有多高，我自己心裡有數。祇是因為這些文章中保存的一份記憶，一份真情，這是遠遠超過文章本身的。我上世紀八十年代之後的文章也都可作如是觀。

文章留給我很多美好的回憶，也給我留下難以磨滅的夢魘和陰影。比如「史無前例」的年代，我發表在《天津晚報》上的文章就給我帶來滅頂之災。記得有一篇《楊四郎的哭聲》，紅衛兵還是很有分析能力的：「這顯然是在美化叛徒楊四郎，為叛徒翻案」。坐着「噴氣式」押到臺上，「掛牌」、批鬥，已成為我那個年代的家常便飯。

《天津日報》是黨的機關報，我也是其「學術」版的作者。記得上世紀六十年代初，使我「成名」的作品《項羽是民族英雄嗎》即在學術版上發表，在學界引起較大的反響，曾

虛懷若谷禮賢下士的中共天津理大學黨委副書記索玉華在寒舍。（右）索玉華（左）李正中──吳天燾20114年春攝影　壽音：助、烏飛也

由天津市教育局頒發的天津市第五十五中學時任教務主任的「工作證」，照片上加蓋鉅印。看來當年我還是一個帥哥？

連續三週在該報上發表相關的不同見解和評論，爲此《光明日報》還報道了《綜述》。天津古籍出版社文史編輯室主任、編審李夢芝女士，就是我那個時代的學生，他們班還特意將這篇文章互相傳閱。當時在他們眼裡，有這樣的先生教他們，也是一種驕傲和幸運吧。但他們可能想不到，這篇文章給他們的老師帶來的不是幸運而是厄運，它成爲我「爲剝削階級貴族塗脂抹粉」的重要罪證。

人生就是如此，真所謂禍福相倚，否泰交替。閱世觀化，不禁感慨萬千。孔老夫子曰：「七十從心所欲不逾矩。」我年已八十，自感從來沒有做到過「從心所欲」。這當然證明我不是聖人，但我以爲，一個人能夠在八十歲時，做到「不敢逾矩」，已屬相當不易，所以論文集以此命名，非自謙也，實自勉也。李白《送裴十八圖南歸嵩山二首》詩說：「歸時莫洗耳，爲我洗其心。洗心得真情，洗耳徒賣名。」我斷章取義，也願以此自勉：歸去之時，洗去那些虛飾浮名，才能獲得人間真情。

是的，人生失去的固然很多，但得到的更多。在本書即將付印的時候，我內心十分激動。其中有的是我半個世紀前的學生，他們還沒有忘記我這個布衣老人、一介書生。我感激你們，想念你們！我想到歌德的一句話：「無論你出身高貴或者低下，都無關宏旨，但你必須有做人之道。」確實如此，人生不過百年，唯有美德流傳後世，願與友生共勉之。

在本書即將付印的時候，我不能不想到我的老師對我成長、做人的關懷和教誨。在我半個世紀的教學生涯中，據友生

們的統計，我出版了二十餘部書，約數百萬字。如果說這也算是成果，是與我的恩師周谷城先生、鄭天挺先生、李光璧先生以及我讀高中時改變我人生軌跡的高明閣（筆名高揚）先生的諄諄教誨是分不開的。如果人真的有來世的話，我願意繼續執弟子禮，以回報師恩。

　　國學大師季羨林先生說過，一個人事業的成功需要有三個條件，即「基因、勤奮、機遇」，後天的兩項起決定作用。他說他一生遇到了兩個「貴人」，一位是聘他為北大教授的胡適先生，另一位是引領他走上治學道路的陳寅恪先生。我非常同意和理解季先生的體會，因為在我的人生途中，也遇到過這樣的「貴人」：當我六十歲的時候，天津社會科學院院長、著名社會學家王輝先生，聘請我為「中國文化研究中心」主任、研究員，兼任「華聯研究所」所長。這讓我有機會和條件加深對中國文化和古陶瓷的研究，我的很多著作都是這一時期完成的。在我七十歲的時候，天津理工大學黨委書記馬福業先生和校長李軍先生，邀我回母校擔任「經濟與文化研究所」所長、特聘教授。這不僅給我搭建了加深文化學術研究的平臺，也為日後開展與天津和平區政協聯合辦學，開展社會調查等工作創造了機緣和條件。在他們二位知遇退休後，我又有幸遇到黨委書記孟慶松教授、校長馬建標教授、索玉華副書記三位「貴人」對我的支持和關懷。因是現任，恕我避嫌，只說兩句話：一是虛懷若谷，禮賢下士；二是都有獨特的專業和文化底蘊，是溫總理說的「懂教育的人」。我想，在他們的領導和支持下，未來的「經濟與文化研究所」會越辦越好，這是毋庸置疑的。

我還有一位半個世紀影響我人生和事業的摯友，原天津市政協副主席張好生教授。因為他是官員，我本不想談，但作為朋友，我不能不談。他是一位教育家，多年來從事教育工作併兼任大學校長，我有幸在他的領導下工作過。在「史無前例」的年代，我們都是被專政和批鬥的對象，成為「牛友」。在改革開放年代，他始終沒有忘記對我的關懷、支持和幫助。記得1993年天津社會科學院中國文化研究中心成立時，時任天津市副市長的他和市委常委黃炎智先生等親臨會場並致祝詞。記得他說：「我和正中教授有三十多年的友誼，所以我信任他的品格、他的學識和他對工作的敬業精神。」他的鼓勵讓我感到很大的壓力，但一直以來更是我工作的動力。

　　他這位官員與有些官員不同，有的人原本在一起都是工作相互支持，相互幫助，一旦高昇，卻忘記了友情。好生副市長卻不同，在友情方面，始終不變。有一次夏季去看我，我不在家，妻子告訴我，當時天氣炎熱，汗流浹背，他發現家中電扇壞了，他立即給修電扇，妻子一再阻攔，他終於將電扇修好。他是一個懂人情的市長，這在官員中是難能可貴的。

半個世紀前，1963年初攝於天津五十五中學，後排右一為我的摯友張好生主任，（中）為李正中。

我不懂字畫卻鑒定了一幅畫

我的兒婦是一位心地善良，有一定文化教養的女孩。她和我的兒子李助平是中學時代的同學。後來戀愛結婚。兒媳現在大學擔任教學工作，在一個美滿的家庭長大。她的父親早年於日本東京帝國大學畢業，並且是中共地下黨員，母親是天津化工外貿公司黨委書記。可能受家庭影響，她喜歡字畫。她有意無意地收藏了一些字畫。其中她比較喜歡在天津的書畫家愛新覺羅・溥佐的作品。溥佐是滿族人，號庸齋松堪，是末代皇帝溥儀的弟弟。自幼在父愛新覺羅・載瀛，及兄溥雪齋、溥敦齋、溥松窗等熏陶下，研習文學、書法與繪畫藝術。由於從師於當時著名的學者，加之家中匯集了很多歷代著名書畫家真跡，多年來耳濡目染、勤奮好學，最終成爲學富五車的才子。清王朝的覆滅，給他們帶來很大的沖擊。他們走出王府，有機會讓世人認識他們的才華。溥佐擅畫花鳥走獸，尤擅馬，兼作山水，其風格立足於工整精細的宋代繪畫傳統，吸納元明清以來優秀的花鳥畫家之所長，名作有《奔馬》、《八駿圖》等。他與孫其峰、孫克綱、王學仲、王頌餘、蕭朗、趙松濤、穆仲芹併稱爲天津書畫八大家。

可是當時兒婦她還沒有收藏到溥佐先生的作品。有一次一個在溥佐家做過廚師的人來見兒婦，帶着一副溥佐先生的畫。他說這是溥佐先生送給他的。他現在急需用錢，所以希望兒婦買下這幅畫，但是價格較高。兒婦見到這幅畫正是她多年喜歡收藏的作品，於是雙方協定同意。當時家裡沒有現款，就定於第二天午後再取錢。兒媳對自己書畫鑒定的水平拿不准，於是帶來給我看。說內心話，我對字畫很喜歡，但卻祇能欣賞，而不能鑒定。使我沒有想到的是，這幅畫一展開在我視野中，我很快就得出結論：這是贋品。當然兒婦對我的結論半信半疑，她知道我並不鑒定字畫。爲什麼這麼短時間內就做出結論呢？我見她有疑慮，就笑着告訴她：「你把這幅畫拿到榮寶齋，以出售的姿態問他們收不收，就可以證實我對此畫的評價

是否正確。」於是兒婦開車到了榮寶齋，果然，榮寶齋告訴她他們不收這種畫，結論和我一樣。兒婦回家問我：「爸爸，你為什麼有這樣的把握？你不是不懂字畫鑒定嗎？」我說：「確實如此，但是你別忘了我的客廳掛有一幅字。那是我在天津社科院建立「中國文化研究中心」時溥佐送我的條幅「鵬程萬里」，落款是『愛新覺羅‧溥佐賀題』。研究所建立至今已有十幾年了。我有意無意地整日與它相見。所以我對溥佐先生署名的精神特色有深刻的印記。而你這幅畫中溥佐二字不僅無神而且其形也不像，所以我敢肯定是贗品。」當然這幅畫沒有成交。後來，因朋友的介紹兒婦與溥佐先生成了忘年交，兒婦也就珍藏有多幅溥佐先生送她的精品。

從這件小事，也使我深深體會到對任何事情，祇要你認真地經常地去學習去理解，就能體會到其中的真諦。所以我想到孔老夫子所說的「學而時習之不亦說乎」。

這裡我又想到了我待客廳中懸掛的條幅，這裡不僅有當年溥佐先生的作品，而且還有其它幾位先生的墨寶和篆刻條幅拓印，可以說讓寒舍蓬蓽生輝了。妻子生前懂得我的心態，當時我家牆壁上只掛有兩個條幅，一是溥佐先生的賀題，作為成立中國文化研究中心的紀念。二是恩師周谷城先生所題的座右銘：「不矜不伐，有猷有為。」除此外，皆不懸掛。妻子知道我的坎坷經歷，也知道我的心態，一切留有餘地。本來詩友前輩送我很多有價值和意義的書畫，但我都沒有懸掛，這並非是由於審美觀而是因為心態。

為什麼我現在改變了過去的內心理念，我家裡現在掛了滿牆的書畫呢？很少有人能夠理解我的內心世界。這是我愛妻離開我以後的反常表現。當一個人孤單生活，儘管有兒孫「常回家看看」，這種親情使一個孤單老人得到無比的欣慰，但是與自己日夜相伴的老妻是無法相比的。我除了工作寫作之餘，還有一點空閑的時間，我如何應對？我不會玩，晚上也從來不外出，更不參加宴請在這漫漫的深夜裡，除了孤燈陪

我讀書而外，與我對話的衹有蓬蓽上所懸掛的這些字畫了。當我見到溥佐先生的字時，就會回憶到當年舉行中國文化研究中心成立大會時來的賓客。當時不僅有我諸多的好友，還有很多專家學者，此外天津市副市長張好生先生以及中共市委常委黃炎智先生。同時，台灣藝術圖書公司老闆、總經理何恭上先生特地從台北趕來參加祝賀。看來雖然時過境遷，但每當我看到這些字畫，便會浮想聯翩，往事如昨。當我看到梁崎先生和他的弟子張精來合作的雲雀竹林畫，就會想到坎坷一生的梁崎先生，他不僅是水墨畫家，而且其「指畫」在畫壇上被人多有讚譽。遺憾的是，他一生當中過着貧苦潦倒的生活，衹有他的弟子張精來對這位孤獨的老人給予了照顧。在這幅畫中體現出的師生情，令人感動。我就是在掛滿蓬蓽的書畫中得到啓迪和進行心靈的對話。那些住着西式高級住宅的高貴的離休官員以及家財萬貫的大亨們，其豪宅中有嬌妻美女陪伴，他們是不可能理解一介老布衣的心態的，甚至他們認為掛了這些不值一文的書畫是多麼可笑。我無言以對，奈何？

我被參加天津紫砂壺協會

當今各種學術專業都成立了協會或學會，我只參加了一個協會，就是天津商業文化協會。本來，從內心中我不想參加任何這一類的學術協會。理由很簡單：第一，我在學術上沒有什麼研究成果，況且經過歷次運動，我不太願意過多地拋頭露面。第二，歷史上對我有定論——是反革命小集團的首領。雖然最後改爲反動集團的首領，這卻使我不願參加任何集體的活動。也許是「一年被蛇咬，十年怕井繩」吧。況且人貴有自知之明，我年齡較大，在協會中，不安排一個角色不合適，安排吧，也不合適。我則樂得拒絕參加一切這類學會或協會。

不知爲什麼，天津商業文化協會的會長由天津商學院（今天津商業大學）蔡捷院長擔任，他一定讓我擔任常務副會長。他在學會的領導班子裡邊，併稱此職非我莫屬，我不去，則他也不幹。他本來也不想幹的。商業文化協會是由中央先建立的，由當時的商業部部長胡平擔任，會長也由他兼任。當時，在我國關於「商業文化」一詞，人們還很陌生。大家認爲，商業與文化有什麼關係呢？胡平部長則特別強調商業文化的意義和價值。所以，全國的商業文化協會，嚴格地講是他創辦的。這時在全國各地還沒有地方的商業協會。爲此，胡平把天津商業協會的建立作爲地方商業文化建立的試點，以便推廣。蔡捷院長是在這種形勢下

我與忘年交天津市民間文藝家協會主席兼紫砂壺專長協會副會長劉文紅合影

決定擔任天津商業文化協會會長的。不知出於何種原因，把執行副會長頭銜就加在了我頭上。說真心話，我無德無才，但盛情難卻，勉爲其難而應之。當然在蔡捷會長的領導下，經過全體會員的努力，天津商業文化協會被市裡歷年評爲先進單位。

爲什麼我又被參加了中國紫砂壺協會？事情是這樣的，我在1995年繼《中國青花瓷》等書之後，又寫了一本小冊子《中國紫砂壺》，在當時是大陸出版的最早的一本有關紫砂壺的著作。出版後不到六個月就告以售罄。後來天津文史館突然來電話要我接待台灣來訪的客人，座談有關紫砂壺的事宜。讓我參加接待的理由很簡單：我出版過這方面的書。經過歷次運動的我有一大特點，就是遵命服從。所以祇要是上級安排做的事，我一定無條件準時報到。

在參加文史館接待的館員約有六、七位，台灣方面的是研究紫砂壺的李經先生夫婦。首先聽了他對於紫砂壺的學術研究，同時又介紹了台灣地區研究紫砂壺的情況，特別又演示了台灣的茶道表演。說實話，當時我感覺到它與日本茶道類似，太繁瑣。這是有閑階級具有的特色，像吾等爲妻兒老小糊口終日忙碌的人，祇能喝大碗茶。我是耐着性子看他的演示，同時裝模作樣地品茶。之後，對他的研究，我和其他館員一樣給予了很高的評價。最後卻出現一幕讓我驚訝的事情，他說台灣對大陸紫砂壺研究，最欽佩的是李正中先生的《中國紫砂壺》一書。他這次來，除了訪問文史館外，一定去北京拜會李先生。話罷，全場都很震驚。這時文史館館長就問：「你所提的李正中，是不是《中國紫砂壺》的作者？」他說：「我沒見過李正中，我覺着他在北京博物館或高校工作，所以打算去北京拜訪。」待確定後，館長說：「李正中就在我館，且就在座中。」於是我們握手，後來成爲了朋友。他走時，我送他一紫砂壺，作爲禮品。這是前兩年，天津的一個單位在宜興訂做的禮品壺。壺身是請周汝昌題字。因爲周汝昌是天津出生的名人。這種紫砂壺就是有關單位送我的。他們認爲我研究紫砂壺，必然喜歡紫砂壺。不過，送我紫砂壺的人不知道，我雖然

喜愛紫砂壺，卻不喜歡周汝昌。這可能是由於我有眼不識泰山。我不願意把我不喜歡的東西放在家中。恰好，周汝昌是名人，來訪者喜歡名人，我便把這把紫砂壺送給李經先生。當然，他表示對我非常感謝。

可能正是由於上述等等原因，天津紫砂壺協會在文史館成立，並邀我參加並擔任紫砂壺協會理事。成立大會我不能不參加。到會一看，所謂大會一共二十人左右。其中，顧問占八位。這八位顧問中就有台灣的李經先生。此外，還有電信公司的總經理、移動通訊有限公司總經理以及審計署京津特派辦特派員。我當時就想，這八位顧問除李經外，都不認識。而作為學術機關，這八位怎麼成了顧問？事後我才知道，他們都是紫砂壺愛好者，這些單位又經濟條件好。在經濟上可以贊助紫砂壺協會。說具體點，若開會用錢的話，他們可以資助。我明白了一個道理：在社會主義國家，你用錢也可以參加你所喜歡的

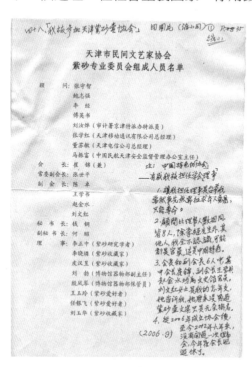

注：中國特色的「協會」──有感我被擔任學會「理事」
1. 讓我擔任理事是台舉我，當然事先無需徵求本人意見，只能尊命。
2. 顧問比理事人數相同，皆8人，除李經先生外，其他人我全不認識，可能都是官員，這是中國特色。
3. 會長和副會長6人中，其中會長崔錦、副會長王學書、趙金水均為文史館官員。劉文紅女士是我的忘年交，她告訴我，她歷來沒罵過紫砂壺文案，只是無奈掛名。
4. 從2006年成立協會後，至今2012年六年來，沒有開過一次理事會，今年崔會長也退休了。

學術機構。甚至你可以買到你更需要的職務。

會長由文史館副館長崔錦擔任，而其他幾位副會長都是文史館副館長、黨組副書記和文聯有關人員。據我所知，他們都不是研究紫砂壺的，更沒有有關紫砂壺的學術論著。事後，有關官員告訴我，為何急急忙忙成立此協會。因為我們要先佔領這個陣地。我們要不佔領，就會被社會上經營紫砂壺的商人們佔領。他們已經向有關方面提出申請，建立紫砂壺同仁性質的協會，因此必須由我們官方來佔領。我是文史館館員，會長與副會長又是文史館領導，我被參加擔任理事，這是理所當然的了。

這個協會是從2006年9月建立，至今已數年，卻再沒有再開過一次會。因為它達到了目的，就是官方先佔領了這個陣地，任務完成了。

我是一個願意瞎想的人，那些有志於研究紫砂壺的商人，他們建立一個同仁研究協會，難道會造反嗎？若是出於研究或興趣，那麼開展一些研究活動，我想總比只開一次會，佔領一個陣地後不了了之要好些吧。

有關紫砂壺發展的三個階段

　　打倒「四人幫」以後，為了找回我丟失的時光，我在工作之餘，集中精力研究中國文化，這使我養成了晚間十二點前不睡覺的習慣。時至今日，幾十年習慣不改。在這期間，一九八零年至九十年代初，我完成了中國古瓷和紫砂壺的著作。同時提出紫砂壺發展的三個階段。

　　馳名中外的紫砂壺，是我國江蘇宜興的特產。用它泡茶不僅色味皆佳，暑日過夜也不餿。紫砂壺質地細密，造型優雅，裝飾別致，富有民族風格。因此，自北宋以來為士人所推崇。大文學家蘇軾就很喜愛宜興提梁壺，所以後人將提梁壺稱作「東坡壺」。寸柄之壺，往往被人視作珍寶一般。

　　有關紫砂壺製作者，明人周高起《陽羨茗壺錄》等文獻記載，明正德年間，宜興吳仕的家童叫供春，因其姓龔，故又作龔春，其隨吳仕到金砂寺讀書，從和尚學藝，他的作品古拙，「如古金鐵」，成為製壺名家。這是最早有關紫砂壺製作者的記載。

　　供春以後，紫砂壺的發展，明清時代大致有三個時期。明萬曆後期是宜興陶壺發展的一個重要時期，當時著名的工藝名師有時大彬、徐大友、李大芳等，被稱為「三大」。這時期陶壺的造型以古樸為主，主要是自然型和仿古青銅器型。代表作有時大彬的「葵花壺」和蔣伯的「海棠樹幹型」等。繼時大彬之後的製壺名手有惠孟臣，以製作小壺為特長。小壺的造型很多，有平肩型、梨型、鼓腹型、圓腹型、扁型、折腹型等，稱做「孟臣壺」。「孟臣壺」最早製作的年代在明天啟年間，傳世的有一件白砂壺，底款刻有「大明天啟丁卯荊溪惠孟臣制」。明代陶壺款式的特徵多為楷書刀刻，蓋章是後來清代的習慣。

　　宜興陶壺發展的第二個時期是清康熙乾隆時代。由於這個時期社會經濟繁榮，紫砂壺不僅在民間受到喜愛，也被宮廷重

視，在製作上畫有琺瑯花卉裝飾的陶壺，壺底有「康熙御製」雙圈四字款。康熙時期最有名的製陶師是陳鳴遠，號鶴邨，他以技術精湛和創新受到人們的喜愛。這一時期比較注意外觀，仍以仿自然生物為主。陳鳴遠傳世的「梅幹壺」藏於西雅圖藝術館，為其代表作。壺上的梅花用堆花的手法，整個壺體如一件別具匠心的雕塑品。正因陳鳴遠的作品受到世人的歡迎，後世彷製品較多。

　　紫砂壺發展的第三個時期是十九世紀初期，這一個時期代表新潮流的風格是在陶壺上刻詩句。這種風格主要以陳曼生為代表，他精於書、畫、篆刻，喜歡在壺上題字，並親手繪製了十八壺式，請當時製陶名家楊彭年和邵二泉做壺。陳曼生有一些文墨朋友，請他們在年壺上題詩、作畫，於是形成一種風潮。人們將這種圖案配以詩文的陶壺稱作「曼生壺」。「曼生壺」有其獨特風格：一般在壺底有「阿曼陀室」印，壺柄有製壺名家「彭年」的小章，壺身有陳曼生或他的朋友的銘文。有人認為「曼生壺」都是陳曼生親手製作，這是一個誤解。實際上「曼生壺」的製作者多出自楊彭年等製陶家。當時，陳曼生訂做了很多陶壺，有的壺還有數碼號，香港藝術館就藏有一隻「曼生壺」，上刻有「茗壺一千三百七十九」字樣，壺底刻有曼生十五位朋友的名字。這是陳曼生和朋友們於「嘉慶乙亥秋九月」在一起聚會品茶，用此壺作為紀念。這一時期的紫砂壺的造型風格就出現了以平滑精細為主，以便於在壺上刻寫銘文。

　　清代道光年以後，由於經濟衰落，除了少數例外，所制紫砂壺都遜於乾隆時代。

與《老年時報》共同組織老年書畫、書法交流展赴香港

　　香港在沒有回歸以前，一般人對於港澳的認識還比較模糊浮淺。記得，在改革開放以前的三十年，誰家要是有港台關係（含親戚、朋友），都要遭到不可避免的審查和打擊。因為香港、澳門都是帝國主義國家的殖民地。中國政府是堅決反對帝國主義的，當時毛澤東主席有句名言，就是「帝國主義擁護的，我們堅決反對」，「帝國主義反對的，我們堅決擁護」。那時，我們國家是絕對封閉的，不僅不能和這些地區的人有聯繫，而且但凡有通信，即被視為敵特可疑分子。所以有的人，如果私自收聽了美國電臺廣播的「美國之音」，就要受到管制。記得，我被下放到農村時，就遇到一個女知青在農村勞動。經過幾年，有的知青就被選到有關工廠或學校工作或上學，可是因為她的父親曾收聽過「美國之音」而被管制。因為她是被管制人員的女兒，不論她如何努力，所有的選調都與她無緣。我由於被下放疏散到這個農村，見到了這名女知青。她長期在地裡幹活，冬季修水渠，和男人一樣，不知勞累。那種辛勤的勞動表現也使周邊的農村老鄉們感動。作為一名被下放的教師，心靈的責任感驅使我，找公社的書記講講我對她的看法。書記很明確的告訴我，是因為她父親的問題而不能被選調。對此，我不是力爭，而是舉出偉大領袖毛主席告訴我們說的「自己的出身不能選擇，但自身可以改變」的話，並說這個女知青經過數年的勞動改造，是被農民階級所公認的好青年。實際上，書記心裡也非常清楚，也深知這個女知青的積極表現。這次聽了我的建議，當然他就批准這個女知青選調了。我舉這個例子，是因為這事情讓我難以忘記。在那毫無人性的階級鬥爭的年代，若有直接或間接與港台有關聯的人，決不能聯繫，否則就可能受到非人待遇或管制，並且子女也因此受牽連萬世不得翻身。這就是在那階級鬥爭的年代，對港澳的看法。

天津中老年書法交流
（右一）王之望　天津社科院文學所所長研究員
（右二）李正中　天津理工大學經濟與文化所所長、特職教授
（右三）王一桃　香港藝術家協會會長
（左一）周珊珊　中國政府駐香港聯絡處副部長
（左二）何亮亮　香港鳳凰衛視台主編

至於對台灣中共官方的宣傳是「台灣人民處在水深火熱之中，需要我們去解放他們」。現在用任何語言去詮釋都是多餘的。只能說「宣傳」是「欺騙」足够了。

　　偉大領袖毛主席仙逝後，正如江青所說，主席「屍骨未寒」，四人幫就被打倒了。全國人民得到了第二次解放。這個時期，大家才明白台灣與香港並非是處於水深火熱的境地。何以見得？之前要是來一個外國人我們都會圍觀，像看西洋景一樣。看到香港來的人都穿花襯衫。因為當時我們的男性只允許穿三色衣服即綠灰藍，若是穿花襯衫那是資產階級的作風。當時的許多做法，在今日看來簡直是不可思議。比如文化大革命時期，很多青年學生造反，「捨得一身剮，敢把皇帝拉下馬」，所以有些青年不僅是敢於鬥老師、打老師，甚至將所謂的知識份子戕害致死或傷殘。這種現象，在這些個青年學生看來是司空見慣。因為他們都可以去中南海把人民代表大會選舉出來的國家主席拉下馬批鬥，致其最後慘死。而批鬥一名教師，那就是家常便飯。

由於他們對於主席的信仰高於父母，爹親娘親不如毛主席的恩情深。偉大領袖毛主席又煽動起成千上萬的學生，號召他們上山下鄉，說這是鍛煉青年最好的地方。所以這些青年高高興興，甚至為表示出自己的無比的忠誠，學習長征精神，徒步到下鄉的地方。他們是多麼真誠。遺憾的，他們到了農村以後，所面臨的處境，心裡很明白。祇有改革開放以後，按規定條件，他們才能回到自己原來生活的城市。這些人今天很多已是花甲之年，他們祇有一個特點就是「無話可講」。所以我曾經說過一句話，「人生最大的痛苦，就是自己內心的痛苦不能跟任何人講」。他們親手打過曾培養教育過自己的老師，甚至將其致殘致死。他們不是無緣無辜的打，而是響應號召，「捨得一身剮，敢把皇帝拉下馬」。可是到了今天，他們是否也會因當年打老師而內心痛苦？

　　今日港澳已經回歸祖國，我們可以暢遊其地。那種視其為帝國主義的看法，早已被人唾棄。有些中老年善於書法，長於繪畫，當時《老年時報》（今《中老年時報》），通常每年舉辦一次中老年書畫展，由報社組織評委會，對入選者的作品舉行展覽，供市民參覽。這也是對這些中老年人的一種精神鼓勵。

　　我認為《老年時報》的這種做法是值得肯定和支持的。這些歷年被選入的作品

作者，他們非常希望能到香港去進行書畫交流和展覽。可是報社和香港的有關單位沒有聯繫，於是他們想到了我。我是《老年時報》忠實的作者和讀者。他們請我幫忙，我自然會力所能及地盡力去幫。由於拙著在台灣出版並參加了國際書展，在港台有一定的影響，同時因為我是香港文藝家協會顧問，同時也是香港世界華文文學家協會的顧問。香港協會的會長王一桃先生是我的好友。他是著名的詩人也是文學家，他的學術著作和詩作等身，是海內外知名的作家，為人熱情，因此他在香港各方面都有很好的關係。經我聯繫，王會長為我們交流聯繫了展館。

2010年5月，首次去的老年書畫家代表約三十人左右。為了方便聯繫，由天津社會科學院文學所所長王之望先生和《老年時報》資深編輯王中立和我三人帶隊。為了工作方便，當然祇能由我和之望作為團長。這次交流效果非常好。參加交流會作家的作品受到香港書畫家極高的評價，同時雙方現場揮筆交流，贏得一片喝彩聲。中華人民共和國駐港聯絡處副部長周珊珊女士和鳳凰電視臺資深主編何亮亮先生及香港藝術家協會會長王一桃先生、香港世界華文文學家協會主席忠揚先生，都到會祝賀。同時，在展覽期間，和香港書畫家進行了現場的書畫交流。香港的《大公報》、《文匯報》、《商報》記者均到會對我採訪，並在該三報作了報導，並附有活動的彩色照片。離別時，展覽館館長林民恩先生送我巨幅墨寶「金石交」作為紀念。我至今還擔任著兩個協會的顧問，我相信大陸和港澳的發展將會更加全面，體現出了中華民族的和諧。

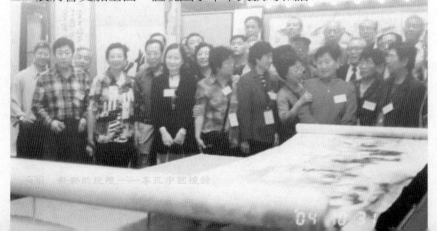

我喜歡《近代天津名人故居》這本書

在我主持編寫的多部著作中，坦率的講，我很喜歡出版於2002年1月的《近代天津名人故居》這部書。有關這部書編寫的種種過程和往事，也讓我久久難忘。

天津是國務院公佈的第二批歷史文化名城。天津作爲歷史文化名城，「名」在既有建於1404年的天津衛古城遺韻，又有1861年開租界後的萬國建築薈萃。在中國，甚至在世界，這樣的城市並不多。

天津作爲北京門戶、海防重地和北方商貿金融中心，在中國近代史上佔有重要的地位，許多著名歷史人物在此留下了他們的足跡，這些人物或革命、或進步、或沒落甚至「反動」，其生平經歷無不深刻地體現出或折射天津乃至中國近代歷史的印跡。歷史是一條長河，一個個曾經生活在其中的人物是匯成這條長河的水滴；歷史是一幅投影，一件件曾經發生的故事組成這幅投影的畫面。選擇「名人故居」這個角度，就是力求通過採集這浪花，攝取這幅畫面，以小見大地反映歷史的真實面貌。一個時代已離我們遠去，然而許多名人故居至今仍保存完好，這些故居不僅是歷史的見證，而且許多造型別致的小洋樓又是難得的人文景觀。它們是沈靜卻又鮮活的歷史塑雕，時人從中可以讀到一般史書無法記載的內容，細細品味，別有情趣。因此將這些人物及其故居的有關資料整理成書，便於人們加深對天津這座歷史文化名城的瞭解，從中受到愛國主義和國情教育，同時也可爲天津旅遊資源的開發利用提供可參考的材料。

編寫過程中，我深深體會到，對待歷史文化遺產，必須採取科學的態度，對於優秀的傳統文化，要著眼於新時代的要求，注意挖掘整理，使之更好地現實服務。歷史的發展是曲折複雜的，所以，在編輯中，始終立足於尊重史實，廣泛搜集和佔有資料，對記載不一，甚至出現歧異的史實，儘量深入考證，究其原委，並力求體現對作者負責的於文史資料親歷、親見和親聞的特點。

我還要特別提到的是，在當今大拆大改古建築的風潮下，天津市政府卻能把這些故居保留下來，不能不說這是英明的決策。這是具有文化內涵和水平的表現。回憶解放初期的北京，大拆城門、牌坊，甚至將鄭親王府拆除改作政府機關辦公，這不僅是對文化價值的無知，也是今天向子孫後代無法交代的愧歉。

特別是名人故居的保留問題，在專家學者中也有個別左派提出「保存小洋樓，就是保存帝國主義的豐功偉績」。帽子何其大也。所以在這本小書編寫的過程中，也是經過了不平坦的過程。鄧小平同志說：「實踐是檢驗真理的唯一標準」。事實證明，本書出版以後，僅半年就已售罄。現已第二次印刷，並被天津市評為「圖書館必配圖書」。也就是說，天津各級圖書館（含鄉鎮館）都要收藏此書，以備讀者借閱。參與本書寫作的師友，他們辛勤的耕耘才是本書取得成果的根本原因，我向他們致謝。

我喜歡集郵，更愛藏書票

　　我在長春市大經路小學讀書時，每次放學回家必經過一條街，街上有一個郵票社。有一個同班同學叫趙永勝，他的姐姐當時是四年級學生，喜歡集郵。我們受他姐姐的影響，經過郵票社時，都會進去看一看。久而久之，出於好奇，我就用母親給的零用錢開始買郵票。最初買的郵票大多是外國郵票。當時因為不懂外語，所以祇要是票面好看就買。對於郵票的意義、內涵或價值，並不深想，只圖好玩罷了。

　　我為什麼要提趙永勝呢？因為在小學剛上學的時候，是同班同學，一年級上課的時候他想小便卻又怕老師說他，於是他尿褲子了。這在我們全班引起轟動。班主任讓我到樓上四年級教室去找他的姐姐。因為全班裡祇有我認識他姐姐。這樣，老師讓他姐姐陪他回家換褲子後再回來上課。由於這樣的關係，我成了趙永勝最好的同學，所以經常到他家去玩。他的家庭環境較好，父親是做生意的，在長春東三馬路開一個肥皂廠。當時人們洗衣服一般家庭不用肥皂，而是用鹼水泡衣服洗，所以肥皂在當時還算是時髦的東西。使我難忘的一件事就是，我的著裝在當時看來是比較講究的，母親就總讓我穿皮鞋。在當時小學的學生中間是很少有人穿皮鞋的。可是，母親因為我腳長得快所以買皮鞋的時候，總會買大一些號的。我的鞋因此顯得很大。有一次，我到趙永勝家玩，也順便看看他姐姐的集郵。他姐姐突然間發現我的鞋特大，一副發現什麼大事一樣的表情，且大聲說：「你的鞋怎麼這麼大啊？」邊說邊哈哈大笑，同時招呼別人來看我腳上的鞋。我非常尷尬，感覺臉在發燒。特別是我感覺指出我問題的人，還是個女孩子。我回家後就跟母親說，我再也不穿大號鞋了。母親說，要是穿一般同學的布鞋，不必是大號的。因為不等腳長，鞋就壞了。但是，皮鞋不容易壞，一旦腳長了就得換鞋，那就可惜了。母親雖然這樣解釋，但還是滿足了我的要求。我從此以後不再穿大號鞋了。

這些往事現在想起來，仍然歷歷在目。小孩也是有自尊心的。本來人家所指出的也沒有什麼。但是這件事卻一直影響到現在。我在買鞋時，總會想起這件事，可見自尊對人的影響多大啊。我想，若是換成現在，母親給我買多大號的鞋，我也不會拒絕了。這一是因爲難得的母愛。二是我早已沒有自尊了。學生都打老師嘴巴子，老師何談自尊？

正因爲我有集郵的習慣，到文化大革命前我已擁有六巨冊的郵票。其中有外國郵票，更有孫中山頭像的各種郵票，甚至有張作霖海陸空大元帥頭像郵票。在同事當中我可以說是集郵最多的一個人。遺憾的是，文化大革命爆發初期，我把六巨冊郵票全部偷偷在爐中燒掉。爲什麼？我心裡明白，在肅清反革命時期，我因爲存有一些日本天皇的照片——因爲好奇而保留——他們卻因此懷疑我是日本特務。以後我養成了不保留與我無關照片的習慣，不保留與我有來往的信件，更不寫日記。這就是老百姓所說的「一日被蛇咬，十年怕井繩」。文革爆發了，如果紅衛兵抄家發現我保留有孫中山、張作霖、蔣介石等人頭的郵票，那必將被說成是國民黨的殘渣餘孽而置於死地，到那時就有口莫辯了。說真的，坦率來說，他們根本就不知道什麼是集郵。我把郵票全部燒掉，也算是去掉了一塊心病。後來家裡人說，你要不燒掉這些郵票多好。我笑着回答：「你是要命還是要郵票？」

現在，社會上也流行「集郵」了。我卻恰恰相反，不再保留任何郵票，也不鼓勵孩子們集郵，沒有什麼理由。但是我卻開始喜歡藏書票。

人們喜愛藏書票，一方面是因爲藏當票是書籍收藏者的標誌，很似我國傳統的藏書印章。另一方面，藏書票和郵票一樣具有很高的藝術價值，有「紙上寶石」、「版面明珠」的美譽。

西方藏書票傳入我國，當在上世紀初和「五四」新文化前夕。隨着西方文化的引進，傳教士和洋教授們在攜來大批西方圖書的同時，藏書票也伴隨而來。現存我國最早的藏書

票是《關組章藏書》，現被國家圖書館和台灣收藏家吳興文先生收藏。國家圖書館館藏的藏書票，貼在1910年出版的《京張路公攝影集》中。台灣出版人吳興文發現收藏的「關祖章藏書票」，出現在1913年出版的《圖解法文百科辭典》中。關祖章為廣西赴美留學人士，歸國後曾在交通部任職，他熱愛西方文化並製作這枚藏書票供自己使用。據分析，關祖章可能是中國最早製作和使用藏書票的人。

藏書票在我國傳播，魯迅和葉靈風等人功不可沒。魯迅早年留學日本，因此對於藏書票早有接觸，據魯迅日記記載：「1930年6月12日夜訪內山書店買《藏書票之話》」，並且他本人也收藏過藏書票。但是，直接介紹和提倡藏書票藝術的是葉靈風。他的《藏書票之話》是迄今所見第一篇介紹歐美書票藝術和提倡中國人從事書票創作的專論。受葉靈風的影響，現代著名畫家李樺、唐英偉、賴少其等一批版畫家開始製作並推廣藏書票。特別是1934年與唐英偉、賴少其等人在廣州成立「現代版畫研究會」，不定期出版《現代版畫》手拓木刻畫集，其中第九與第十八輯都是「藏書票特輯」，從此不但推動了新興木刻運動，同時開啓藏書票創作的風氣。這可能是中國版畫家創作藏書票的最早記錄。

藏書票的品種多樣，有木刻、銅版、石印版、絲網版、塑料板、布貼板、橡膠板等。歐洲國家的藏書票大多採用銅版，而我國和日本的藏書票主要是木刻，尤其以套色木刻居多，也有用石板印帛以朱紅印泥拓印原作的。圖案內容古樸典雅，石墨味道十分深厚，有的五彩繽紛，精湛雋永，令人回味無窮。近年來還出現了別具特色的剪紙藏書票，打破了過去版畫藏書票一統天下的局面，使得藏書票有了更加豐富多彩的形式。

藏書票的價值已經不再是單單作為個人藏書者的標誌，而成為一種流行於全世界而又具有民族特色的藝術形式。藏書票從出現之日起，就成為收集和收藏的對象，因為藏書票具有很高的藝術價值。它圖文並茂，色彩斑斕，小小票面不僅適應各種畫種和製作方法，變體無窮，趣味無限，還可以傳遞思想文

化，體現讀書人尊重知識、愛書如命的特點。人們由愛書而藏書，由藏書而衍生出藏書票這種專門的藝術形式，並最終成爲一種收藏愛好。藏書票體現了讀書人和書的神交之情，這種情就是人類對知識的崇拜和對書籍的熱愛。

當然，藏數票還有一種特殊價值，就是圖書的作者在自己的專著版權頁上貼自己的藏書票，體現作者的著作權。我在大學讀書時，由於喜歡藏書票，曾經購買了顧頡剛先生民國二十年在京城印書局出版的第一冊《古史辨》。版權頁上，粘有顧頡剛先生的藏書票。實際上這本書，在民國十五年就已經出版了。這是我收藏的最早的一枚圖書票。至今我還有民國三十七年二十卷本的《魯迅全集》，版權頁上有魯迅印章的藏書票。此外，有一件關於顧頡剛藏書票的值得提起的一件事。顧先生《尙書研究講義》一書卻沒有粘有藏書票，但它的可貴之處是，1963年他的在美國同學與顧先生分離了三十年後卻保存了顧先生的這本書。他的同學從國外將這本書寄回來，並有附言：「吾兩人爲學三十年如一日，把書作爲三十年之間的情感寄回。」這本書特殊的地方是他的同學做了書函套，特殊保存，並在書函套上貼有他同學的藏書票，是爲紀念。這本書使我體會到前輩們的交往情感之篤深，同時也使我認識到其同學藏書票的特色。正因爲如此，我用高價將這本書從拍賣公司買回珍藏。

我也喜歡藏書

注：2011購於天津秋季拍賣會

我不僅喜歡讀書，也有藏書的習慣，是兒時受母親影響的。母親沒有正式上過學，但是自己家裡很重視讀書、學習。她在外祖母家是受到書香熏陶的。她嫁給父親以後，不知道出於什麼原因，從小我就知道她是一位虔誠的佛教徒。凡是去廟宇進香看到的經書，或者到我家來化緣的僧侶們帶來的經書，她都以虔誠的態度收下，叫作「請到的佛經」。我親眼見到她把白花花的銀元奉獻給寺廟和來到我家化緣的僧侶。同時，她還要把新請到的經書放在上香的佛案上，虔誠地跪拜，洗手沐浴後，才來誦經。新的一批經書收到後，就把原有的香案上的經書收藏起來，因此母親的佛堂專有放經書的書櫃。母親把這些經書看作是絕對神聖的，不允許我們進行翻閱的。可能是由於母親的這種行爲使我們養成了熱愛書籍的習慣。

我年輕的時候，在讀書期間，攢下的零用錢，祇是買自己喜歡閱讀的圖書，捨不得花費在別的上面。中學讀書時，像巴金的小說，魯迅的著作，我都是很用心地不僅看而且很珍貴地放在自己的書架上保存。給我印象很深的一件事就是，我在東北讀書的年代，我向母親要了一些錢，再加上平日不捨得花的錢，買了一部民國三十七年東北出版的二十卷本的《魯迅全集》。我把它當做寶物，有同學來，還向他們炫耀一下。經過長春圍困，我徒步走到天津。當長春一旦解放，我就把這不曾託人保管的《魯迅全集》拿回。一直到文化大革命這部《魯迅

全集》連同我其他的幾百部藏書，被紅衛兵以掃「四舊」為名全部銷毀了。從那以後，我就再也不敢想我過去的藏書。

　　人很奇怪，很多教訓總是不能夠接受。「文革」之後，不知不覺，沒有任何原因也沒有任何理由，我又開始了藏書。有時甚至於見到一部好書，自己又一時拿不出足夠的錢，不得不向兒子要。說實話，兒子非常孝順，我身穿的衣服和所有的用品，無需我說話，孩子們都為我預備好。雖然在教師隊伍中，我還算是高工資的人，兒子還是怕我用錢不夠，總是托各種理由給我錢。可是有時候一部書，尤其是線裝書，失去了機會就很難再遇到。在這種情況下，我就要兒子支援。本來年齡越來越大，並且實際上對於教學工作來說，圖書館的圖書，對教學的參考足夠用了。可是，見到喜愛的書，明知與自己的工作無關，還是要買。我想這可能是一種嗜好吧。

　　天津市拍賣古籍圖書的公司僅有兩家：一家是天津古籍書店的今古齋拍賣公司。另一家是三品堂古籍拍賣公司。今年今古齋春季拍賣會的圖錄上有一部民國三十七年東北出版的二十卷本《魯迅全集》，也就是我曾收藏後來又被銷毀的那個本子。拍賣價為無底價（起價為一百元），很低。我一見非常高興，內心想，底價一百元，競價至伍佰元應可買到吧。我在拍賣會場上，坐在我旁邊的是天津瀋陽道一個古籍書店老闆，是個年輕人。我問他，這部《魯迅全集》五百元可否買到手？因為他是經營古籍的，他對於古籍的價格行情當然很熟悉。他很坦率的告訴我，您要是買下來，

（左）李世瑜 （右）李正中 探討寶卷版本學

一千五百元以上才有可能。當
時我想，像《魯迅全集》這類
的書，並非線裝書，若千元以
上我絕對不買，我認為，這個
小老闆估價太高。可是讓我沒
想到的是，對這部書相互舉牌
的人很多，超過了一千五百
元，最後，一位看來是志在必
得得女士，以兩千五百元叫
出，無人再爭。可是最後落錘
時，突然間這位女士，又報價
兩千六百元，這時更無人再
爭。當時，不知出於什麼原
因，我把牌舉了起來，出價兩
千七百元，終於讓這部書歸我

徐世昌「退耕堂集原稿」 古月齋珍藏

梵文經

所有。這次買書，外加上佣金共計三千元。

　　我把書帶回家，深深知道，對於我的工作或學術研究而
言，這部書幫助並不大。但是，在我內心中卻有一種說不出來
的滋味。被偉大的紅衛兵運動破壞了的我心愛的藏書《魯迅全
集》又回來了。對於圖書的價格和價值，我有我自己的認識：
在一些似乎平常的圖書背後，附加的感情和喜好，是無價的，
因此，一部書的價格是貴是便宜，是很難用一般市場原則來衡
量的。

　　憑心而論，這部書價格並不算高。今年五月份，天津三
品堂拍賣公司拍賣的古籍中有五本破舊的線裝寶卷，為《嬰兒
寶卷》（刻印本）、《真修寶卷》（刻印本）、《灶君寶卷》
（手寫本）、《張氏三娘賣花寶卷》（刻印本）、《回郎寶
卷》（民國手寫本）。這五本書，底價三千。其中有的書，我
已有收藏，祇有一本為我所無。因為這是捆綁一起拍賣，我只
好全部買下。共計四千元，又外加佣金伍佰元。我認為，藏書
沒有理由，祇是個人的嗜好而已。

記得季羨林先生說過：「我國浩如煙海的古籍，以及古籍中所寄託的文化，之所以能夠流傳下來，歷千年而不衰，我們不能不感謝這些愛藏書和讀書的先民。」實踐證明，僅有物質，沒有文化底蘊的人民，肯定是殘缺的。一個人不讀書，不與書為伴，在精神上是真貧窮、真孤獨。明代著名的理學大師，有河東大儒之譽的薛德溫在《讀書樂》中曾稱：「萬金之富，不以易吾一日讀書之樂也。」

　　在中國的歷史上，無論是國家或私人，對藏書是十分重視的。當然，藏書的內容、質量也表現出藏書人的愛好、情趣和品格。古人特別重視藏書的質量，尤其是到了宋代，隨着社會經濟的繁榮，印刷業的發達，官、私藏書都得到了極大的發展。首先是受到皇家的重視和提倡，北宋從太祖開始，多次懸賞凡呈獻國家藏書館所缺失的書，獻一卷賞絹一匹或錢一千，達三百卷者，則未仕者授以官佚，已仕者晉官加佚。所以在北宋時期，國家有條件編纂大型的類書和總集，如知識類《太平御覽》一千卷、小說總集《太平廣記》五百卷、詩文總集《文苑英華》一千卷及政治性類書《冊府元龜》一千冊，被後人頌為「宋四大書」，對保存弘揚中華文化以及古籍輯佚、校勘具有不可磨滅的貢獻。

　　到了明清時期出現了諸多著名的私人藏書和藏書樓，藏書之風超過宋代。今舉一例為證：明末錢謙益的「絳雲樓」藏書，明清之際的學者黃宗羲曾讀書「絳雲樓」，他回憶說：「僅餘之所見者，無不在焉。」可見藏書之富。又如藏書家毛晉，他在家門前立榜購書：「凡宋版書，門內主人講葉酬錢，每葉給錢二百；對舊抄書，每葉給錢四十。」毛晉的「汲古閣」和「目耕樓」，共藏書84000餘冊，每冊包括若干卷，其中多為宋元善本。

　　為了藏書和讀書，有人甚至變賣妻子的首飾和衣物。如「二酉山房」主人胡應麟，為購買善本古籍就變賣妻子的首飾和衣物。他的友人大學者王士禎就感嘆說：「胡氏盡毀其家

以爲書，」「僅十餘年，而至42384卷，不亦難哉」。王士禎本人也是一位大收藏家，「每聞士大夫家有一秘本，輒借抄其副。」康熙時，他官至刑部尙書，人不易見，而他習慣每月三五去慈仁寺書攤，所以到那裡就能見到他。爲此，孔尙任有詩云：「彈鋏歸來抱膝吟，侯門今似海門深。御車掃徑皆多事，只向慈仁寺裡尋。」

清代藏書家同樣重視版本，尤其是宋元古本。如江蘇吳縣黃丕烈，嗜愛宋版書，自號「佞宋主人」；藏書室名曰「百宋一廛」，有宋版書近二百種。翁方綱的藏書樓叫「三萬卷樓」，其中多藏宋元刻本。

由於自己對藏書的熱愛，近年來我也比較重視藏書版本的質量。我在整理母親遺留下來的經書寶卷時，也發現了其中有些寶卷是當今難覓的善本和孤本。爲了使同道有共享的機會，我決定將其中部分整理爲《中國寶卷精粹》上中下三冊由具有三十餘年出版資深出版公司，台北蘭臺出版社出版，以饗讀者。

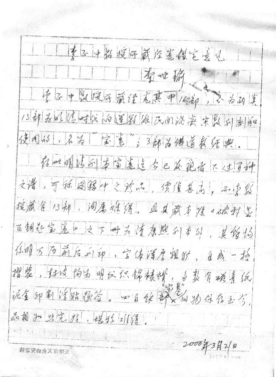

聽君一席話

我是一介書生，做了一輩子布衣教師。晚年還不寂寞，主要是因爲我敬佩的前輩和學友以及學生經常到寒舍來，和我隨心所欲的聊天。一杯清茶，海闊天空。我認爲此亦爲人生一樂也。雖然是海闊天空，無拘無束，但是跟這些師友的聊天，我獲益匪淺。

我的學長李世瑜先生，是一位在寶卷學與民俗學上都有很高造詣的人。閒談時，他曾經論及，研究歷史不能離開社會學，更不能離開社會調查。他把這種研究歷史學的理論和方法叫做「社會歷史學」。對於天津地方語言的來源問題，他曾提出了「天津方言島」的理論。

他說，他從1946年就開始研究天津方言，發表過論文，內容是關於詞彙方面的。1954年起他又注意了語音方面。他發現使用天津語音的地區並不很廣，而且在幾個地方也曾發現天津語音與它鄰近語音的分界線。這是個很重要的啓發，於是他利用了1954年中的所有的假日，還是一個人騎着車跑遍了天津市區附近的近二百個村莊找到了近一個合作者（發音人）記錄下他們的語音，最後全面清查了天津方言的「等語線」，繪出了一幅「天津方言區域圖」，並提出「天津方言島」的理論——使用天津方言的地區形成一個三角形的孤島，它的東南西三面全部被靜海方言包圍着，北面則經過一個過渡區遙接北京方言區和冀東方言區。查天津地區元明兩代都曾屬於靜海轄境，「天津方言島」無疑是由操着天津方言母語方言的大量人口由外地移來佔據了這個地區，壓倒或同化了靜海方言而形成的。所以找到什麼地方的方言與天津方言相同或相近，那就是天津方言的母語言（語源）也就是找到當年天津移民之所自來了。

這個問題從他提出天津方言島學說算起，共是33年，其間他不知多少次地向研究天津方言的中外學者特別是年輕學者提醒，希望他們能下些工夫找到天津方言的母語，但一直無人響應。最後還是他自己於1987年兩次（第一次是與天津師專的

韓根東先生同去的）到蘇北，皖北的二十三個市區和村鎮去考察，才終於解決了的。他們發現以宿州市為中心的廣大江淮平原各地所操方言就是天津方言的母方言。進一步推定，當年燕王朱棣所帶領的掃北軍隊必是從這一代招募的，他是皖北鳳陽人，所謂「上陣子弟兵」，他不可能到離他家鄉很遠的地方去募兵。燕王掃北時有大批移民，包括軍隊及其家屬和其他隨來人員定居天津，他們當時都是操着江淮平原各地的方言，逐漸的，他們把很少的原靜海居民所操的靜海方言以及來自其它各地（主要是山西、山東等地）居民的方言同化了，形成了一種新型的方言即帶有很濃江淮平原各地方言特色的天津方言。

這是利用方言學或方言歷史學解決了天津史上只靠文獻資料不能解決的重大問題的一個例證。世瑜學長那種治學的執著精神以及把文獻與社會調查相結合的方法，我聽后對我的學術研究教益很大。

我還記得這樣一件事也讓我受益匪淺，就是南炳文先生在紀念鄭和遠航六百週年的時候，寫過一篇論文，題目似乎是《關於15——16世紀世界性大航海的幾點淺見》。他當時寫鄭和下西洋時，在寫法上有幾點突破。第一，不是像過去那樣，僅僅是把鄭和所經過的地點進行描述。他把鄭和下西洋納入到十五十六世紀世界航海發展的大范圍以內。我覺得這是寫文章值得注意的，就是任何事物都和時代的影響有關係。第二，他在論述這篇文章的時候，特別強調了葡萄牙和西班牙航海的成績，兩國的航海事業激發了英法等國的航海積極性。他把世界航海的背景以及對中國的影響結合了起來，一同證明了這一時期標誌着世界各大洲居民相對封閉隔絕的狀態從此發生了改變，開始相互交往，變成一體。這是世界歷史上的一個轉折時期。第三，他特別強調了歐洲各國對外開拓與擴張，是用武力征服的，雖給後來的宗主國帶來了利益，但是給殖民地人民帶來了痛苦。因此它的後果是引起了殖民地的反抗戰爭。而鄭和下西洋所採取的對外關係，卻體現了互利的原則，是相安相親。正因為如此，後來的一些國家多願意和中國往來，甚至帶

着自己的特產主動向中國朝廷進貢。而他們所換取的朝廷所贈予的東西遠遠超過自身的貢品。事實證明，西方的統治模式，不斷遭到殖民國家的反抗，終於在二十世紀，特別是第二次世界大戰，通過反殖民地運動，這些國家獲得了獨立解放。

與南炳文先生交往交流，在他敘述寫這篇論文的過程中，使我感覺到寫論文時不能僅僅是就事論事，而是要把大環境考慮進去，同時要挖掘其重要的史料價值。我常常跟我的學生說，要善於聽取前輩做學問的經驗與方法，這對於我們提高學術研究水平具有很大幫助。可以說，這些師友們的學術研究的經驗與方法，對我的學習研究起到了很大的作用。

我體會到中國的一句名言：「聽君一席話，勝讀十年書。」這就是胡適先生所說的「小題大作」。

另外，在和這些學長的交往過程中，我深深體會到，他們不僅具有很深的學識，而且有着取得這些學識的艱辛實踐和研究的方式與方法。這是值得人們學習的。當然，在吸收他們的學習方法的基礎上，我也有自己的膚淺的感受。

當然，在學術研究上，我比較注意兩個方面。一是在學術研究上重視文獻的考證。此外，對於我自己所認為的研究成果與體會，樂於與有關學友，甚至是學生，進行交流。聽取他們的意見或看法。在這個交流的過程中，不僅促進我對研究成果進行修改。同時，在與他們的交流中，也學習和吸取他們好的研究方式。

例如我在研究戊戌變法「公車上書」的人數時，根據教材內容和有關權威的辭典，得知「公車上書」的人數為1200餘人。但根據我的習慣，比較重視文獻的考訂。經過考證，我發現公車上書的人數為六百多人。為什麼會出現這麼大的差別？原來是教材和辭典所寫的數字不是筆誤，而是事出有因。他們把當初開會時期參加的人數，當作公車上書的人數了。開會時一千多舉人，聽了康、梁的講演，熱血沸騰。可是沒有想到，到了晚上，當清廷禮部得到了這個消息，夜間分別到各地的會

館進行了說服工作，明確告訴這些舉人：你們來會試的目的是為了自己的功名和前途。現在搞這些上書，不怕影響你們的功名嗎？結果等到第二天上書簽名的時候，參加開會的一些人就退卻了，不敢簽名。於是真正公車上書簽名的人是六百餘人。當我這篇考證發表後，《文摘報》還作了轉載。可見在學術界引起了一定的反響。有此發現，就是我注重文獻考證的結果。

我之所以重視文獻的考證，不能不說是受胡適先生的影響。胡適先生在學術上的很多研究成果，我都是非常崇敬的。他說過這樣的話：「一般讀書人，都被他們的大名嚇倒了，都相信他們的考證，是已成定論，無可疑了。」他所說的「大名」就是一些大家、名家。正是因為胡適重視考證，他為了考訂《水經注》註釋的作者是否是抄襲，花了三十年的功夫，得出了不易之論。也正是因如此，他考證出《紅樓夢》的作者是曹雪芹。如果沒有對學術問題進行深入探討和負責的精神，是不肯能做到的。受其影響，在學術研究中我重視文獻考證。

我也非常喜歡和朋友以及年輕的同學進行交流。例如今年（2011）教師節前夕，「天津北方網教育頻道」開設一個新的課題「好書天天讀」。該網的編輯在我校法政學院共青團書記的陪同下到我家邀請我進行第一講，為讀者推薦閱讀的圖書。說實話，我歷來拒絕屬於這一類的活動。由於盛情難卻，而且他們提出來，作為一個教育工作者這也是一種責任。我也考慮到當今的青年朋友們坐下來靜靜的讀幾本書，還是有必要的。因此，我答應了，在首次開課時就推介了兩本書。因為教師節即將來到，在我心靈中感受最深的是太平天國史專家羅爾綱先生和他的老師胡適先生五年的友誼。羅爾綱先生終身難忘的受到的胡適先生的教誨，於是羅爾綱寫了一本書叫《師門五年記》。這本書在大陸出版後，我在閱讀時深受感動。這種師生之情，我認為在今天是很少有了。所以正像他們所說的，我有責任推薦給青年朋友。我推薦的第二本書是《紅樓夢》，我講的是如何閱讀《紅樓夢》。因為《紅樓夢》研究已形成了「紅學」。青年朋友對此書不僅是閱讀而且有所研究。所以對

於此書的內容、文藝特色無需我來介紹。但是，現在紅學研究出現了新的索隱派。針對這種情況，我首先向年輕的朋友介紹了胡適先生、魯迅先生、錢鍾書先生等對《紅樓夢》的評價。他們從來不把《紅樓夢》引向索隱，更不把這本書看作是有甚麼「別有用心」。在此基礎上，我批判了以《紅樓解夢》爲主的新索隱派的傾向。《紅樓解夢》作者稱此書解決了歷史專家們沒有解決的雍正之死問題。實際上，他們缺乏文獻考證的功夫，只不過是一場鬧劇。

　　我也沒有想到，在「好書天天看」的開門之講，還受到了廣大青年朋友的熱捧。於是北方網的編輯，又到寒舍，要求我作第二講。之前在課堂上講授，我可以與學生互動，察其反應。但在網上我不瞭解聽眾的情況。沒有把握的事，我難以去做。所以我跟編輯朋友說得很清楚，我只作一講。但是他們說已經於網上公佈預告了。在這種情況下，我只得答應再講一次。並說，這次以後，不會再講。以後再用這策略，我就在網上公佈我不講的原因。當然他們會答應我的要求。我於是又推介了兩本書：錢鍾書的《圍城》與顧頡剛的《中國史入門》。我考慮到，《圍城》曾被拍成電視劇，大家對此比較熟悉。就從羅素的一個觀點出發，即金絲籠中的鳥兒羨慕天空自由飛翔的鳥兒，而天空的鳥又羨慕籠中的鳥飲食不愁又有華貴的住所，以此來看《圍城》：城外的人想進去，城內的人想出來。可以看出，學者寫小說，不僅僅是小說而已，而是表達了某種哲學思想。我不知道理解的正確與否，畢竟是一家之言。於是我就請教我的忘年交南開大學教授張培峰先生和學友也是我的助教南開大學文學院博士生羅海燕先生，和他們二位分別交換了意見。在交換中實話實講，我受益匪淺。從他們那裡我聽到了我所不知道和不理解的一些獨特的觀點。這對於我介紹《圍城》這部著作來說，非常有幫助。至於顧先生的《中國史入門》一書，我曾發表過書評，此不贅述。

　　因此，我在學術研究上傾向於文獻考證和樂於同朋友們的交流意見。我認爲這是讀書、學習和研究不可缺少的過程。

二十年前有關孫中山1924年下榻天津利順德飯店的一場論爭

　　今年（2011年）是辛亥革命一百週年紀念，人們很自然的會想到孫中山先生。世人皆知，中山先生的功績是把兩千餘年的中國封建制王朝推翻了，建立了共和國。這是中國歷史上的一次翻天覆地的革命，對後來中國社會的發展有着深遠影響。人民群眾發自內心地尊稱中山先生爲「國父」。天津是中山先生晚年從事革命活動的重要地區，中山先生在天津的遺跡值得充分挖掘，以資紀念。

　　我記得在上個世紀九十年代的一個十一月秋末，《天津日報》理論部的責編毛先生和孫中山歷史研究的青年學者葛培林先生到寒舍來，希望我參與討論當時在《天津日報》開展的一次有關中山先生1924年來津是否下榻利順德飯店的論爭。參與這次論爭的，一方是以劉鑒堂先生爲代表，另一方是以葛培林先生爲主要代表。編輯毛先生和葛先生主要是希望我能就雙方的觀點公正地提出一個判斷。他們之所以找我，原因很簡單。我在文化大革命以後編寫了一部《中國近代史簡明教程》（1840年至1919年）。他們認爲，這部書是文革後用最新資料和觀點寫成的，於1991年天津人民出版社出版，在天津也是最早出版的一部相關書籍；同時，我又是《天津日報》忠實的讀者和作者。我爲什麼在文革後要寫近代史呢？是這樣的，人人皆知，偉大的史無前例的文化大革命不僅僅是橫掃「四舊」和打到一切「牛鬼蛇神」。同時還對歷史進行了篡改。例如把毛澤東在井岡山的會師，說成是林彪和毛澤東會師。所以文革後，首先遇到的困難是曾在大學普遍開展的《中共黨史課》沒有辦法再繼續講。我當時剛從牛棚出來，落實政策後，到天津大學冶金分校擔任教務處長。當時學校黨委書記兼校長的孫濤同志是一位對教學和教育都非常認真和嚴謹的人。他找我研究中共黨史這門課，商討今後如何講。人人皆知，毋庸置疑，文

革時編寫的黨史課是不能再講了。所以我提出，在暫時還沒有合適的黨史教材以前，可以講《文化大革命史》。因爲我並不是講黨史課的教師，所以他就問我：「誰來講這門課？」我當時連考慮也沒考慮，順口脫出：「我來講。」當時校長之所以問我由誰來講，是因爲他認爲文革剛剛結束，一無教材二無資料，這門課馬上開設是不現實的。而我告訴他，我早在文革期間就有準備、有目的地搜集了大量資料。對於這十年的歷史，發動的原因、經過及其經驗教訓，是完全有條件整理出來的。當時他非常同意，也欣然接受。可是不久，他又找我明確說這門課不能講，因爲中央還沒有定調，這是其一。其二，這必然要牽扯到當今還在世的甚至還掌握一定職權的人，無法評價，弄不好要出問題。我當時表態，我說我不怕，出任何問題由我主講人承擔。他笑了，說：「你不要忘記我是學校的黨委書記。你不怕，我也得承擔責任。」這件事就這樣結束了。但這是我的夙願，至今已經三十年過去了。現在我已經耄耋之年，我還是希望在我有生之年，能開設《中國文化大革命史》課。我認爲，中華民族如欲復興，而如果不知道文革史，民族的復興是沒有底蘊的。

毛、葛二位真摯地希望我對中山先生這次下榻的情況寫篇文章。我告訴他們二位，我對這次的爭論十分關切。爭論雙方的所有文章，我不僅看過而且保存下來。我有自己的看法，即我同意葛先生的意見。責編毛先生於是向我約稿，但我坦率地告訴他們這篇文章我不能寫。原因有二：第一，有一位王先生是研究孫中山的最有權威的專家，他最有發言權；第二，劉鑒堂先生從某種意義上說是我的學生。事情是這樣的：當年劉鑒堂先生曾參加一所中等專科學校的教師招聘，而這次招聘，招聘學校的領導請我作出題人並擔任課堂試講的主評委。鑒堂在應聘前得到信息，知道我是「主考官」，親自到寒舍見我，自我介紹說是他是南開大學知名學者鄭天挺教授的代培研究生，言外之意是希望我能惠予關照。說實話，雖然我內心裡有些關照之情，但是他的答卷和試講課確實非常優秀，他最終被

錄取，是他個人成績優秀的結果。當然，在他心目中可能認為他的錄取與我的關照有關。況且中國歷史有一個習慣，就是稱教自己讀書的先生為自己的「業師」，稱主持自己考取功名的出題老師為自己的「宗師」。鑒堂的專業也是中國歷史，從此以後，出於對我的尊敬，他把我當做師輩來對待。所以，在這種情況下，我祇能私下和鑒堂先生交流意見，但我不適合公開發表文章，祇是希望他們二位能理解。但是他們二位還是希望我能公開發表同意其觀點的文章，在這種情況下，我只好把我認為研究孫中山最有成績的在上海的王耿雄先生介紹給他們二位，請王先生發表文章。

王耿雄先生是數十年來搜集和研究孫中山先生資料的知名專家。他本來是一位在設計領域工作的工程師，由於他對中山先生發自內心的崇拜，所以做了大量的孫中山資料的搜集和研究工作，可謂矢志不渝。他現居上海，家中全部都是有關中山先生的資料。正因如此，從1956年始就開始被邀請參加有關紀念中山先生誕辰和學術研究的重要活動，還編寫了孫中山史料詳錄，並在有關刊物發表孫中山先生紀念的文字。可以說，耿雄先生是研究孫中山的權威。我為毛先生和葛先生寫了介紹信。後來，王先生果然發表了一篇文章。他發表的文章題目是《1924年孫中山在天津始終下榻張園》，證明孫中山1924年來津並未下榻利「順德飯店」。這篇文章，不僅有文字說明而且有圖片史料。如1924年12月《上海圖畫時報》載《孫中山先生抵津之盛況》的圖片。其中就有中山先生乘汽車赴日租界張園的圖片。此外，文字資料有：1924年12月5日上海《申報》載：「北京電孫中山支（四日）五十二時抵津，寓張園。」1925年1月1日，上海《申報》載：「天津電中山今（三十一日）早十點，攜孫夫人乘警亭備2號汽車由張園起身，二十分抵老站……五十分開車，軍樂齊奏，恭送如儀，惟雪後氣寒，孫力疾入京。」根據當時有關報刊的消息和圖片等資料，中山先生1924年12月4日至31日，第三次來天津，到離開天津為止，共27天，一直都住在張園，可謂考證精詳，不容質疑。

但是這篇史料確鑿的文章，並沒能在《天津日報》上發表。原因據說是當時的天津市有關領導部門指示，有關孫中山是否下榻利順德飯店的問題，不要再爭論。王耿雄先生的文章只好在上海《文匯報》上發表。我看到這篇文章後，慶幸自己當時沒有寫文章，因為我掌握的史料遠不如王先生多，說服力當然也會不如他。我以為：孫中山先生作為革命偉人，我們紀念他、懷念他，都絕對是應該的。但不管怎樣，首先要尊重歷史事實，真正搞清歷史事實，這才是對偉人最好的紀念，也是歷史學者應盡的責任。

上述有關中山先生是否下榻利順德飯店爭論的經過，已過去二十多年了。今年恰值辛亥革命一百週年紀念，我回憶起二十多年前天津學術界圍繞孫中山先生在津活動展開討論的這段往事，覺得仍有必要寫出來，以饗讀者。

情懷中山裝

　　隨着時代的變遷，新中國成立後，人們對於舊中國時期的西裝不再青睞。大家認為西裝是歐美人民的服飾，而在當時反美帝國主義的普遍情緒下，凡是西裝洋貨都被視作是崇美的表現，所以在這種氛圍下，可以說在全國再也找不到穿西裝人。很多有西裝的人則都把它進行修改，製作成制服。國家的領導人，如毛澤東、劉少奇、周恩來和朱德等，穿的都是中山裝，但在形式上要簡化一些，一般稱之為幹部服。當時男性工作人員基本上一律穿幹部服。而女幹部一律穿具有雙排扣斜插口袋的上衣，叫列寧服。據說，蘇聯的女幹部都穿這類服裝。下班後婦女則穿連衣裙，叫「布拉吉」。這是俄語。後來與蘇聯關係惡化，又穿江青服。知青一律愛穿軍裝。因為毛主席提出「全國人民向解放軍學習」的口號。那個時期，人們的觀念、思想和學習的榜樣是蘇聯老大哥。這同時也是黨中央毛主席的號召，所有的機關、工廠、辦公地等都要懸掛馬克思、恩格斯、列寧、斯大林和毛澤東的圖片掛像，簡稱「馬恩列斯毛」。這種穿戴幹部服是什麼時候被替換成西裝作為國家的禮服的，我記不太清楚。我只記得，當時無論是毛澤東還是劉少奇、周恩來和朱德等，他們有的出國訪問時都穿中山裝。因為我是在學校工作，所謂「為人師表」，每日的正裝就是中山裝。我喜歡中山裝的原因，除了看到國家領袖們穿中山裝而外，我還喜歡孫中山參考和發展了有關國外的制服，先生設計中山裝具有的深刻的中國文化內涵。例如，為什麼中山裝是四個兜兒，而不用制服三個兜，這是有深意的。孫中山先生說，四個兜代表「禮義廉恥」。「禮義廉恥」四個字，是中華民族立身的基礎。早在兩千多年前，齊國的政治家管仲就在治國方針上提出「禮義廉恥」。正是由於管仲在齊國的實行的一些措施，齊國得到了富強。孫中山則說：「禮義廉恥，國之四維。四維不張，國乃滅亡。四維既張，國乃富強。」為什麼中山裝要五個紐扣？孫中山認為五個紐扣體現了他的五權憲法和五族

共和的主張。孫中山對於民族平等十分重視。武昌起義後，他提出五族共和的主張，進而製作五色旗為國旗。在孫中山的領導下，南京臨時政府在文件中也一再確認：「合漢滿蒙回藏諸地為一國，合漢滿蒙回藏諸族為一人，是民族之統一。」「五大民族，一體無猜。」「五族平等。」並特地指定《關於滿、蒙、回、藏各族待遇之條件》，強調各族平等共處。而中山裝的袖扣，則是三顆，代表着民生、民權和民族的三民主義。

民族文化是一個民族的靈魂，一個民族的服裝體現出一個民族的文化精神。至於何時把西裝作為我國的正裝，我記不太清楚了。我只記得江澤民擔任主席的時候，他是以西裝作為出國訪問正裝的。好像從此以後，我國舉行各種正式的有關會議，都以西裝作為正裝出席。在這裡我突然想到一件事，就是二零一零年九月二十五日，天津文史研究館和參事室舉辦由天津市市長聘任新館員和參事並頒發聘書的大會。這個大會是一次高層次的重要會議。因為我是終身制的老館員，當然被通知要參加這次會議，會議通知是由天津市政府辦公廳頒發，內容除確定時間地點外，並明確着正裝參加。當然，我們都理解。着正裝不僅是穿西裝，還要紮領帶。我已經是虛度年華的耄耋老人，我一般穿西裝也不紮領帶，可是這一次有明確要求，於是吾等老館員皆紮領帶出席了這次大會。出席這次頒發新館員、新參事聘書的會上，我有兩點感動：一是參加頒獎的市長和有關市級領導他們均未紮領帶，但他們的講話都可謂和藹可親，虛懷若谷，受到了與會者一致的好評。二是照全體像時，按着過去慣例，第一排為坐席，坐席中間必然是最高領導和有關的重量級人物。這事從中央到地方，歷來已成慣例。可是這次合影，市長等人卻出乎所有人的意料，黃市長堅持讓文史館老館員的這些老者先坐在第一排，而自己等則一律在座椅後站立照相。雖然看來祇是一個站和坐的交換，它卻不僅體現了位置上的變化，而是反映了我們的市長領導們尊重老人，尊重學識的優良的中華傳統。當然也讓我想到，通知上讓我等着正裝，是為了照相，也是辦公廳的一種好意吧。

可是，二零零九年，舉國慶祝中華人民共和國成立六十週年大典，國家主席胡錦濤同志無論是在天安門樓上或在檢閱人民解放軍的典禮上，都是穿中山裝。所以我想所謂正裝，在我們國家可以有兩種，一種是西裝，一種是中山裝。可以因人而異，因會而異，不一定非要嚴格限制要穿西裝。一個民族要尊重自己民族的習慣和文化。記得國學大師南懷瑾先生在日本戰敗若干年以後，有一次跟隨台灣文化代表團訪日。他當時犯難的一件事就是着裝問題。他是搞國學的，如果穿西裝深感不倫不類，如果穿中山裝又怕人誤解。着裝使他很為難。最後，他終於決定穿長衫也就是長袍訪日。據考證男式長袍不是滿族發明的，早在漢代就已經出現了。都是中國人，又何必去爭論誰是最早發明的。日本是一個非常願意學習外國的民族，特別是在近現代，他們在多方面向美國學習，可是當他們在舉行重要的慶典活動時，如結婚儀式等，則無論男女必穿本民族的「大和服」。可見每個民族，對於自己民族的傳統文化，是有深深情感的，因為它是一個民族的靈魂。日本不認為西服是禮服，記得一九九三年五月十九日，駐日大使徐敦信向日本天皇遞交

國書，按日本禮賓規定大使及使館參加儀式的外交官需穿西方大禮服，就是燕尾服。為此，日本宮內廷專門派人到使館作了說明。當時使館試圖以西服代之，而宮內廳卻不以回應。因為在日本看來，西服不算禮物。為此，大使館緊急與國內聯係，用民航班機將中山服帶到東京。實際上，世界上不少的外交官不都穿西服作為禮服他們有的穿自己的國服即民族服裝，如印度、巴基斯坦、尼泊爾、緬甸等。

　　正因為我喜歡中山裝，一般說來，我在第一次正式給研究生講課的時候，我習慣上一定穿中山裝。在以後講課時我就很隨意，穿夾克衫或中式便服。有人說，老年人都是腐朽的。我承認我在服飾上，已經體現出老朽了。

我對美國記者斯諾的印象

我不認識斯諾先生，更沒有機緣見面。我知道他的大名是因看了他的名著《西行漫記》，原名是《紅星照耀中國》。這是一部震驚世界的介紹陝北解放區的作品。據我所知，斯諾之所以能夠前往陝北蘇區，完全是在國母宋慶齡的幫助和聯係下成行。這是在一九三六年六月抗日戰爭爆發前的年代。

正因爲他的這部着作震驚了世界。他又於一九五八年，中國「大躍進」的時代在美國蘭登出版公司出版了另一本書《復始之旅》。其中詳細記述了斯諾本人與宋慶齡、甘地和羅斯福等名人的交往。這本書記載了與世界名人的交往，出版後必然獲得了很高的贊評。

不過第二年，亦即一九五九年，宋慶齡閱讀這本書以後，認爲有的地方記載不真實。這也就是我今天說這件事的原因。

今年我們慶祝中國共產黨九十週年的紀念火紅的時期，北京衛視有一個新欄目叫《檔案》。其第一期介紹的是「宋氏三姐妹即宋靄齡、宋慶齡和宋美齡」。《檔案》中特別突出了宋慶齡對中國革命和建設事業的貢獻。其中也談到了她的個性。在說到個性的時候，特別提到了宋慶齡和孫中山的結合，由於年齡的關係，受到了他父親的堅決反對，不讓宋慶齡和孫中山見面，她甚至跳窗逃跑。這說明宋慶齡擔任孫中山先生的秘書，不僅是工作突出而且體現了對孫中山愛情的真摯。這種觀點可能是受斯諾《復始之旅》一書的影響。

據我所知，當一九五九年，在閱讀此書以後，宋慶齡認爲斯諾在一些地方錯誤地引用了她的話。認爲對自己的描述不真實，也不友好。她說自己的父親跟孫中山先生是非常要好的朋友。也是最早的同盟會成員。他們根本沒有把我鎖起來過，從來沒有這樣的事。關於這個問題，孫中山的秘書朱卓文和他的女兒可以證明。因爲宋慶齡去見孫中山是在朱的女兒陪同下去的，怎麼可能跳窗逃跑？

再有，斯諾在書中說宋慶齡評論她的大姐「靄齡聰明極了，她從不冒險，祇有當她預先從財政部的同夥那裡得到政府財政政策變動的情況後，她才決定買進或賣出。」對斯諾在書中這樣的描述，說明宋靄齡是利用政府的內部消息進行交易，是投機。宋慶齡認爲是不對的，她從沒講過這樣的話。宋慶齡說，她們姐妹三人長期在美國的大學讀書，後來雖然在政治見解上不同，但是親情不變，她歷來稱宋靄齡爲「姐姐」。這是她從兒時起對大姐的唯一的稱呼，所以她不會對姐姐提名道姓的。

　　再有，斯諾在書中提到孫中山先生。他說中山先生「建議英、法、美三國佔領中國五年，消滅軍閥，跟國民黨合作，建立一個公正的政府，幫助中國實現工業化和現代化，使人民做好民主選舉的準備。」對此，作爲孫中山理想的繼承者和捍衛者的宋慶齡明確地指出「孫博士從沒提議讓外國列強佔領中國，而是幫助中國的發展」。作爲知名記者的斯諾，宋慶齡感到他在書中提到的有關自己的事情十分驚訝，而且不符合事實。對這樣一些原則問題，宋慶齡認爲，不能因爲斯諾是《西行漫記》的作者且宣傳過蘇區就可以不顧事實，無限發揮。所以宋慶齡曾經試圖通過各種辦法向斯諾提出讓他加以糾正。斯諾也表示和承諾作出修改，但遺憾的是斯諾沒能履行他對宋慶齡的承諾，於一九七二年二月，斯諾因癌症去世。

　　上述事實，改變了我對斯諾的印象。作爲一名記者，其職業要求第一條就是真實。任何一則報道，如果失去真實，它所帶來的後果是嚴重的。從某種意義上來說，有些記者不嚴肅不真實的報道，其目的就是炒作自己。歷史的事實，一再證明欺騙祇是一時，決不可能是一世。最終歷史會做出正確的評價。另一方面，通過斯諾的例子，我又想到，當我們引用有關資料的時候，特別是對於有些知名的歷史人物的資料文獻，必須嚴肅審核。

「沒有共產黨就沒有新中國」源流考

我是胡適先生的信徒

今年是公元2011年，是中國共產黨成立九十週年的日子，普天同慶，無論是城鄉還是學校機關、團體、工廠、企業無不高唱「紅歌」。我本人也參與到這一偉大的洪流中。不管怎麼說，祖國富強起來，中國強大起來了，這確是讓人感到興奮和喜悅，有一種幸福感。在所唱的紅歌當中，其中必不可缺少的是一首《沒有共產黨就沒有新中國》。我在電視中聽到解說員講，這首歌原始的歌詞是「沒有共產黨就沒有中國」，後來經毛澤東建議才改為現今的「沒有共產黨就沒有新中國」。

可是，據我所知，將原歌詞加上「新」字的好像不是毛主席。在我記憶中，有這樣一種提法，說新政協在中南海開會的時候，有一位民主人士（我記不得名字了）帶孩子來開會。當這個孩子聽到會場上歌唱「沒有共產黨就沒有中國」的歌詞時，就說，在沒有共產黨以前，歷史上就有中國，應該說「沒有共產黨就沒有新中國」才對。這是我記憶中最早對這首歌詞提出修改的例子，是否確切，我不清楚。為弄清這個問題，我又查找了一些資料。這可能是我搞歷史的專業習慣。我從資料中發現，事實背景是這樣的：

一九四三年，國民黨政府由陶希聖執筆以蔣介石的名義出版了《中國之命運》。此書由蔣介石授意，陶希聖執筆。全文共分八章：一、中華民族的成長與發達；二、國恥的由來與革命的起源；三、不平等條約的影響之深刻化;四、由北伐到抗戰；五、平等互惠新約的內容與今後建國工作之重點;六、革命建國的根本問題；七、中國革命建國的動脈及其命運決定的關頭；八、中國的命運與世界的前途。全文的核心是宣傳祇有國

民黨才能救中國，祇有三民主義才能救中國。

　　這本書在社會上發生了一些影響。這是抗戰勝利以前的事。我當時並沒見到這本書。這本書裡，主要提出「沒有國民黨，那就是沒了中國」。主要是宣傳國民黨在抗日戰爭中的作用，美化自己。針對蔣介石的這種宣傳，當時中國共產黨機關報——延安的《解放日報》針鋒相對地發表了題為《沒有共產黨就沒有中國》的社論，併列舉了大量的事實駁斥了《中國之命運》的謊言。一九四三的十月，當時在河北省阜平縣「晉察冀邊區群眾劇社」重視抗戰文藝的曹火星同志根據社論的精神，借用民間《霸王鞭》的樂曲形式，譜寫成《沒有共產黨就沒有中國》的歌曲。這是這首歌曲最原始的創作情況。

　　後來，一九四八年十二月，應中共中央電邀，章乃器與李濟深、茅盾、馬寅初等三十餘位民主人士秘密從香港北上，參加新政治協商會議的籌備工作。一九四九年一月七日到達東北解放區後，他們被安排參觀了大連、旅順、瀋陽等地的工廠、農村和學校。在一次參觀途中，同行的人們唱起了《沒有共產黨就沒有中國》這首歌，優美的歌聲深深地震撼着章乃器的心靈。然而，在聽到「沒有共產黨就沒有中國」這一句歌詞時，一向辦事認真的章乃器深思起來。他想，對於中國共產黨在中國歷史上的功績是應該用科學的眼光來看待的，在歌曲中應該十分準確地反映出來的。他感到「沒有共產黨就沒有中國」這句歌詞有些不妥，並解釋說：「總是先有中國，後有共產黨的，加上一個『新』字，沒有共產黨就沒有新中國才比較恰當，也才客觀準確。從道理上講得通，還可以表明新舊中國的不同。」他這一番話得到了在場人們的讚許。大家按照他的建議一唱，果然好，不但增加了氣魄和自豪感，還使詞曲更為和諧。他的提議很快被有關部門反映給中共中央。不久，章乃器到北京見到毛澤東，毛澤東親切地對他說：「你提的意見很好，我們已經讓作者把歌詞改了。」可見根據資料證實，「沒有共產黨就沒有新中國」的這句歌詞的改動是章乃器所為。後來，章乃器在「反右」中也被打成「右派」，文革中更是受到

迫害。大約從五十年代之後，便沒有人再提他爲「沒有共產黨就沒有新中國」改歌詞的事，此事的真實情況漸漸不爲人所知，甚至以訛傳訛了。改革開放后，落實政策，右派分子基本上全部落實，至今有兩個人沒有落實，即章乃器與羅隆基。二人在第一屆中央政府擔任部長，因「五七年整風」提出「輪流執政」「向黨進攻的反動言論」被毛主席提名是「最壞的人」。因爲「右派」就是敵我矛盾，是敵人。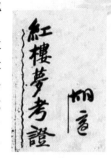所以他們二人不是錯劃，是真正的「右派」。因爲毛的話就是真理。

　　歷史是無情的。祇有真實才最有生命力。所以，一個真正的爲人所尊敬的專家學者和新聞工作者，他所寫的文章不唯上，不媚俗，才有生命力。

從胡適對《紅樓夢》的評價及戴震校《水經註》冤案說起

在《紅樓夢》研究的諸多著作中，我最喜歡讀《紅樓夢考證》，這是胡適紅學研究的代表作。正是他本人最早指出《紅樓夢》的作者是曹雪芹，並對曹雪芹身世進行了考證：「他的父親叫曹頫，他的祖父叫曹寅，一家三代四個人做江寧織造，做了差不多五十多年。所謂寧國府、榮國府，不是別的，就是指他們祖父、父親、兩個兒子，三代四個人把持五十多年的江寧織造的故事。」從而提出《紅樓夢》的「自敘傳」新說。此說比起索隱附會的舊紅學派，無疑是一大進步，廓清了舊紅學布下的迷霧，奠定了新紅學派的基礎。

但胡適本人從不以此自詡。他晚年評價《紅樓夢》，認為其在思想上比不上《儒林外史》，在藝術上比不上《海上花列傳》。且不論胡適的這一見解，作為新紅學派的開山鼻祖，胡適的這番話頗有些「砸自己買賣」的評價，顯示了他治學上的獨特風格。胡適研究《紅樓夢》用他自己的話說：「目的不過是拿這樣人人都知道的材料，來灌輸介紹一種做學問的方法。」換句話說，《紅樓夢》是胡適為實驗其研究方法而選取的一塊試驗田。結論並不是最重要的，重要的是驗證方法。也就是「大膽假設，小心求證」的方法。我佩服胡適這種做學問的風格。

這令人聯想到胡適有關《水經註》的研究。近代以來，一些著名學者，孟森、王國雄、楊守敬等，都認為戴震校本的《水經註》是竊用全祖望和趙一清校的《水經註》，「何談竊用」趙一清的研究成果，幾乎成為定論。但經胡適30多年潛心研究，詳細考校了60餘種《水經註》的版本，證明戴震沒有見過全祖望的成果。」因而澄清了一樁一百多年來的學術冤案。

為什麼會發生如此「冤案」，關鍵是迷信「權威」。「權

威」對某一問題的看法成爲後人研究上的盲區，不肯再多花時間進行深入研究，隨着時間的沈澱，成爲所謂「定論」、「公論」。胡適的研究方法正是針對這一弊端而提出的。他對《紅樓夢》、對《水經註》的研究，除了那些考據成果之外，還給我們以啓示。這種啓示不僅使人們要深思，更需要的是對歷史事件的反思。

附胡适：所谓"曹雪芹小像"的谜

近年大陆上出版的一些有关《红楼梦》的书里，往往提到一幅所谓"曹雪芹小照"，有时竟印出那个小照的照片，题作"乾隆间王冈绘曹霑（雪芹）小像"。

这是一件很有问题的文学史料，所以我要写出我所知道的这幅图画的故事。

最早相信这个"小照"的，似是《红楼梦新证》的作者周汝昌。周君未见"小照"，他只相信陶心如在民国三十八年对他说的一段很离奇的报告。——陶君说他民国廿二年在一个人家看见一件"曹雪芹行乐图"，是一条直幅，到民国廿四年他又在一个李君家看见一个横幅手卷，画的正是曹雪芹，"上方题云：'壬午三月'……幅后有二同时人之题句，其详皆不能复忆。再后则有叶恭绰大段跋语。……"周汝昌深信此说，故他

（载1961年1月《海外論壇》月刊·第二卷1期）

我所見到的曹雪芹小照及其塑像考辨

歷來人們認為畫鬼容易，畫人難。特別是歷史人物肖像，如果缺少確鑿的依據，必將出現以訛傳訛。自從「紅學」出現，特別是近代隨着《紅樓夢》研究的熱潮，人們都希望一睹這位作者的容顏。書刊上較早印「曹雪芹小照」的是《脂硯齋重評石頭記》（1955年大陸影印本），在第一冊扉頁上，並記「乾隆間王岡繪雪沾（雪芹）小像」。所畫人物胖胖有微須，坐在竹林外石頭上。

此外，1958年出版的《有關曹雪芹八種》一書，還將「曹雪芹小照」用綠色影印作為封面，並在該書「考小記」中提到：「此圖右下角款云：『旅雲王岡寫』。小印二方，朱文『岡』，『南石』。圖為上海李祖涵（韓）舊藏。」於是有的書刊以此「小照」為依據，作為曹雪芹的肖像光為流傳，如周汝昌：《曹雪芹小傳》。

據考證，乾隆間「旅雲王岡寫」題字，在藏畫主人原畫上並無此款，字是後來填寫。畫中人物從有關人的題跋中，只提畫中人物號「雪芹」也稱「雪琴」，無其他任何旁證可以證明他姓曹。因此「小照」無法證明是《紅樓夢》作者曹雪芹。

關於這個問題，胡適在《海外論壇》月刊第2卷1期曾有翔實的考證。胡適遠在30多年前就見過此畫手卷，並有皇八子（儀郡王永璇）等乾隆時代名人的題詠。根據題詠內容分析，當時胡適就曾經對此畫的收藏主人李族韓說：「畫中人號雪芹，但不是曹雪芹，他大概是一位翰林前輩，可能還是上書房皇子師傅，所以這畫有皇八子的題詠。」正如胡適所說，當時皇八子永璇年近十七歲，他題「小照」上款，不可能稱

「兄」。因此胡適認爲「這位掇高科、享清福的翰林公，絕不是那位『風塵碌碌，一事無成』，晚年過那『蓬牖茅椽，繩床瓦灶』生活的《紅樓夢》作者。

更值得注意的是胡適在30多年前初次見到此畫手卷時，畫幅上並無「旅雲王岡寫」的題字。稍有常識的人都懂得看畫時首先要注意作者款識。可見，當時沒有「王岡」題款，作者題款是後人所加。這就更加說明畫中人物不是《紅樓夢》作者曹雪芹。

有關這個問題，新紅學研究鼻祖胡適先生，早在1961年1月《海外論壇》月刊，發表的《所謂曹雪芹小像之謎》，就有全面而深刻的論述，特別是提出：「近年來大陸出版的一些《紅樓夢》的書裡，往往提到一副所謂「曹雪芹小照」，經胡適考證，此小照根本不是「曹雪芹」。同時，他提出1953年周汝昌的《紅樓夢新證》中，有關曹雪芹的小像是沒有進行深入考證，「是最早受欺的一個人」。從這篇文章的語氣也可證明胡適先生並不太熟識這位紅學泰斗周汝昌先生，否則不會用陌生的語言進行交流。

這裡我想到胡適先生的一種習慣，他對孤本藏書秘不示人。據其弟子太平天國史學專家羅爾剛先生在《師門五年記‧胡適瑣記》提到，他把這類藏書特意鎖在書房藏書的高櫃中，秘不示人。如果必要時被借閱，也在日記中題記。可見周汝昌先生說他在輔仁大學讀大二時，借到胡適孤本《紅樓夢》，受其影響而開始研究《紅樓夢》，利用死無查證，說自己在學生時代就借閱胡適先生珍藏的《紅樓夢》抄本，使自己走上了研究《紅樓夢》道路，真是才子奇談，夢中說夢。當然在胡適《日記》中，也遺漏將珍藏的《紅樓夢》借給周的記載。真是憾事！

此後，60年代初河南省博物館從商丘縣收購了一幅「曹雪芹畫像」，當時引起學術界較大反響，但經有關專家鑒定，對畫像真僞發生疑問。爲了辨清畫像的真僞，河南省博物館與商

丘縣文化館聯合組成調查組，自1979年冬至1983年春，經過四年大量查訪賣畫人及有關人員，進行分析研究，最終探明瞭畫像確係偽造。

該畫系清乾隆時期篆刻名家俞瀚的畫像。俞瀚字楚江，曾當過兩江總督尹繼善的幕客。作偽者從俞家後人收購此畫後進行了加工。由於人們對曹雪芹畫像真跡未曾見過，加之偽畫的原紙、彩色、印泥均系清代原物，故容易以假亂真。

至於近年出版的《紅樓解夢》的作者依據清朝愛新覺羅裕瑞云：「聞前輩姻親與之交好者，其人（指雪芹）身胖、頭廣而色黑」，於1986年5月塑造的豐神奕奕，滿面紅光的「曹雪芹塑像」，確實是一件「工藝品」，但卻不能作為曹雪芹肖像的塑像，因為它體現不出曹雪芹晚年過着「蓬蔽茅椽，繩床瓦灶」「賒酒食粥」貧困潦倒，骨瘦神豐的曹雪芹。關於曹雪芹的形象，紅學家周策縱在其《有關曹雪芹的一切身事－胖瘦辯》已證實裕瑞的傳說不確，並據郭誠的挽詩「四十蕭然太瘦生」和郭敏的詩，以及《紅樓夢》中的見證，確定曹雪芹是俊瘦的。這種俊瘦的論證符合曹雪芹形象真實情況。

名家筆誤與誤導

最近我為早年的學生、現在擔任《歷史教學》雜誌副主編李夢芝編審的新著《弘治帝》，寫了一篇書評：《明帝列傳研究的新收穫》，印出後竟將「弘治帝雖然距今500年」被誤排為「1500年」，真是「1」字之差，謬之千年。好在本人不是「名家」，不會有人看拙文，不致造成「嚴重影響」。

當然，名家的筆誤也需要讀者分析辨證，否則將會被引入歧途和誤導，千萬不可迷信大意。借用胡適的話：「一般讀書人，都被他們的大名嚇倒了，都相信他們的『考證』，是『已成定論，無可疑了』。實際有的名家他們太懶，不肯多花時間，祇是關起大門考證，隨便找幾條不是證據的證據。」，這樣「考證」必然導致誤導。

例如《曹雪芹小傳》，對曹雪芹的生平事跡都作了深入研究和論述，是一部精辟不易的傳述。但由於作者的筆誤，將乾隆帝的孝儀皇后按在其父皇雍正帝的頭上。實際孝儀皇后是嘉慶帝的生母。可見作者即使是名家，出現筆誤也是難免的。關鍵是引用者一定要慎重，不能將「筆誤」作為文章立論的依據。

西方有普羅米修斯盜火給人的神話，東方有阿裡巴巴和四十大盜入山取寶的傳說。《紅樓解夢》的作者卻在自己的國土上進一步發現了《紅樓夢》作者有「苦海冤河」，卻又不能直言其事，「都雲作者癡，誰解其中味？」《紅樓解夢》的作者敢於開采寶山—《紅樓夢》，破解密碼，闖入禁區，並對書中的諸多疑點和隱謎作了新的突破，無疑這使《紅樓夢》的研究進入一個新階段，也是借用胡適的話講「用大學者的威權，你提出一些證據，他提出一些證據……其實都不是靠得住的證據-後來積非成是。」造成諸多錯案。

正由於《曹雪芹小傳》作者的考證誤筆：孝儀皇后是雍正帝後，導致《紅樓解夢》的作者提出立論：「雍正帝還有個漢族包衣出身的皇后。但這個皇后，我們查遍有關官書均不見記載。我們推斷，這個孝儀皇后便是被歷史抹去的竺香玉。這也是該書研究的核心主題。」顯然，這個「推斷」違背了歷史的真實。根據有關史籍及《玉牒》、《清皇室四譜》等清宮檔案記載，孝儀皇后系正黃旗包衣管領清泰之女，乾隆初入宮，乾隆二十五年十月生永琰，是為嘉慶帝，四十年正月二十九日薨，六十年嘉慶立為皇太子，其生母特冊封為「孝儀皇后」。

如果雍正帝後為「孝儀皇后」，乾隆帝後絕不可能再冊封為「孝儀皇后」。因為任何一個封建王朝列後，按諡法制度，絕不允許也不可能采用同一諡號。

因此，無論清宮檔案、皇室譜牒及官修史籍和私家著述都記載孝儀皇后為嘉慶生母，是乾隆皇帝的皇后。（詳見張書才：《雍正帝晚年曾納香玉為妃、封後析》）可見，《紅樓解夢》作者根據名家筆誤，孝儀皇后為雍正帝後，進而推斷她「是被歷史上抹去的竺香玉」，也就是曹雪芹所鍾愛的伴讀丫頭。

《紅樓解夢》的作者根據筆誤的推斷、論證出《紅樓夢》背後所隱的一段歷史：「香玉十七歲被選作皇貴妃，之後晉封為皇后。二十歲時在曹雪芹的配合下，用丹砂毒死雍正。」作者並自詡認為這是揭開了雍正帝暴亡之謎，「修正了清朝歷史中的一頁。」由筆誤而引發的這種論斷，顯然是違背歷史史實。如果說《紅樓解夢》是一部「演義」或「戲說」，無可厚非。如果說它是「修正了清朝歷史中的一頁」，這種結論卻為時過早。可見，不論是名家筆誤或誤植，除責編嚴格把關，引用者也應嚴肅認真慎重分析與考證，千萬不可迷信大意。

想到錢老談《紅樓夢》

在少年時期上小學，並不覺得功課有什麼負擔，因為沒有課外作業，在課堂上老師講的都很懂，當堂作業，當堂寫完。放學回家後和鄰居小孩或同學在一起玩。星期天，大家事先約好早起帶乾糧，饅頭、燒餅之類去郊區或者公園玩。母親祇是囑咐大家注意安全，父親一般不介入，祇是晚飯後，全家在一起喝茶時順便問問玩的情況。

在小學大家共同的愛好是看小說，最初都是看武俠小說：《三俠劍》、《七俠五義》、《雍正劍俠圖》等。同學之間，常常為書中的人物爭論不休，對《三俠劍》中十三省總鏢局鏢頭勝英，大家都非常崇拜，至今事隔幾十年，對書中勝英的形象還有印象。

後來發展看偵探小說，到了中學看文藝作品。我特別喜歡讀巴金的書：《家》、《春》、《秋》等，凡是能見到的巴金的書我都看。在這個時期，我看了《紅樓夢》，說實話我不喜歡。男女偷情還不敢公開，這是我當時幼稚的想法。後來大家都說好，還成了「紅學」，特別是經偉大領袖毛主席捧它是一部政治教科書。於是我又開始翻閱，我很笨，怎麼看也看不出來與政治有關，只好翻閱大師們對其評價，其中包括胡適和魯迅。我非常同意他們的評價，就是一部「小說」，其中特別是錢鍾書談紅樓夢，我十分贊成。

錢先生的名言：「是虛構不是胡編，有根據無需索隱。」錢鍾書對中國文學具有精辟的研究，其中對《西遊記》、《品花寶鑒》、《兒女英雄傳》、《儒林外史》以及《紅樓夢》等中國古典小說都有補闕正疑。1979年4月23日，錢鍾書隨中國科學院代表團訪問哥倫比亞大學時，見到了四十年代的熟人夏志清。夏志清是美國人，哥倫比亞大學教授，當年在上海任教，

是錢家的座上客。1961年，夏志清由耶魯大學出版社出版了英文著作《中國現代小說史》。在這本書中，作者將錢鍾書在第十六章設專論。於是這次見面，錢鍾書與夏志清從小說談起，其中談到關於國內《紅樓夢》研究的近況。錢鍾書認爲：「近年來許多所謂曹雪芹和《紅樓夢》的新資料大半是僞造的。」（孔慶茂《錢鍾書與楊絳》）併舉出平仄不調，文義拙劣的詩句爲證，說明曹雪芹如果能寫出如此這樣拙劣詩，就不可能寫出《紅樓夢》了。

同時，錢鍾書強調，不能把文學作品不加分析地當作文獻而斤斤考證。因爲詩文小說中的「虛」是虛構，而不是僞托僞裝；作品中的「誠」，也不是作者的「實錄」、「招供」，不能把之當成作者自敘、傳記來考據。如《紅樓夢》產生與虛構，故是「假語村言」，但並不是「狂語胡言」。因爲它並不是胡編、造謠，而是取材於現實社會，是有其一定的現實依據的。但同時應當防止另一偏向：不能因爲有根據，就來索隱考據。正如楊絳在《事實－故事－真實》一文中所說，小說是作家依據生活的經驗加以想象、捏合、提煉而成，而表達出「貼合人生的真相」的「真實」（注意：「真實」並不等於「事實」）。

錢鍾書理論的價值確切地指出文藝的性質：文藝不能沒有誇張和虛構，藝術的真實並不完全等同於生活的實際，又不會脫離生活的真實。如果違背文藝的這種規律，就扼殺了文藝。這種評論是有道理的，否則將會索引出《紅樓夢》的結局是史湘雲嫁給了賈寶玉、高鶚續書出自乾隆帝與和珅的陰謀。甚至有人根據《曹雪芹小傳》一條註釋，演繹出「曹雪芹毒殺雍正帝」的曠世奇聞來。（《曠世奇聞：曹雪芹毒殺雍正帝》楊啓樵著）其根本原因正如錢鍾書所說，要正確對待文藝作品中的「虛」和「實」的關係。研究「實」的目的，不是搞索引，而是研究《紅樓夢》作者及其社會政治、經濟、文化背景對曹雪芹的成長和創作影響。

至於爲某一作品寫的好，因而愛好它的作者，這無可厚非。不過愛上了作者以後，往往對他起了偏袒，認爲作品真成了《聖經》寶典、《百科全書》。

　　隨着作品炒作的昇級，「小說」成了「經典」，研究者也儼然從《紅樓夢》研究者陞格爲學術大師，遺憾的是學界不承認「五經」之後還有《紅樓夢》這一經書。「催眠自己喪失了辨別力，甚且不許旁人有選擇權。」（《錢鍾書散文》浙江文藝出版社）錢鍾書還認爲「專門研究某一作品或某一時期作品的人，常有這種不分皂白的溺愛。專家有從一而終的貞節，死心塌地的忠實，更如俾士麥所謂，崇拜和傾倒的肌肉特別發達，但是他們說不上文藝鑒賞，正像沙龍的女主人愛好的藝術，不是藝術；或是影迷看中了明星，並非對劇藝真有興趣。」（同上注）在《紅樓夢》研究中，正如錢鍾書所指出的那樣，有的不是科學研究，而是無中生有，說脂硯齋是女性爲曹雪芹的「新婦」，故事編的毫無事實根據，聳人聽聞，導致命題和材料反差極大，不能自圓其說，這也是「紅學」研究值得思考的。

我為什麼接受天津市語言文字培訓測試中心的聘書

　　在我七十歲以後，由於特殊原因，我的組織關係落在天津理工大學。七十歲的時候，我辭去天津社會學科院的工作以後，理工大學的黨委書記馬福業親自到寒舍，聘任我到理工大學工作。說實話，我想我已是耄耋之年，希望能過一種可以安逸讀自己喜愛的書的平靜、簡單的生活，但是，理工大學黨委書記的盛情難卻，於是在馬福業書記和李軍校長的關懷與支持下，工作了將近十年。在這十年當中，直接分管我的領導是學校黨委副書記索玉華女士。在她的領導下，工作開展得很順利。在這期間，研究所取得了六項天津市哲學社會科學課題，並公開出版，在社會上受到了讀者的關愛和肯定。如果說，這也算成果的話，我感到是和學校三位領導的關懷和支持是分不開的。每當我回憶起在理工大學十年的工作情景時，我由衷的感謝他們。

由於黨委書記馬福業先生和校長李軍先生先後退休。我是一介書生，又是學歷史的。這一時期，新的校長上任，我深知我必須辭職，「告老還家」。新校長來臨之際，就是我退休之時。但是朋友勸我不要急於去做，說：「你們並不相識，他一來你就退，在中國這個社會是容易引起不必要的誤會的。」於是，在半年後，我提出辭呈，也立即得到應允。我心願可了，感謝上蒼。

　　由於我負責的這個研究所特殊，是與天津市和平區政協合辦的單位，所以還沒有任何新的所長接任。我還是負責「看守內閣」。因為我是特聘教授。沒有想到接替馬福業的雷書記也退休。當新任黨委書記孟慶松剛上任不久，就親自由索玉華副書記陪同到寒舍看望。他那種虛懷若谷，禮賢下士的風範，使我非常感動，至今難忘。果然，據我所知，他的工作受到全校師生的敬仰，口碑甚佳。我常常想，如果我們有些領導，都有孟書記那樣的品格與風範，國家的發展定會更加日新月異。

　　沒有想到，我的由天津人民出版社出版的兩本小冊子：《近代天津名人故居》、《近代天津知名工商業》（李正中、索玉華主編），被天津市明確為天津市所有圖書館的「館配圖書」。這樣以來，從市區到鄉鎮的圖書館都有這兩本書。可能由於這個原因，我突然接到老友天津師範大學教授譚汝為先生的電話，說是要到寒舍來玩。我當然表示歡迎，不曾想到，他是陪同一位朋友來的，就是天津市語言文字培訓測試中心主任趙紅弢。我和紅弢先生素不相識，此後他三次單獨來訪。我接受了他的聘書，就是該單位的「學術委員會主任的聘任」。我接受的原因有兩點：其一，過去中國人學習外語，由外國發證書，例如託福考試。現在則出現了外國人學習的「漢語熱」，並由中國來發證。我認為這是中國強盛，在國際上影響增強的一個結果。我在內心感到欣慰。我應該支持這項工作。其二，之前，我支持的事情，或者是我感到欣慰的工作，也並不參與。但是這次接受，主要是因為紅弢先生虛懷若穀，禮賢下士。這也可以說是最主要的原因。說實話，這使我內心中很感

動。他不僅三次光臨寒舍，而且親自用車接我到工作單位。他向我講解，這所機構是全國性質的機構，設在了天津。因此，它是受到國家教育部的關注。他的專家委員會所聘請的專家都是全國知名的學者。當然，這名單中也有我熟知的朋友。當他談到，未來的發展以及單位要做的一些工作計劃時，我很驚歎。紅弢先生讓我感覺他不僅僅是一個實幹家，而且在學術理論上也有很高的造詣，我很信服。特別是他那種發自內心的謙恭的態度，讓我不自覺地聯想到我曾經接觸過的有關領導。例如，無論是研究機關，還是大學的校領導，有的人本身就是國家的官員，個別的雖然不是由國家官員來擔任，但是一旦做了領導，因爲我們是一個官本位的國家，他們的級別是按官銜來對應，這就使他們必然養成了官氣十足。我這個人自知沒有自知之明，本是一介書生，可能正因爲是一介書生的原因吧，我見到他們有個共性即剛愎自用。當他們在職的時候，前擁後護，家門前車馬如龍，開會應酬時間多於工作時間。可是，他們忘了中國有一句名諺：當官之時，還有下臺之日。因此每當他們退休之後，總是充滿失落之感。這也許不怪他們自身，這是官本位的特色，令人反思。

各行各業都應學點繁體字

　　大陸把簡體字以前的文字叫作繁體字。台灣把繁體字稱作「正體字」。如果我們從學術角度來看，叫「正體字」較爲合適。大陸自從文字改革推行簡體字以來，有明確的規定。當時高考，如果學生寫字時偶然用了繁體，則一律扣分。而有的答卷中不會寫的字，若用拼音代替，則算正確。爲了普及簡體字，不僅路牌一律用簡體，而且各家商店的店匾也不允許用簡體字。甚至有的小學教師帶領學生到各處商家的牌匾處，指出哪些繁體字是不能用的，令其改爲簡體字。其目的一方面是引起學生對簡體字的重視，另一方面也爲協助政府統一規劃。可見對於簡體字的推廣政府是下定了決心。

　　我想起了中國的文字改革的歷史。自從秦始皇統一六國後，進行了「書同文」，對於中國的文化發展起到了促進作用。此後，由政府下令進行漢文字改革的大致兩個時期。較早的是，發生在唐朝的武則天時代。武則天爲了改朝換代，她在少數個別文字上有所創新。不過，在民間並沒有得到廣泛的推廣。隨着武則天逝世，李氏重掌政權，其所改文字，也隨之消失了。第二個時期是發生在近代。那就是太平天國時期。太平天國在文化方面推行了兩件重要的事對後代影響很大。一是提倡「文以紀實」「言貴從心」的文風。二是採用推行俗字即簡化字。今天我們從所存的天平天國文物來看，其與今日公佈的簡化字相同的至少有五十多個，如辦、糧、實、齊、爾、屬、樸、廟、證、全、數、舊、條、勞、盡、殺、與、亂、處、縣、難、過、萬、觀、雖、圖、還、遠、機、臺、莊、驢、竊、執、兩、劉，等等。可見，今天有些簡化字是借鑒了太平天國的簡化字。此外，眾所周知，太平天國爲了體現天王的價值和尊貴，王爲一切的統治中心擁有最高的地位。所以把「國」字改爲口中加「玉」。此外，爲了體現其宗教的信仰，用避諱字來進行改革。如他將「皇帝」的「皇」以黃色的「黃」來代替。甚至把「狂妄」的「狂」代替天王的「王」

字。因此，當時民間凡是王姓者，均改爲「汪」。「聖人」的「聖」與「戰勝」的「勝」，以「勝利」的「勝」或「茂盛」的「盛」來代替。洪秀全的「洪」，不能直接寫。凡是遇見洪水之「洪」字，要避諱天王名，必須改成「鴻」或「宏」。「秀」字要用「繡花」的「繡」代替。「全」要用「泉」來代替。此外，凡是有不吉利的詞或字，都要進行避諱。如將死說成是昇天，祝賀的「賀」字地方發音常爲「禍」，列爲禁用字。太平天國時期其他創新的字或避諱的代替字也很多，使中國的文字出現了混亂。這也說明了太平天國領導集團對西方宗教天主教或耶穌教，他們從本意上並不瞭解，祇是把西方的宗教作爲他們發動起義的一種工具。非常明顯，他們認爲上帝可以附身，作爲傳達上帝旨意的一種方式。這就和西方的耶穌教背道而馳。所以，洪秀全並不是一個真正的耶穌教徒。另外，他們對於中國的傳統文化，並沒有深入的理解，所以他們到處打砸孔廟，焚燒著名的藏書樓。所以從文化的角度，這些人是沒有什麼真正的中華文化底蘊的。所以，太平天國的文字改革，隨着太平天國的失敗而失敗了。

應該說，我們的文字改革是成功的。如果說，任何事物——正如鄧小平同志所說——實踐是檢驗真理的唯一標准。我們的人民共和國之所以偉大，就是她在不斷的實踐中調整、發展、改革、創新。因此在文字改革上，我們也應體現這種精神。所以我主張，各行各業都要學點繁體字。

是否恢復繁體字，是當前的熱議話題之一。

漢文字與世界其他文字相比具有不同特點，即其文字本身，「字」的結構就是會意的「詞」；具有人文主義的內涵，而不是單一的發音符號。從秦到漢二百餘年，學者們對漢文字從不同的角度進行分析探索初辟棧道，終於到東漢許慎，歷時22年完成了不朽的我國最早的字典《說文解字》。後來的楷書以此發展而定型，這就是今天所說的繁體字體系的建立。

文字改革是一件對民族、歷史負責的大事，不能用權勢來

推行。在中國歷史上，女皇武則天在位時曾用權勢硬性推廣有關文字的變革，結果死後，字體又恢復原樣。可悲！

自本屆全國政協有的委員提出恢復繁體字後，引起國人的重視和關切，這是件好事。簡體字是今天唯一合法的文字。在學校工作的人非常明確，高考語文答卷，如出現繁體字要扣分。今天居然有人敢於提出恢復繁體字，不論其提的內容和理由是否正確，這也是一種勇氣，這本身就證明今天的中國公民有言論自由的話語權。

當然，恢復繁體字或進行文字的改革是一項對歷史、對社會極其嚴肅負責的舉措，為此還應注意幾個問題：

1、文字自身的筆劃，由繁到簡這是歷史發展的必然。秦統一六國後，首先考慮統一文字，以小篆為國家統一的法定文字；其後到了漢代，出現隸變，這是歷史發展的必然，也就是用隸書代替小篆，然後隨著社會發展的需求確立了隸書。這說明文字的變化，其中最大的動力，就是文字的書寫需要便捷，減少筆劃，便於省時、省事，「變」是必然的發展。如「香」字：「從黍，從甘」，會意字。從黍，黍為古時主食之上品，從甘表示甜美。「香」即氣味芬芳，味美。後來將黍發展為禾，下部甘為日。這個例子證明文字的發展從繁到簡，「變」是必然的。然而，這種「變」是有條件的。在中國傳統文化中，文字發揮了代際銜接，穩定傳遞歷史文化成果的功能，因此，「變」不能亂變。

2、既然文字的改革是發展的必然，為何武則天的文字改革卻失敗了？這也說明一個問題，文字改革要尊重文字自身的規律。如上所述，它不能違背中國優秀的傳統文化內涵。如「展」字：「轉也，從屍」，形聲字。人躺臥有翻身輾轉動作，表示伸展、擴展、發展。而第二批簡體字將屍字內變為一橫，讓人不可理解，也違背了漢字書寫的藝術美和傳統文化的內涵，因而又作廢了。可

見，簡體字不是越簡越好，它必須符合中國傳統文化的
規律。

3、允許文字發展的雙軌運行制。由於社會環境、政治、經
濟、文化素質的影響，在歷史上出現民俗語言和官方語
言的不同；產生官方應用和民間應用字體的不同，在任
何古文字發展階段，都會出現雙軌運行。這種雙軌運行
互相影響、互相磨合，必然產生群眾認同的有利於社會
發展的文字。所以，馬英九先生提出的「識繁用簡」，
也是一種好建議。特別是當前大陸文、史、哲的學子，
我認為必須認識和掌握繁體字，道理無須贅述。文字的
改革，不僅僅是幾位專家的事，更需要民眾的參與，不
唯上，不媚俗，以科學的態度、發展的視角去探索、去
實驗。

附庸風雅：我的陋室「古月齋」

　　我附庸風雅將自己的書房稱作「古月齋」，於是一些朋友誤以爲我一定收藏了乾隆「古月軒」琺瑯瓷，雖經本人再三說明「實屬誤解，確無收藏」。但友人還要追問，爲何起名「古月齋」？

　　本來是多年的個人「隱私」，但國人的習慣越是「隱私」越「神秘」，越要追問，只好公佈於世。

　　在那「史無前例」剛剛爆發的時期，本人是學校的教務處長，同時兼任中國歷史課。雖然因爲帶了個「長」字被列入了審查對象，但由於平日工作和講課謹小慎微，處處以老人家的教導爲依據，運動又是剛剛開始，小將們一時難以發現我的「反動問題」。隨着運動步步深入開展，小將們在工宣隊的啓發下對我得出結論：因爲隱蔽得太深，難以發現問題，以此推論，我是一個「隱藏最深的反黨反社會主義的老狐狸精」的大字報鋪天蓋地。接下來不可抗拒的是被打入「牛棚」，進行勞動改造。

　　牛棚生活勞動強度大，但每餐祇能喫兩個窩頭和兩塊咸菜，每次喫半飽，多喫沒有「糧票」，月底更要挨餓。12月26日正在勞動的「牛鬼蛇神」們，突然聽到一個好消息，爲了給老人家過生日，中午喫撈面，「牛友」們聽了爲之振奮，相信在這祝壽的喜慶日子裡定能喫到一頓美餐。

　　革命小將司令部立下的規矩：「牛鬼蛇神每次喫飯時間是在革命師生用膳後再入食堂，向老人家掛像祝福後買窩頭進餐。」可能由於我對壽麵的企盼過甚或祝壽的心情太激動，向老人家祝福時道出的是：「敬祝我們心中最紅最紅的紅太陽偉大領袖毛主席萬壽無疆！」沒想到我還沒說完最後一個字，就聽到小將一聲大吼：」混蛋，你再說一遍！「我想可能是因爲我祝福的聲音太小，不夠真誠，小將沒聽清，於是我提高了音量：「敬祝我們心中最紅最紅……」，啪的一個大嘴巴，頭上

又是重重一拳，當時眼前發黑眼冒金星，使我不知所措。這時賣飯窗口傳出炊事員楊姐的聲音：「老狐狸精不知好歹，你們是什麼人？」楊姐的提示，使我有所清醒，人貴有自知之明，我是被開除革命行列的人，於是馬上改口：「祝福偉大的領袖毛主席萬壽無疆！萬壽無疆！」再不敢提「我們」二字。過了這一關，牛友們和我與往常一樣仍喫窩頭鹹菜，因為我們這群人不夠祝壽的資格。這時又聽楊姐向小將們建議：「剩的麵湯，倒掉太可惜，讓他們喝了吧。」於是這些人每人一碗麵湯。我沒喝，因為我心裡流淚。最近看「老照片」，但遺憾的是老照片中只見紅衛兵英姿卻少見「牛鬼蛇神」。我想構成一個完整的畫面，應該是革命者配上被革命的對象，這樣才能比較完整地再現歷史。

當天下午革命小將們立即為我召開了批鬥大會，由頭是我沒喝祝壽「麵湯」，是對抗無產階級司令部。掛牌、噴氣式是理所當然的待遇。而從此以後我就有了一個新的雅號—「老胡（狐的諧音）」。人們（包括「牛友」）不再對我直呼其名，尊稱曰「老胡」，真是榮幸，當時我年華才36歲就成了「老狐狸精」。

偉大的「史無前例」的年代總算史有定論。我又恢復在高等學校的教學生涯。為了紀念那血和淚的年代，我將陋室叫「古月齋」。「古月」乃「胡」的拆字而已，與御用瓷品毫不相關，沒想到人們把陋室與「古月軒」琺瑯瓷聯係在一起。

我為了弄清人們為什麼對「古月軒」如此感興趣，於是對「古月軒」琺瑯瓷款識探討。研究的結果，「古月軒」瓷是指乾隆琺瑯彩瓷的俗稱，是我國彩瓷中最精美的品種。它從造型到紋飾及其燒製都由皇帝指派專人負責，是御用之物，數量極少。故從晚清以來就有彷製，凡屬琺瑯彩瓷上直書「古月軒」三字者，均為晚清以後彷製品。對此，我還寫了專題論文發表，並為「文摘報」選登。對古瓷的研究雖出於偶然，但卻因此發生了興趣，從此一頭紮進去。多年的苦心研究，結出了果實。1991年開始在海峽兩岸同時出版了《中國古瓷銘文》、《中國古瓷彙考》、《中國青花瓷》，近年來又有《中國紫砂壺》、《中國唐三彩》等著作問世。

此外，我還撰寫了《紅樓夢中古陶瓷考辨與史證》等數十篇有關古陶研究的論文。可見，「老胡」成了一個契機，「古月齋」與陶瓷無關卻也有關。

八十抒懷

孔老夫子云：「七十而從心所欲不逾矩」，在下生於民國十九年（西曆1930年），今已耄耋之年，虛度八十載。祖籍山東諸城，幼年在日寇鐵騎下的東北長春生活，青年時代就讀北平中國大學史學系，追求真理和進步，學生時代參加開國大典為標兵，畢業於華北大學，本應按「離休高幹」待遇，因本人無德、無才、無能，自不量力，卻於中華人民共和國成立後，「擅自要求深造學習」，故按「退休」。時至今日，心境難言如明月，離休可望不可攀。俱往矣，無怨無悔，一點浩然氣，何苦論是非。

如今對孔子先哲上述所言，每個人都有自己的詮釋，我之所謂「從心所欲」者，非權、非財、非名、非利，乃潛心學術、遨游書海，教書育人也。故云：「金石易得，人師難求」，自勉無愧古訓。年青時，學專業、搞研究、遭白眼、受批判、拔白旗、下農村、「再教育」，不間斷的狂潮洶湧的批判運動，早已使身心疲憊神經麻木，不知何謂「從心所欲」，只知「聽話」、「服從」、做老人家的「馴服工具」。

奢談「人格」者乃「自由主義」，妄言「人性」者乃「資產階級」。偉大的「橫掃四舊」，燒光「封建聖賢經」，全民唯讀「紅寶書」、「早請示」、「晚彙報」、「忠」字舞人人跳。每月25日，排隊借糧，整日奔波，夾着尾巴做人。不知何謂「辱」，何為「榮」，奢談什麼「從心」，又怎敢「逾矩」？經過偉大的「史無前例」，幸存至今，鬢髮已白，牙齒脫落。平生無大志，只求有一技之能，為教育獻終身。

唯信良史有正義，故不敢隨波逐流，只肯做事盡力求無愧於心。老有所為，不問得失；老有不為，豈能欺心？時代之輪，日新月異，千變萬化，翻雲覆雨，昨日「打手」今日成了「領導」和「專家」；前天的「鼓手」如今變成「作家」稱「英豪」；祇有「受害者」，未見「懺悔人」；胞兄寫「外文」，親弟來「譯著」；未見一本專著，卻評「教授」當「祭

「正中先生八十誕辰學術成果研討會」
圓桌（中）壽星李正中
　　（右側）天津市政治協商會議副主席張大寧
　　（左側）天津理工大學中共黨委書記孟慶松

天津理工大學文法學院供稿

酒」。何謂公平？更無正義。

閱世觀化，隨處皆有使人心態不平衡之事，有人嗟怨，有人浩嘆。我的原則：祇有不平才有發憤，自知者不怨人，一生心事在育人。相信時代進步如巨輪。君不見，當年「副統帥」，今天「狗屎堆」，過眼雲煙身外物，何苦去尋求？謝絕無關緊要會，少聽幫閑講廢話，不隨波逐流「作秀」出風頭，除非被真誠邀請，與專業有關。學點錢鍾書拒絕加入《中國當代文化名人》的精神，少些兼職、掛名；謝絕公款喫喝宴請，互相吹捧；更不參加拍馬厚顏無恥逢場作戲頌督郵。何必到處誇耀自己「過五關」，忘了也曾「走麥城」。淡薄榮辱，不以物喜，自然超脫，面對一切，坦然處之，心態健康，勿忘知遇報恩情，無愧過一生。

今逢盛世，諸生皆俊秀，碩果纍纍，不忘師情，彙編愚師殘稿，歡聚杏壇，餘自愧布衣，「祇有狀元弟子，沒有狀元老師」。弟子問我有何追求，余自答「勸己不用鐫頑石，弟子人行口似碑」足矣。如果還追問還有何求？祇能坦白相告：人最大的痛苦是不能向別人訴說自己內心的痛苦。一個不能從災難中總結並吸取教訓的民族，是一個沒有前途的民族。我的心願是繼承文學泰斗巴金前輩的遺願，希望有一天能夠建立「文化大革命紀念館」，讓我們民族能夠永遠記取那慘痛的血淚，也為子孫後代真正留點真情。屆時建館勿忘告乃師。

後記

　　一個不敢面對過去，不能從災難中總結並吸取教訓的民族，是一個沒有前途的民族。

　　一個人最大的痛苦是內心中的痛苦不敢向任何人講述。

　　一個崇尚拜金主義、爭名奪利的人，最大的不幸是不敢有真情，而在虛假的人生中必將導致精神的崩潰。

　　年青人想的是未來，老年人想的是過去。耄耋之年的我，總想將心靈中揮之不去的印記寫出來，可是一拿起筆，不是無從落筆，而是不敢下筆。

　　自己寫作的原則是「情真事真理真」，回憶錄非小說創作，它是書寫真人真事。

　　時代告誡我這是犯忌！只好放下這支禿筆。

　　師友和弟子真誠地呼喚：一個有良心、有責任感的教師，應秉心正直，善惡必書。這是先生作為教師的「職責和使命」！這讓我心靈震撼，只好重新拿起這隻禿筆。這就是我寫「無奈的記憶」的緣由。

　　這個小冊子即將付梓，抑制不住內心的激動，深深地感謝我的師友和弟子們對我的支持與鼓勵，使我又堅定拿起這支禿筆的勇氣和信心。

　　在寫作過程中，我的助教羅海燕博士給予我很大幫助，由我口述，海燕博士筆錄並整理；我的忘年交、南開大學教授博士生導師張培鋒先生通讀了全稿，提出了一些修改意見並為本書作序。

　　他們這種辛勤的付出，是我用任何語言都無法表達自己的感激之情。這就是古人所說的「君子之交」罷。

　　在這裡我還要感謝蘭臺出版社盧瑞琴社長、林育雯美術編輯和張加君責任編輯。

試想：海峽隔兩岸，雙方見面難。交流靠鴻雁，出版何其艱！

　　在這種情況下，《無奈的回憶》卻在最短的時間內出版，這只能印證雙方的無比信任和心有靈犀的溝通。對此我只能說一句話：余容面謝！

　　此書即將出版，誰能告訴我「是對還是錯？」相信，任何一部書只要是用心靈去寫真情、真事，總會有人告訴你是「對」還是「錯」。

　　謝謝讀者！

　　　　　　　　　　　　　　　　　　　　　李正中

　　　　　辛亥革命一百周年紀念日於古月齋待續

【附註】

　　按：鄧小平著《鄧小平文選》第二卷，第350頁，記載「五十年代」，毛主席提議所有的人身後都火化，只留骨灰，不留遺體，並且不建墳墓。毛主席是第一個簽名的。文們都簽名了。中央的高級幹部、全國的高級幹部差不多都簽了名。現在「簽名冊還在。」《鄧小 平文選》第二卷，人民出版社出版1994年10月第2版。

　　可建，修集《紀念堂》是違反毛澤東自己的意願的。《毛澤東紀念堂》的修建，是在華國峰主持中央工作時修建的。可能是華國峰爲了表示「你辦事我放心」知恩圖報吧。如果有一天爲了恢復毛主席的心願，拆除「紀念堂」，我建議不要拆除，可以改作「文化大革命紀念館」。

李正中教授着作目錄

1. 《中國近代史簡明教程》（天津人民出版社出版）

2. 《中國近代史資料研究與介紹》（天津人民出版社出版）

3. 《管理倫理學》（天津市哲學社會科學研究「七五」規劃重點項目，天津人民出版社出版）

4. 《中國傳統美德與跨世紀青年》（天津市哲學社會科學研究「八五」規劃重點項目，天津人民出版社出版）

5. 《中國寶卷精粹》（臺北 蘭臺出版社出版）

6. 《21世紀商業行銷發展戰略》（天津市哲學社會科學研究「九五」規劃重點項目，天津科技出版社出版）

7. 《近代天津名人故居》（天津市哲學社會科學研究「十五」規劃重點項目，天津人民出版社出版，天津市館配圖書）

8. 《企業家奮鬥之路》（天津社會科學院出版社出版）

9. 《幹部道德教程》（天津人民出版社出版）

10. 《天津口岸通商研究》（國家教委博士點社科資助項目，河北出版社出版）

11. 《南市文化風情》（天津市哲學社會科學規劃領導小組辦公室2002年委託項目，天津人民出版社出版）

12. 《中國唐三彩》（天津人民出版社出版）

13. 《中國紫砂壺》（天津人民出版社出版）

14. 《中國古瓷銘文》（天津人民出版社、臺北 藝術圖書

公司出版，入圍「德國法蘭克福國際書展」）

15. 《中國古瓷匯考》（天津人民出版社、臺北 藝術圖書公司出版，入圍「德國法蘭克福國際書展）」）

16 《中國青花瓷》（天津人民出版社、臺北 藝術圖書公司出版，入圍「德國法克福國際書展」）

17. 《管理倫理學》、《天津人民出版社出版》（天津市哲學社會科學研究七五規劃項目）

18. 《中國寶卷精粹》上中下（臺北 蘭臺出版社出版）。

19 《天津老城回眸》（延邊大學出版社出版）

20. 《聞名遐邇的天津小白樓》（延邊大學出版社出版）

21. 《不敢愈矩文集》（臺北 蘭臺出版社出版）

22. 《近代天津知名工商業》（天津人民出版社出版為天津市館配圖書）

國家圖書館出版品預行編目資料

無奈的記憶——李正中回憶錄 / 李正中著　--初版--
臺北市：蘭臺出版社：2012.10

ISBN：978-986-6231-41-4（平裝）
1.李正中 2.回憶錄 3.臺灣傳記
783.3886　　　　　　　　　　101012153

當代歷史學家回憶錄 2

無奈的記憶——李正中回憶錄

作　　者：李正中
編　　輯：張加君
美術編輯：林育雯
封面設計：林育雯
出 版 者：蘭臺出版社
發　　行：蘭臺出版社
地　　址：台北市中正區重慶南路1段121號8樓之14
電　　話：(02)2331-1675或(02)2331-1691
傳　　真：(02)2382-6225
E—MAIL：books5w@yahoo.com.tw或books5w@gmail.com
網路書店：http://store.pchome.com.tw/yesbooks/
　　　　　http://www.5w.com.tw、華文網路書店、三民書局
總 經 銷：成信文化事業股份有限公司
劃撥戶名：蘭臺出版社 帳號：18995335
網路書店：博客來網路書店 http://www.books.com.tw
香港代理：香港聯合零售有限公司
地　　址：香港新界大蒲汀麗路36號中華商務印刷大樓
　　　　　C&C Building, 36,Ting, Lai, Road, Tai,Po, New,Territories
電　　話：(852)2150-2100　　傳真：(852)2356-0735
出版日期：2012年10月 初版
定　　價：新臺幣600元整（平裝）
ISBN：978-986-6231-41-4